權力與命運
習仲勳為政精要

Power and Destiny

Xi Zhongxun Accomplishment of Revelation and Reformation

福　瑞 / 著

權力與命運
習仲勳為政精要

Power and Destiny

Xi Zhongxun Accomplishment of Revelation and Reformation

作者

　　福　瑞

責任編輯

　　連　瑣

美術設計

　　福　瑞

出版

　　明窗出版社

發行

　　明報出版社有限公司

　　香港柴灣嘉業街 18 號

　　明報工業中心 A 座 15 樓

　　電話：2595 3215

　　傳真：2898 2646

　　網址：http://books.mingpao.com/

　　電子郵箱：mpp@mingpao.com

版次

　　二〇二四年七月初版

印刷

　　美雅印刷製本有限公司

ISBN

　　978-988-8829-19-4

了然「傳奇」，由衷嘆息

習仲勳的大名，初敲我的耳膜，還在不諳世事的兒童歲月。

某歲農曆大年正月，溫暖的陽光揮灑在院落屋前，母親照例在廚房忙着準備年餐，前來給父母拜年的表哥們閒聊西安正在揪鬥「走資派」的傳聞，有位表哥說到大名鼎鼎的「彭德懷」、「習仲勳」……

二十年後，在北京有機會跟陝西編修黨史的一些前同事、朋友造訪習府，請習提供早年革命鬥爭的經歷，近距離目睹習的風采。

1980 年代末，一個暮春的傍晚，在京華一處地標建築前偶遇，他的身後，只有兩個年輕警衛跟隨。

我跟老人家邊走邊聊。聊到他曾經戰鬥過的地方，他曾經的某個戰友及其家鄉近況，他對一些社會現象的觀感。

老人家當時關心的問題和侃侃而談，隨着時光流逝幾近全部淡出我的記憶，只有兩句話回響耳畔、經久不息，其中

一句「耀邦同志……」一字一頓、鏗鏘有力，力透老人家的「秦腔」韻味。

還有一句，看到有戀愛中的少男少女，女生坐在男生腿上，男生坐在路邊護欄上（那時的護欄大約只有五六十公分高），老人家說：「這些娃，這樣子，不嚴肅嘛。」

此後的歲月，因為種種原因，再未見到老人家，如今回想，萬分遺憾，錯失請他親口回顧傳奇般的作為和心路歷程……

過後不久，聽說老人家很喜歡家鄉的味道、家鄉的聲音……一直到（2002年）老人家去世，老人家魂歸故里。

老人家去世十一年，官版傳記終於全部出版。

上下兩卷、近百萬字的大部頭，按照官史確定的基調和允許公開的檔案、文獻、有關當事人的回憶，以及傳主的權位，堆積羅列出許多前所未聞的故事和讚譽——大器早成，出生入死，大起大落，「政治家」，「活的馬克思主義者」，「年輕有為」，「爐火純青」——毛澤東對習仲勳的稱道讚揚，無論含義，還是高度，都超過所有老一輩革命家。

官版傳記以外，陸續出版、發表的文獻、傳記、專著、回憶，雖然材料剪裁、敘事述人仍與官版定位保持高度一致，但釋放出來的許多第一手記述、資料、場景和評價，又以不同視野、不同側面，提供了許多鮮為人知的故事和內幕，勾勒、描繪出習仲勳的巨大功勳和卓爾不群。

尤其是跟隨習大半輩子的秘書張志功所著《難忘的二十年——在習仲勳身邊工作的日子》（解放軍出版社，2013）、時任廣東省委書記的張德江指示編寫並作序的《習仲勳主政

廣東》（編委會編，中共黨史出版社，2007），因為時代背景、政治生態使然，仍未能盡可能真實地記敍、還原與習有關聯的其他人物的真實角色和所作所為，未能完全如實、詳盡地敍説、描繪習仲勳所處的具體環境及其主演的活劇，但所呈現的內容、情節、細節、言行，已足以托起習的不朽傳奇、驚世駭俗。

本書鈎沉索隱，見木見林，有一分事實説一分話，以期精準、扼要揭示毛澤東所説「爐火純青」政治家的智慧決斷、權力藝術，還原、再現東方三千年文明積澱、結晶的人格魅力、高大偉岸，思索、解析權力、政治、文化、制度、人性、人品之真諦及其關係⋯⋯

本書順利出版，謹向香港出版界有關人士與出版社申謝。

福　瑞
2023 年 9 月

目錄

七

第二季 治國理政 黑馬躍欄 (1948-1958)

第三季　權力漩渦　大難新生（1958-1978）

第四季 改革開放 引領繁榮 (1978-1981)

第五季 襄贊中樞 砥柱中流 (1981-2002)

驚悉「爐火純青」歸西，薄一波「洩露天機」

2002 年 5 月 24 日凌晨，北京三〇五醫院，曾經的全國人大第一副委員長、國務院副總理、中共中央政治局委員習仲勳溘然長逝。

一周之後，5 月 30 日，習的遺體告別儀式在北京八寶山革命公墓舉行。

時任黨和國家領導人悉數出席送別，江澤民、李鵬、朱鎔基、胡錦濤、尉健行、丁關根、田紀雲、李鐵映、遲浩田、張萬年、姜春雲、賈慶林、錢其琛、溫家寶、曾慶紅、萬里、喬石、宋平、王光英、布赫、胡啟立、廖漢生、王芳、谷牧、馬文瑞、鄭天翔、劉復之、楊白冰、王漢斌、張震、倪志福、陳慕華、李錫銘、王丙乾、洪學智、韓光等來到習仲勳的遺體前，肅立默哀，向習仲勳的遺體三鞠躬，並與齊心、乾平、橋橋、安安、近平、遠平一一握手，表示慰問。

李瑞環、李嵐清、李長春、吳邦國、吳官正、羅幹、黃

菊、吳儀、劉華清、榮毅仁、薄一波、宋任窮、鄒家華等，在習仲勳病重期間和逝世後，前往醫院看望或以各種形式致以慰問。

名單兩大串，到底有多少人例行公事、行禮如儀，多少人真情實意、滿懷敬意，無從知道，只知道早在五十年代就成為中央領導人的老一輩革命家，只剩薄一波、宋任窮在世。

薄一波的悼念，最為特別而厚重，老人家得知消息，特地請工作人員向習遺孀齊心送去親手書寫的輓辭：「驚悉『爐火純青』逝世，深表哀悼。」

不但挑選習去世時和盤托出毛澤東對習的驚人讚譽，而且親筆用白紙黑字寫出四個大字，又用「爐火純青」四個大字直接指代習的名字。

破天荒透露，早在 1950 年的某一天，他去中南海跟毛匯報工作，毛正閱讀習從西安發來的工作報告，毛問他怎麼評價習仲勳，他重複了毛早年誇讚習的「年輕有為」四個字，毛表示，習「如今已經爐火純青」！

毛對習的讚譽，在薄的腦海裏留下不可磨滅的印記，由是五十二年過去，經歷無數磨難，仍然鳴響耳畔、難以忘懷——習仲勳就是爐火純青，爐火純青就是習仲勳！

五十二年過去，毛在世，習在世，薄都守口如瓶，沒有透露一絲口風。毛在世，薄不敢私傳毛跟他當面說的想法、看法完全正常，毛要是沒有明確指示，任何一個人膽敢私下傳播毛的意思，毛可能非常不快。輕則失去毛的信任，重則不再被重用。

毛已故去，不再有任何後顧之憂，文革劫後重生，生命的意義，人生的價值，黨和人民的需要，不能做到像華國鋒、葉劍英、胡耀邦那樣，還每一個同志、每一樁案件以公道，還原自己經歷的大是大非，說出自己的耳聞目睹，既是為自己負責、為同僚負責，也是為黨負責、為歷史負責，既說明毛澤東的識人之明，又說明習仲勳的政治才能，讓全黨、全軍、全國人民都知道，在所有老一輩中央領導人中，有一個最最年經的「政治家」「爐火純青」，於己、於習、於黨、於國、於民、有百利而無一害，但是，薄沒有說、沒有透露。

　　特別是十二年前，習前腳到深圳頤養天年，薄後腳專程往習府看望，習已沒有任何權力，對任何人構不成任何威脅，薄餘威猶在，以「八老」之尊，回首前塵，扯扯陳年往事，也無不可，薄還是沒有說，沒有提及。

　　既然專程看望，兩人長談，無論使命在身，給習傳達什麼「組織」意圖，還是良心發現，純粹以老同事私誼表達情意，長談之餘，閒談之間，回憶陳年往事，告訴習毛當年還有「爐火純青」四個字稱讚他，兩人都不無快意，但是，薄老還是裝在肚子裏，隻字未提。

　　習已故去，薄才透露，用毛澤東的金口玉言為習蓋棺定論，讓世人一睹習的風采英姿，說是石破天驚一點都不誇張。

　　薄要是不和盤托出，不說出毛四字真言的故事和來由，毛對習的這一讚譽，就永遠不見天日。

　　薄老的城府、算計、為政、為人……也可謂「爐火純青」。

論年資，習在老一輩革命家中，不但在毛、劉、周、朱、葉、鄧、陳等面前是小字輩，就是在高崗、薄一波、彭真、李先念這些同級別的老資格當中，也是年齡最小的小兄弟，而僅僅比感觀上年輕一代的領導人胡耀邦大兩歲、比萬里大三歲、比趙紫陽大五歲、比華國鋒大八歲。

　　但是，其他老一輩革命家也好，同資歷的後起之秀也罷，都沒獲得過毛對習的任何一句類似讚譽，包括「年輕有為」，「群眾領袖」，「比諸葛亮還厲害」，「政治家」，「活的馬克思主義者」。

　　習去世之前也不知道毛又有「爐火純青」這一讚譽，但他對自己一生贏得的口碑心裏有數，在生命的最後日子裏，他多次對兒女說：「我沒給你們留下什麼財富，但給你們留了個好名聲！」

　　事實上，老人家留下的「好名聲」，不但因為「爐火純青」終見天日畫龍點睛、錦上添花，而且因為眾多世俗玩家不惜名聲追權逐利而一枝獨秀，沉澱、發酵為人們心中最貴重的精神財富、無價之寶。

修身齊家

1913

「 年 輕 有 爲 」

1948

革命年代，聖人故里，
在淒風苦雨中成長

因為習近平成為「新中國」新一代「人民領袖」，習近平父親習仲勳，乃至習氏家庭族的來歷，都成為公眾津津樂道的話題。

官方傳媒眾口一詞，習家的根在江西，其遠祖生活在江西臨江府新淦縣華成門村，明初洪武年間遷居河南鄧州，六百多年後的 1982 年，習仲勳的祖父習永盛攜家帶眷，再次遷居，來到關中的富平。

1958 年 6 月 15 日，時任國務院秘書長的習仲勳，隨周恩來到十三陵水庫工地勞動，休息時談到了河南。他說：「我的祖籍在河南鄧縣（1988 年改為鄧州市）。是時，祖父只有二畝半地，日子過得很苦，加之天災、匪禍不斷，全家逃到了陝西富平。」（摘引自《中國新聞周刊》）

背井離鄉，千里遷居，相隔半個多世紀數代人，原因只有一個，當地生活艱難，無以為繼。樹挪死，人挪活。

東方社會治理失敗，亂世循環，停滯不前，蒼生總是在

曾經的天府之國關中，養育出史上絕無僅有的聖人故里

貧困線上掙扎，擺脫不了逃荒要飯的宿命。

習永盛在富平安頓下來，生了兩個兒子，長子習宗德，次子習宗仁。辛亥革命那一年，習宗德與同縣淡村的柴菜花結婚，定居淡村。

兩年以後，西曆 1913 年 10 月 15 日，俗稱農曆的九月十六，二十八歲的習宗德迎來人生第一個寶貝——一枚英俊可愛的男嬰。

東方傳統文化，極重視名號，有文化的人家，從漢字裏精挑細選，給孩子起一個含義深遠的名字，希望孩子長大成人，人如其名。

終生為生計奔波的普羅大眾，也力所能及，請有文化的先生，根據孩子的生辰八字，起一個響噹噹的名字，希望孩子避凶趨吉、出人頭地。

字輩，也叫做字派，是中國傳承千年的重要取名形式，指名字中用於表示家族輩分的字（多為名字中間的字），俗稱派。習氏家族的輩分，由以下十二個字組成：「國玉永宗、中正明通、繼述承顯、尊守從榮」。

習宗德是「宗」字輩，下一輩是「中」字輩，故給新生兒取名——中勳。

據說，1926 年習仲勳就讀於立誠公學高小時，級任老師嚴木三先生給「中」字加了個「人」字旁，習中勳從此變成習仲勳。習仲勳一名後來名滿天下。

習仲勳的誕生地富平，不僅因「富庶太平」之意而得名，更位於華夏文明從原始到人文飛躍的故里關中。

周代三傑文王、武王和周公旦演《周易》、定周禮、分封建制，成為孔孟主義最嚮往的理想社會。文王、武王和周公、尤其是周公，更成為華族歷史上空前絕後的聖人。

《詩經》中《齊風》、《豳風》、《秦風》描繪的風土人情與富平同處渭河北部平原的旱腰帶。

習中勳在富平淡村出生長大，直到十三歲進入立誠公學高小，耳濡目染、所聞所見，都是積澱千年的周禮之風、流傳民間的漢唐故事。

秦的武力征服、嚴刑峻法，以及嬴政皇帝的形象，兩千年以降，一直遭儒家意識形態貶斥、否定，在公眾視野和傳說中，成為反面教材。

因此，習仲勳兒童時代的啟蒙教育，仍然來自口口相傳、通俗易懂的《三字經》和《三國演義》、《水滸傳》等故事，浸潤於《四書》、《五經》等典籍長期營造的主流意識形態和價值觀念。

包括立誠公學，也是鄉賢、同為富平人的胡景翼（1892-1925）所創辦。

胡景翼是國民革命軍中的後起之秀，三十二歲已經在軍閥混戰中崛起，成為河北、河南和陝西、甘肅的霸主，二十七歲時創辦立誠小學，收留原靖國軍陣亡將士二十多名

遺孤接受現代教育，同時接收其他學生，義、勇、仁、愛盡在不言中。

1925年春，畢業於三原省立第三師範的共青團員嚴木三受聘為立誠學校校長。

習仲勳回憶：「在立誠時，嚴木三先生曾是我的級任老師，他小心謹慎，在教學中宣傳進步思想，引導許多學生走上了革命道路。方仲如來立誠作報告時神采飛揚，很有鼓動性和感召力，他的講話使人一下子開闊了眼界，深受師生的歡迎。」

3月，入學不久的習仲勳加入立誠青年社。5月，習仲勳參加共產主義青年團，還有半年，才十三歲。黨組織、團組織發動領導的所有活動，習仲勳都無不踴躍參加。

1926年秋，嚴木三遭立誠學校解聘，旋即受聘於富平縣立第一高小校長，1927年春節過後，習仲勳等決定轉入該校。

富平縣立第一高等小學，位於縣城東南隅富厚倉庫故址，1984年春，習仲勳會見富平縣委負責同志時，仍能回憶起學校風光：「南門外望湖水稻子蓮花，北門外水長流橋上橋下，西門外聖佛寺一座寶塔，東門外寶村堡千家萬家」。

習仲勳進入第一高小上學，由原來享受學校的免費生改為每週一次從十五里外的家中取乾糧、饅頭，連吃六天，但習的學習熱情和革命激情不減，一如既往參加黨、團組織領導的所有革命鬥爭。年底，習仲勳高小畢業，考入省立第三師範學校。

當時，陝西的文化教育，西安以外，首推三原縣。該縣

與鄰近的涇陽、高陵沃野平疇、農產豐富，又有出外經商的傳統，成為陝西財富之區。有清一代學台與督撫不同城，學台經常住三原，西安府屬各州縣學生考秀才、進學者均在三原舉行。入民國後，三原的學校和學生之多，僅次於西安。（摘引自《陝西文史資料》，1982 年 4 月第 21 輯）

當時陝西名流于右任、李元鼎、茹欲立（卓亭）、張季鸞、李儀祉、張奚若、范紫東等皆出自三原林林有名的宏道書院。

辛亥革命後，靖國軍總司令于右任在家鄉創辦渭北師範，1928 年才更名為第三師範。

報考師範的多數是窮學生，官費一律按錄取先後遞補。

由於辛亥革命結束了中央集權的統治模式，北洋政府式微，各省各地的權力坐大，以孫中山為旗幟的國民黨，又千方百計，用槍桿子奪取北洋政府的權力，從 1924 年開始，「聯蘇、容共」、「扶助農工」，也就是更多人所熟知的「聯俄聯共」，第一次國共合作。

正是這一合作，共產黨組織得到大力發展，三原的共產黨組織也很活躍，不光領導着涇陽、三原、富平、蒲城四個縣五個特別支部，三個支部，黨員多達 47 名，農民運動、學生運動都開展得有聲有色。

1927 年，在蔣介石領導下，國民黨一方面發動「四一二」反革命政變，鎮壓屠殺共產黨人，一方面用武力從北洋政府手裏搶到全國領導權，「北伐成功」。

共產黨人由國民革命的座上賓，變成國民黨反動統治的眼中釘，遭到槍桿子、刀把子，以及一切暴力、非暴力的

十五歲少年踏上革命征程

趕盡殺絕，同時也英勇應戰，運用各種方式與國民黨展開殊死搏鬥，包括武裝起義，農民暴動，秘密組織農民抗糧、抗捐、組織學生除暴除惡。

「1928年1月下旬，我考入三原第三師範讀書，當時學校黨的負責人是李文華、宋若璟。在學校黨組織的領導下，在宋若璟即另名宋文梅的直接聯繫下，我們開展校內的學生運動和校外的革命活動，對外主要是每天晚上外出散發標語傳單，採取各種方式對工農兵學商進行宣傳，反對國民黨和蔣介石的反動統治。」習仲勳回憶。（摘引自習仲勳1968年9月28日寫的一份材料）

入學不久，因為學運組織負責人無意透露了習仲勳等人不同意參加孫中山去世三周年活動，而學校和國民黨當局又把中共陝西省委組織的一次「赤色恐怖」、投毒殺死訓育主任一案相聯繫，逮捕關押了習仲勳等多人。

在獄中，黨組織負責人武廷俊和習仲勳秘密談話，宣布他轉為中國共產黨正式黨員，仍保留團籍。

習仲勳回憶：「我在獄中的一切行動，都聽武廷俊的指示，他分配我幹什麼，如何幹，我都堅決地按他的吩咐執行。」

四個月之後，時任陝西省政府主席宋哲元提審「嫌疑犯」，發現一眾「犯人」只是爪牙們「嫌疑」，並沒有證據投毒「犯」案，當即決定「交保釋放」。

習本人回憶：「我們十個人在三原被捕同獄，而武在三原獄內又是我們九人公認的領導人，我們九人相繼出獄，只留他一人。」（夏蒙、王小強著《習仲勳畫傳》）

不到十五歲的少年，意氣風發，無辜陷於牢獄四個月，皮肉之苦、精神折磨咬咬牙就挺過去，但傳統文化、社會主流價值的慣性仍然根深蒂固，習的父母親，不可避免地心疼兒子、為兒子的牢獄之災承受心靈的痛苦和世俗的目光。

四個月後，習父去世，享壽只有四十三歲，兒子入獄固然會影響心情和健康，習父正值盛壯年，其他疾病當為致命的元兇。

習仲勳後來回憶：「我父親是個老實農民，我被捕出獄後，當時還怕他指責我，他不但沒有怪怨我，還對我說，你還小呢，等你長

（習仲勳十五歲）在獄中，黨組織負責人武廷俊和習仲勳秘密談話，宣布他轉為中國共產黨正式黨員。

大了再當共產黨的代表，為窮人辦事就好了。一個農民當時能說出這樣的話，已經很不簡單了。」

知子莫如父，習父「你還小」三個字，不但道出兒子的生理年齡還不到承擔社會義務的時候，而且意含兒子畢竟是遠未成年的孩子，對社會的理解、革命的意義和大是大非尚在學習、探索之中。

從習成年以後的成熟、智慧和勇氣，對照當時的行為和境遇，證明習父的「你還小」，含義非常豐富。

對任何一位十五歲的少年來說，父親早逝都是人生的重大災難，對習仲勳來說，災難更為深重，不光要承受痛失至親的感情創傷，而且面臨生活的重大壓力。

禍不單行，七個月之後，1929 年的 6 月，母親又一病不起、溘然長逝。

這時習仲勳雖然已成少年，畢竟只有十六歲，又是七個兄弟姐妹當中的老大，最年幼的妹妹才九個多月大。

一起生活的還有父親的弟弟習宗仁夫婦及四個子女，習仲勳的姑母也因早年喪夫，攜孤寄住娘家。

不久，習宗仁患病臥牀，習妻又患病身亡，不到一年時間，支撐、料理一家生活的四位長輩三人去世、一人重病，習家陷入苦難的深淵。

幾乎同時，關中又逢歷史上少有的乾旱，遭遇「民國十八年年饉」。《富平縣誌》記敘，民國十八年夏，「久旱不雨，田土龜裂，小麥乾旱無法下種，秋禾無收，斗麥漲價至銀幣六元。鄉民哀鴻嗷嗷之聲，瀰漫全境，稍堪充饑者，無不挖剝淨盡。餓死者四千餘人。背井離鄉外出逃亡者八千餘

人。」

習家概莫能外，十幾口人嗷嗷待哺。

有同鄉發現，採集附近劉集、施家、張橋鎮一帶鹽灘的「鍋板鹽」，可以從關中周圍的區域換回糧食，習仲勳和堂弟一起，也從眾從俗，加入饑民馱鹽進山換糧的人群之中。

習仲勳曾經求學的三原縣，受共產黨組織的策劃，富戶黃子文為自保出糧七石，帶頭籌賑，不到一個月，籌糧八十餘石，分送給三千七百多饑民。

消息傳到淡村，習仲勳和其他鄉親立即行動起來，組織籌賑活動，先後四次，籌糧三萬多斤，分給村裏的無糧人家。

不久，叔父習宗仁恢復健康，重新投入勞動，取代習父成為習家的頂樑柱，習仲勳的姑母由寄居變主人，生活上照顧一眾姪兒姪女，成為一家人心理上的主心骨，習的外婆將習仲勳最小的妹妹接回自己家中撫養，解決了習家最難面對的問題。

習仲勳仍滿懷希望，「想選擇一所學校再讀幾年書，以充實自己的知識」，但是，「都因為我是以共產黨嫌疑而坐過獄的人，就像掛了號一樣，凡知道這個情況的學校，誰也不敢收我這個學生，使我大失所望」。

因為蔣介石國民黨政府全力圍剿共產黨，必欲去之而後快，全社會主流價值都視共產黨為洪水猛獸，包括昔日過從甚密的一些老師和同學，都不願接近習。

困頓當中，習仲勳重讀第三師範上學期間讀到的小説《少年漂泊者》。

經過三年的學校生活，接觸過共產主義思潮，目睹勞動人民的疾苦和國民黨反動統治的黑暗，十六歲的少年習仲勳對社會、對人生的理解遠遠超過生理年齡，比死讀書、讀死書深刻許多、切實很多。

書中人物的處境、遭遇和故事情節彷彿就是習十六年人生經歷的另一個版本，是共產黨大革命失敗後有志青年生活境況和心態的生動寫照，不光激發習內心強烈的共鳴，而且對認知社會現實、確定自己人生的前路和定位有着巨大的影響和啟發。

與其他革命鬥爭歷史小說作者和作品相比，小說及其作者蔣光慈，知名度都不高，但典型環境下的典型故事和人物，對於身臨其境、感同身受的讀者來說，不僅刻骨銘心，而且引以為知音，習後來多次提及這本小說對他的影響和震撼。

經過三年的學校生活，接觸過共產主義思潮，目睹勞動人民的疾苦和國民黨反動統治的黑暗，十六歲的少年對社會、對人生的理解遠遠超過生理年齡，比死讀書、讀死書深刻許多、切實很多。

習家小院再也容納不了他的視野和志趣，面朝黃土背朝天的農耕生活再也不能滿足他的體力

支出、智力發揮，一旦家庭條件允許，沒有後顧之憂，一天都不會在淡村多呆，到更寬廣的舞台去，找組織去，鬧革命去，這就是選擇。

「出獄之後一年多的農村生活，使我親身體會到勞動人民的悲慘遭遇，以及舊社會極端黑暗的情況，激發了我的革命勇氣，不管多麼艱苦，就是下決心要革命。」習仲勛回憶道。

含淚離家，照金起義，
「娃娃」主席與
劉志丹、謝子長等
創建陝北蘇區

1930 年農曆新年還沒有過完，只過了「人七」，正月初
八一大早，趁家人不注意，習仲勳就走出家門，告別了生他
養他的習家小院。

離家的痛苦不難想見，家中兄弟姐妹都小，無論生活來
源，還是日常教育，都需要他這個即將成年的老大出力，他
一走，只剩叔父和姑母裏裏外外操持，相信全家人沒有一個
人答應，叔父甚至會全力阻攔。

習仲勳離家當天，按照黨組織先前的指示，前往三原縣
郭明效家，與郭一起，再往近兩百公里的長武縣，開展兵運
工作。

兵運是 1925-1927 年大革命失敗後中共的新策略，就是
利用各種社會關係，將共產黨員秘密派往各支武裝力量，策
動官兵聽從中共的主張，並適時發動起義，變成中共的武裝
力量，走武裝奪取政權的道路。

習、郭即將打入的這支武裝，負責人叫王德修，以「打

擊土豪劣紳」為口號，拉起隊伍起家，又與共產黨人合作，逐步將隊伍發展到三百多人，當時受命駐紮於甘肅交界的長武縣。

經過三四天長途跋涉，習、郭以富平鄉黨的名義，成為王德修部的一員。

約莫一月時光，王以鄉黨間的親情和信任，任命習仲勳任二連見習官，負責全連糧油副食的採買和供應。連長也是富平人，對富平來的年輕鄉黨很歡迎。

大約七月，習所在的二連移駐長武縣城以東二十公里的亭口鎮，在士兵中開展工作、發展黨員以外，習又與當地一位小富商王子軒結成好友，不但模仿劉、關、張桃園三結義，而且將王子軒發展成黨員。

在往後的革命歲月裏，王以自己的騾馬店為據點，不光成了黨在當地的聯絡點，又成為黨的財物的中轉站、南來北往同志們的小驛站。

經過兩年多的工作，中共地下組織在王德修領導的隊伍中不但發展到二十多名黨員，成立了營委和連隊支部，多數班、排長都由共產黨員擔任。營委書記先後由李秉榮、李特生和習仲勳擔任。

1931 年 9 月，中央和陝西省委要求各黨組織在渭北、陝北、陝甘邊等地區開闢新的蘇區，創建革命武裝。劉志丹在陝甘一帶領導的農民武裝，到 1931 年上半年發展到三百餘人，組成南梁游擊隊。

在王德修所部適時發動起義、武裝暴動也擺到各級黨組織面前，1932 年春節剛過，王德修所部被調往更加偏僻、更

加貧困的甘肅徽縣、成縣一帶駐紮，許多官兵不願前往，一些擔任連、排長的共產黨也因此分散到不同的地方和連隊。

機不可失，時不可再，習仲勳領導的營委認為利用換防時機，舉行兵暴，拉出隊伍，條件已經成熟，並報陝西省委批准。

省委不但同意，並且委派省委軍委秘書長劉林圃一起趕赴部隊所在地鳳縣，以省委特派員身分領導兵暴。

王德修率部開往徽縣、成縣一帶，當天抵達甘肅的兩當縣城，晚九時左右，劉林圃、習仲勳、李特生等開會決定十二點起事。

午夜十二時許，由共產黨員掌握的三個連同時行動，槍殺可能阻撓起義的軍官、解除不可信任軍官的槍支，帶走一切願意跟着起義隊伍走的官兵。

天亮時分，起義部隊從兩當縣城撤出，拉走王德修部三個整連及機槍連部分兵力三百多人。

隊伍順着一條小河向北進發，當天中午到達兩當縣以北的太陽寺就地休息，埋灶做飯。

營委書記習仲勳召集營委會議，將暴動隊伍改編為中國工農紅軍陝甘游擊隊第五支隊，吳進才任支隊長，劉林圃任支隊政治委員，習仲勳任中共支隊隊委書記。

習仲勳回憶：「兵暴後，在隊伍往哪裏去的問題上發生了兩種意見，一是主張解決駐在甘肅省徽縣的二團團部後再去打游擊；二是認為這是冒險計劃，主張到陝西省麟游一帶打游擊。後來又有同志思想動搖，提出依存於軍閥劉文伯休息整頓。但多數同志卻認為，我們既然脫離楊虎城，再去投劉

文伯，那又何必兵變呢？主張向長武亭口方向移動，最後與
陝甘游擊隊會合。如果聯繫不上，就開到三原縣武字區，配
合農民運動。」

但是，正如習本人後來總結的，起義隊伍當時「一是
沒有與農民運動配合，沒有創造根據地進行游擊戰爭，如果
當時就在鳳翔一帶山裏堅持游擊戰爭，情形就會不同。二是
政治上的聯合政策還懂得不多，沒有和當地的哥老會、有進
步傾向的軍隊、民團搞必要的聯合，有時走到一個地方，連
雞狗都跑光了，往往陷於孤立。三是對動搖分子沒有及時遣
散。四是旗幟不鮮明，兵暴後仍打着白軍的旗幟，沒有提出
明確的口號，群眾不了解，失去依靠。」

根據組織決定，當習仲勳等隻身前往長武亭口聯繫落腳
點、準備將隊伍拉往旬邑、淳化一帶時，起義部隊路經時，
遭遇當地民團王結子率領的兵力包圍攻擊，除少數人利用山
溝掩護逃脫，其餘均被繳械、逮捕，起義總指揮劉林圃遭國
民黨當局公開處決。

消息傳來，習仲勳心力交瘁、痛苦不已，國民黨當局又
全力搜捕「漏網成員」，通緝名單中習仲勳的名字赫然在列，
一時走投無路、不知何去何從，只好原地不動，在老友王子
軒半山腰一處住所的拐窯裏暫時安身。

1932 年 6 月上旬，習仲勳由亭口秘密回到富平表姐家裏
藏身，並籌劃下一步的去處。

「在這種情況下，我既不能久待，也不好亂動，只好就
近去富平縣城找到組織，再設法到謝子長、劉志丹游擊隊工
作。」

起義總指揮劉林圃遭國民黨當局公開處決。習仲勳心力交瘁，國民黨當局又全力搜捕「漏網成員」，通緝名單中習仲勳的名字赫然在列……

在同村鄉親周明德的說明下，兩人以販鹽為名，雙雙來到關中與陝北之間的照金，在照金以西四五里路的楊柳坪，習先見到謝子長，幾天後，又在楊柳坪以北十多里外的金剛廟見到劉志丹，劉、謝先後任陝甘游擊隊總指揮。

「初次見面，我得到的印象，他卻完全像一個普通戰士。他質樸無華，平易近人，常同戰士們坐在一起，吸着旱煙袋，談笑風生。同志們都親切地叫他『老劉』……我感到他有很高的理論水準，這不僅是從書本上學來的，也是從實際鬥爭中總結出來的……他那種堅韌不拔的信念，為真理獻身的精神，給我留下了深刻難忘的印象。」

不久，劉、謝乘反擊國民黨軍隊圍剿的勝利，決定率游擊隊向南進軍，籌糧籌款，徵集冬衣，臨行，交代習仲勳利用關中人的身分，在照金一帶開展農民運動，建立農村根據地，並將游擊隊第二大隊特務隊留在照金，由習仲勳領

導，由大隊參謀第五伯昌[1]協助，發展創建陝甘工農游擊隊第七支隊。

鑒於敵我力量過於懸殊、劉、謝留在照金的特務隊又發生譁變，在照金難以為繼，習決定將隊伍拉往不遠的渭北革命根據地。

這塊根據地處於關中腹地渭河以北的三原、富平、耀縣、涇陽和淳化的交界地段，總面積約七百五十平方公里，約四萬多人口，以三原的武字、心字為中心，不但有隊員六十多人、三十多支槍組成的游擊隊，還成立了中共渭北特委，是陝西境內最早的「蘇區」。

習仲勳曾意味深長地說：「我在渭北革命根據地工作時間不長，但對開創這塊革命根據地的領導者之一黃子文，卻有過較長時間的接觸。他是真正的渭北革命群眾的領袖。他入黨早，經驗豐富，看問題全面而且很有見地。早在 1928 年，他就在渭北開始搞武裝鬥爭。黃氏兄弟在渭北一帶很有影響，全家為革命犧牲了好幾個人。他們的歷史地位應該承認。」

習仲勳帶來的特務隊到達後，即改編為渭北游擊隊第二支隊。程國璽任支隊長，習仲勳任政治指導員，不久，又擔任共青團渭北特委委員。中共渭北特委專門設立軍委，由從藍田走出來的知識分子汪鋒擔任書記。

在當時的左傾盲目路線指引下，中共渭北特委沒收豪

1　字良棟，化名正德，1889 年生於陝西省旬邑縣魏洛村一個貧苦農民家庭，是中共旬邑組織早期革命骨幹和中共組織的地下工作者。

紳、地主、富農的糧食，將土地分配給窮人，成立工、農、婦等群眾團體和赤衛隊，舉行聲勢浩大的武裝示威，紀念蘇聯十月革命……

「蓬勃發展的革命運動直接威脅着三原、西安的國民黨當局，他們舉起屠刀，扼殺人民洶湧而起的鬥爭。」習仲勳回憶。

國民黨駐軍集結三原、富平、涇陽、高陵、耀縣、淳化六個縣的民團，將「蘇區」中心地區包圍「清剿」，到處捕人，殺人，五六十名共產黨員、共青團員和群眾遭到屠殺。

「敵人『圍剿』時，領導們死守陣地，擊而不游，失敗時又束手無策、逃之夭夭，就這樣，在敵人的圍剿與左傾機會主義領導下，渭北蘇區遭到失敗。」習仲勳回憶。

渭北游擊隊被迫分散行動，第二支隊轉移到北邊的旬邑，習仲勳和李傑夫轉移到照金。

在照金隱藏一個多月，「我與李豫章到富平西區都村一帶開展游擊運動，半月後分糧群眾發展到幾千人，成立了游擊隊，建立了農民總會。不久國民黨反動派發動五縣民團『圍剿』，這一區域又遭到破壞。留下來的人，一部分去照金活動，一部分參加渭北游擊隊。」（轉引自習仲勳回憶材料）

根據新的情況，中共陝西省委決定撤銷渭北特委、成立「三原中心縣委」，先後任命習仲勳為縣委委員、團縣委書記，隨後，又派習仲勳去紅二十六軍工作。

紅二十六軍是在謝子長、劉志丹領導的陝甘游擊隊的基礎上改編的，但中央派出的領導人不但將謝、劉排除在領導成員之外，而且將謝打發到中央受訓，將劉降為二團政治

處長。

　　習在紅二十六軍先後擔任紅二團少年先鋒隊指導員、陝甘邊游擊隊政委、陝甘邊區革命委員會副主席、軍委書記。

　　這一時期，習仲勳不僅領導紅二團取得游擊戰的多次勝利，又領導照金革命根據地發展壯大，同時經歷左傾路線再次給革命鬥爭帶來重大犧牲和慘痛教訓，許多革命同志出生入死、浴血奮戰得來的勝利果實再次被葬送，並在與民團戰鬥中身負重傷。

　　「我負傷後，血流不止，周身酸困無力，當時被民團一位叫周致祥的小頭目押着走。他好奇地問我，我看你是個大官。我說，我是一個百姓，政府派的糧款逼得沒辦法，才來當紅軍。他又說，不，你是個大官。你姓什麼？哪裏人？我說，我姓焦，富平人。說着我從口袋裏掏出六塊銀元給他。他又退給我三塊說，我知道你是大官，我放你跑。聽了這話，還不知道是真是假，便硬鼓起勁朝溝外跑去。剛經過陳家坡村子，後面又出來了幾十個人，連珠炮似地邊放槍，邊高喊，抓活的！抓活的！跑到前面是一條大溝坡，我就順着坡勢滾了下去，結果被一棵樹擋住了，這陣兒我才覺得傷口疼痛，匪徒們亂打了一陣槍後，吹起了集合號，我才慢慢順着梢林爬了下去。」習仲勳回憶。習逃脫追捕，一人來到熟悉的鄭老四家，鄭跟很多游擊隊員都有往來，熱情善良，不但細心照料習的傷口和生活，當天晚上又將習送到四五里外的庵子村，幾天以後，同為照金「蘇區」領導人的黃子文、周冬至又將習送回薛家寨營地養傷。

　　「紅二團失敗後，敵人調動大批兵力，妄圖一舉蕩平陝

甘邊根據地，當時我們困難極了。紅二團南下時把地方游擊隊的幾支槍也調走了，照金游擊隊只有四十多個人，槍不滿三十支，子彈也很少。敵人對渭北、照金到處發動進攻，我們失掉了紅軍主力的依靠，無處安身，吃飯也成了問題。儘管如此，我們還是堅定信心，堅持鬥爭，我們的方針是保存力量，以游擊戰保衛蘇區。在淳化、句邑、耀縣一帶及薛家寨的周圍，我們發動群眾，壯大游擊隊，等待有利時機，把抗日義勇軍、耀縣游擊隊、句邑游擊隊和淳化游擊隊等多個武裝力量聯合起來，一致行動。」習仲勳回憶。

經過一年多的修養生息、艱苦工作，「照金根據地的游擊隊發展到一、三、五、七、九、十一等支隊，還有淳化、句邑等十二支游擊隊。」（摘引自習仲勳回憶）

經過陝甘邊黨政軍聯席會議討論決定，把抗日義勇軍、紅四團、耀縣游擊隊、句邑游擊隊和淳化游擊隊等多個武裝力量聯合起來，一致行動，成立陝甘邊區紅軍臨時總指揮部，推舉王泰吉為總指揮，高崗為政治委員。

又決定劉志丹任陝甘邊區紅軍臨時總指揮部副總指揮兼參謀長，在劉志丹未歸之前暫不宣布。

劉志丹歸來後，根據敵強我弱的情況，決定率主力離開照金，再次轉入外線作戰，習仲勳、張秀山、吳岱峰等也相繼撤離照金。

1932 年 11 月，在甘肅省合水縣，陝甘邊黨政軍負責人聯席會議決定撤銷陝甘邊區紅軍臨時總指揮部，恢復工農紅軍第二十六軍，開闢和創建以南梁為中心的陝甘邊區革命根據地。

習仲勳和紅四十二師特派員張策一起，經過一冬一春的工作，以南梁為中心，建立起堅實的群眾基礎和鞏固的革命根據地，初步形成主力紅軍、地方游擊隊、群眾武裝相結合的三位一體的游擊戰爭武裝體系。

在其他同志的努力下，陝甘邊紅色區域也迅速擴大到包括保安、安塞、甘泉、富縣、慶陽、合水、寧縣、正寧、旬邑、淳化、耀縣、同官、宜君和中部等十四個縣的大部分地區。

1934年2月25日，紅二十六軍四十二師黨委在南梁小河溝四合台村召開群眾大會，成立陝甘邊區革命委員會，選舉習仲勳為主席，白天章、賈生秀為副主席。

5月28日，紅四十二師黨委決定恢復陝甘邊區特委，由張秀山任特委書記，成立陝甘邊區革命軍事委員會，由劉志丹任主席，習仲勳繼續擔任特委委員。

7月下旬，工農紅軍陝北游擊隊總指揮部總指揮謝子長、政委郭

習仲勳和紅四十二師特派員張策一起，建立起以南梁為中心的革命根據地，形成主力紅軍、地方游擊隊、群眾武裝相結合的游擊戰爭武裝體系。

洪濤、參謀長賀晉年及其率領的陝北游擊隊和赤衛隊到達閻家窪子，與劉志丹、張秀山、習仲勳等領導的陝甘邊革命力量會合。

雙方聯席會議決定，紅四十二師政委高崗去上海臨時中央局受訓，由謝子長兼紅四十二師政委，紅三團隨謝子長由南梁地區出發北上，與陝北游擊隊協同作戰，進一步推動陝北游擊鬥爭發展，在劉、張、習領導的蘇區，建立蘇維埃政府。

革命委員會採納劉志丹的意見，確定陝甘邊區工農兵代表大會產生的辦法，按照選舉地區和單位人數比例產生代表，並照顧到工人、農民、軍人、婦女等各個方面，然後在代表大會上民主選舉產生蘇維埃政府委員。

劉志丹起草政治決議案和軍事決議案，習仲勳和蔡子偉等起草財政、土地、糧食等決議案。

一百多名代表經過充分醞釀討論，採用無記名投票方式，選舉習仲勳為蘇維埃政府主席，賈生秀、牛永清當選為副主席。

又成立陝甘邊區紅軍軍政幹部學校，劉志丹兼任校長，習仲勳兼任政委，吳岱峰任軍事主任。

進入 1935 年春，面對蔣介石發動的又一次「圍剿」，陝甘邊特委書記惠子俊、軍委主席劉志丹等率領紅四十二師第二團北上，與謝子長領導的陝北特委在赤源縣周家㠍召開聯席會議，決定成立中共西北工委和西北軍委，統一領導陝甘邊區、陝北兩塊蘇區黨政軍組織，決定惠子俊任西北工委書記，劉志丹任西北軍委主席（另一說謝子長為主席），習仲勳任工委委員。

謝子長於 1934 年 8 月一次戰鬥中胸部中彈，重傷且繼續惡化，未能出席會議，會後不久，就在燈盞灣去世。

在劉志丹領導下，第二次反「圍剿」鬥爭取得勝利，主動放棄以南梁為中心的「蘇區」，根據地雖然縮小，但生存力量得以保存。習仲勳和蘇維埃政府人員擺脫敵軍追擊，撤至陝北的安塞縣嚴家灣時，中共陝甘邊特委也撤至王家灣，軍委駐曲溝坪，經濟委員會駐橋扶峪。

7 月，受中共中央北方代表孔原指派，中共河北省委副書記兼宣傳部長的朱理治以「中央代表」的名義到達陝北，不久，由上海臨時駐中央局派出的代表聶洪鈞也到達西北工委所在地永坪鎮，9 月，徐海東、程子華率紅第二十五軍進入陝西保安縣豹子川。

朱理治、聶洪鈞和程子華三人組成中共紅軍北方局派駐西北代表團，朱理治任書記，又撤銷西北工委和鄂豫陝省委，成立中共陝甘晉省委員會，由朱理治、郭洪濤任正、副書記，將紅二十五、二十六、二十七軍統編為紅十五團，由徐海東任軍團長，程子華任政委，劉志丹任副軍長兼參謀長，改組西北軍事委員會，由聶洪鈞任主席。

一班代表中央的領導，先是在陝北蘇區反對「右傾」路線，接着在革命隊伍中「肅清反革命」，「中共陝甘晉省委員會」做決定，習仲勳領導的蘇維埃政府出名義。

不久，習身邊的工作人員也被關押，劉志丹胞弟劉景範勸習離開躲一躲，習說：「不能走。我落一個法西斯分子，把我殺了，我也不能走，這些同志都是以我的名義調回來的，我怎麼能走呢？」

習回憶，當時「開來了三十多人的名單，我，劉景範都參加會的，哪裏有副主席、通訊員、秘書長，都是右派。我說不對頭。先把幾個來路不明的人逮捕起來。所以第一次才逮捕九個人，其餘的人是我硬擔硬保的，如果他們發生了問題，就要立刻逮捕我。越到後就越到處捕人。那時候要拿我的名字寫信要把那些人調回來，不然調不回來。所以很多人是經過我調回來的，在這個時候我就發生了很大的恐慌。」

　　形勢越來越嚴重，「紅軍在前方打仗，抵抗蔣介石的進攻，不斷取得勝利。『左』傾機會主義路線的執行者卻在後方先奪權，後抓人，把劉志丹同志等一大批幹部扣押起來，紅二十六軍營以上主要幹部，陝甘邊縣以上的主要幹部，幾乎無一倖免。」

　　許多年後，時任西北軍事委員會主席聶洪鈞道出個中原委：「經過反覆商量，最後確定，分開劉志丹、高崗，將劉志丹調到後方主持軍委工作，以防變亂，並便考查。不料，劉一到後方就被捕。爾後，在省委的督促和指責下，我和程子華都感到，事已到此，劉已被捕，前方如不立即採取行動，就會有發生事故的危險。隨即，按照後方提出的名單，逮捕了高崗、楊森、習仲勳、劉景範等許多陝甘邊蘇區和紅二十六軍的負責幹部。此後人心惶惶，危險局面可以想見，陝北延中的肅反事件就此鑄成。」

　　一天，紅二十五軍團特務科長持信前來下寺灣，叫習仲勳到十多里以外的王家坪談話，習仲勳預感「肅反」已肅到自己頭上，先把自己所帶手槍、兩塊銀元和鋼筆交給老戰友張策，請張策在義子溝邊區政府駐地等候，如果他能回來，

就一同返回特委；如果回不來，就説明他已被捕。

　　不出所料，習一到王家坪的紅二十五軍軍部，就被拘押，罪狀包括：「第一罵群眾是土匪；第二不搞土改革命，只分田地，不分山地；第三給富農通風報信。」

　　「快到黃昏的時候，我見習仲勳由軍團部出來了，但是他身後跟着專門負責捕人的紅二十五軍特務科長朱仰新。我一看就明白了。習仲勳此時已失去同我説話的自由。我只好騎馬回到下寺灣……深感等着我的也是被捕的命運。」張策回憶。

　　習仲勳先被關在王家坪，後來押往陝甘晉省委駐地瓦窯堡，「晚上睡覺時也將人捆着，腳上、脖子上也加了繩子。到了真武洞，一位同時被關押的人讓我給他鬆綁，我們互相鬆開繩子。到了第二天我報告説，昨晚翻身時，把繩子翻鬆了。不然他們會以逃跑為名抽打體罰的。」習回憶。

　　被押到瓦窯堡後，習被關在一個舊當鋪，「天氣很冷，不給我們被子蓋，晚上睡覺還縛綁着手腳，繩子上長滿蝨子；一天只放兩次風，有人拿着鞭子、大刀。看誰不順眼就用鞭子抽，用刀砍，在莫須有的罪名下，許多人被迫害致死」。「開始説我是取消主義，後來説成右派，並説我是右派前線委員會去的書記。審訊我的是朱理治、郭洪濤、戴季英，他們叫我自首，我説這有什麼自首的？我説我是革命的，你們説我不是革命，我也豁出去了，説我什麼也不要緊，就是你們不要用鈍刀子殺我。當時張秀山上的刑更厲害，給鼻孔灌辣椒麵，吊起來拷打。張秀山被折磨得死去活來，哭訴道，『我死不要緊，二十六軍創造不容易，它是許多同志用

頭顱換來的，你們可憐二十六軍，這裏的幹部全是好的』」。就算多年後看冷冰的文字，習的回憶仍充滿血淚和恐怖。

官版習傳描述，「在省委所在地也挖好土墳，做從肉體上徹底肅清所謂右派的準備。」（摘引自《習仲勳傳》第七章）

「肅反」短短一個月，紅二十六軍營長以上、陝北「蘇區」縣級以上幹部全部遭關押，包括劉志丹、高崗、習仲勳、張秀山、劉景範、馬文瑞、楊森、蔡子偉、張文舟、李啟明等黨政軍主要幹部，並遭受種種非人的折磨，陝甘邊區特委第一任書記金理科、陝甘邊區婦委會主任張景文、陝甘邊區南區委組織部長杜宛和上岸軍區副秘書長楊浩等二百多名優秀幹部被殺害，劉志丹、習仲勳、劉景範等被開除黨籍。

1934 年 10 月，中央紅軍到達陝甘邊區吳起鎮，得知「肅反」情況後，即派賈拓夫、李維漢同行前往了解情況，隨後，張聞天總書記與博古、劉少奇、鄧發、董必武前往瓦窰堡，並指派王首道等先期赴瓦窰堡調查處理「肅反」問題。

11 月，經博古指導下的董必武、王首道、張雲逸、李維漢、郭洪濤五人「黨務委員會」審查決定，所有被關押的陝北「蘇區」領導幹部先後陸續獲釋，罪名一筆勾銷。

中共西北中央局作出《西北中央局審查肅反工作的決定》，為被錯誤整肅的所有同志平反，同時對戴季英、聶洪鈞所犯錯誤予以處分。

劉志丹出獄後，先後任西北革命軍事委員會後方辦事處副主任和瓦窰堡警備司令、紅軍北路軍總指揮、西北軍委委員、紅二十八軍軍長，五個月後，劉奉命率紅二十八軍參加東征戰役，回師途中，率部攻打山西中陽縣三交鎮陣亡。

高崗被捕前任紅十五軍團政治部主任，平反後於 1936 年 1 月被派到內蒙古三邊地區，先後任中共蒙古工作委員會負責人，中共陝甘省委少數民族工作委員會副書記、書記。

習仲勳平反後，被安排到董必武任校長的中央黨校學習，並擔任訓練班第三班班主任，其他兩個班主任是成仿吾和馮雪峰。

在此期間，習第一次見到毛澤東、周恩來等中央領導和楊尚昆等機關負責人，聆聽了毛澤東的《論反對日本帝國主義的策略》的報告。

習回憶：「中央紅軍到陝北不久，我參加瓦窰堡舉行的一個會議，聽毛澤東同志的報告。遠遠看見一個人穿着紅軍的黑布棉軍服，胸前飄着長長的鬍子，兩道劍眉下面是炯炯兩眼，那智慧的光芒好像可以洞察一切，令人肅然起敬。他就是周恩來同志。那時，他擔任中央軍委副主席，和毛澤東同志一起，領導紅軍勝利到達陝北。在陝甘寧一帶有不少關於周恩來同志神話般的傳說。我很早就知道他的一些革命事蹟，內心十分仰慕。這次因為聽報告，沒有機會和他接觸。」

習當時二十二歲，比毛整整小二十歲，比周小十五歲。習上學求知的年代，周已經是國民革命軍中將，當過黃埔軍校政治部主任，領導過南昌起義，擔任過中共中央的最高領導。而毛當過國民黨中央的宣傳部長，領導過秋收起義，此刻又是中央三人小組領導之一。習的「仰慕」、崇敬不難想見。

男大當婚，女大當嫁，愛情的花朵也結出果實，12 月，革命戰友吳岱峰的外甥女郝明珠與習結為連理，習不但有了生活伴侶，也有了革命伴侶，有了自己的婚姻和小家。

3 腳踏實地，脫穎而出，
毛澤東、周恩來委以重任，
李維漢識千里馬

1936 年 1 月，習仲勳接到通知，赴關中特區任蘇維埃政府副主席、黨團書記。

中共中央和中央紅軍到達陝北，決定就此安家，不再奔波，以陝北為根據地，以抗日為旗幟，先前武裝奪取政權的目標，策略性擱置。

配合戰略目標的轉變，根據新的形勢和陝北地理特點，將根據地以南劃分為陝甘省，以北劃分為陝北省，同時設立三邊、神府、關中三個地區。

其中關中特區下轄淳耀、赤水、永紅、新正、新寧五縣，以上新設縣治包括了陝甘兩省接壤的旬邑、淳化、耀縣、宜君、正寧、寧縣所屬的部分平原和廣大山區。

這一地區連接關中，最南端離西安只有一百公里左右，貨真價實為陝甘寧邊區的「南大門」。

中央極為重視關中特區的作用和工作，人事底定之後，由周恩來代表中央在瓦窯堡駐地與習仲勳和一同前往工作的

張仲良談話。

「恩來同志對敵情屬地制定戰略部署，他那卓越的軍事才能，給我留下極其深刻的印象。」

赴關中之前，路遇即將東征的劉志丹，忙裏偷閒的攀談，依依不捨的分手，兩人誰都沒有想到，一生就此永訣。

聽到劉犧牲的消息，習已到達甘肅的環縣，「噩耗傳來，萬分悲痛，許多同志都哭出了聲。同志們告訴我，志丹犧牲時，衣袋裏僅留下半截鉛筆，兩個煙頭。」（摘引自1979年10月《人民日報》習仲勳回憶文章）

關中特委和蘇維埃政府設在甘肅新正縣（今正寧縣）南邑村，特委書記賈拓夫、蘇維埃政府主席秦善秀、關中特區司令部司令員江華和唐洪澄、張邦英等已先期到達開展工作。

習到任一個來月，就遭遇張學良東北軍以十一個師的兵力，分三路向關中蘇區發動全面「圍剿」，關中特區五個縣幾乎全被國民黨侵佔，並清查戶口，編制保甲，以保長治久安。

根據中央指示，關中特委決定，凡外來幹部以及和群眾關係不是很密切的人員，立即分批撤退，賈拓夫、江華等回瓦窯堡，關中特區撤銷。

由熟悉當地情況，又有群眾基礎的習仲勳、唐洪澄、汪峰等組成關中工委，開展地下、游擊工作，不到一月，中央又決定調習回陝甘寧省委，另行分配工作。

習仲勳離開關中後，汪峰和張鳳岐等人在旬邑縣花家洞建立了中共中央臨時特委，繼續領導當地武裝鬥爭和恢復黨組織工作。

新的工作是隨以彭德懷為司令員兼政委的紅軍西方野戰軍，向陝、甘、寧三省邊界地區挺進，擴大、建立新的根據地。

進軍曲子、環縣後，習先擔任曲環工委書記，再任環縣縣委書記，陝甘寧省委書記為李富春。

新成立的環縣縣委機關設在洪德城的杏兒鋪，由劉占奎任縣蘇維埃政府主席。杏兒鋪以南十里的河連灣是陝甘寧省委駐地。

縣委成立後的主要任務是發展壯大中共基層組織，建立地方政權，習仲勳在環縣工作僅兩個月，建立了六個區黨委，三十九個鄉支部。

兩個月之後，省委書記李富春找習談話，要習立即回中央所在地保安，回到保安，接到通知，先參加中央政治局的一次擴大會議。

會議進行三天，由張聞天主持，並作報告和回憶總結，毛澤東、周恩來和在保安的政治局委員及有關方面負責人出席會議，列席會議的只有陝北省委書記郭洪濤、關中臨時特委書記汪峰，以及剛從環縣歸來的習仲勳。

這是習仲勳平生第一次參加中央會議，第一次見到許多大名鼎鼎的中央領導和紅軍將領……李克農、葉劍英、羅瑞卿、林伯渠、博古……

「毛澤東一見到我，便親切地叫着名字，同我握手。」習仲勳回憶。

政治局擴大會議結束之後，張聞天總書記在自己住的一孔窰洞約見習，通知習，中央決定他到關中特區任特委書

1937 年習（右三）出任關中分區書記

記。行前，周恩來再次會見習以及與習一起赴關中特區工作的郭炳坤、張策、陳學鼎、黃羅武及牛漢山、于建軍、趙子修、賈生才等，囑咐他們無論通過敵人的封鎖線，還是在敵佔區開展工作，都要多加小心。

由保安，到旬邑，夜行晝宿，歷時七八天，行程五六百里，於 10 月初到達。

12 月，西安事變發生，並以和平解決告終，國共十年內戰從此結束，第二次合作開始。

一天，彭德懷從紅軍前敵總指揮部所在的雲陽，約見關中特委負責同志，向應約前往的習仲勳和張策傳達了中央關於當前形勢和任務的指示，提醒他們要注意尊重友區友軍。同時，要張策留在前敵總指揮部政治部待命，習仲勳同志回特委。

宏觀形勢的變化，大大改善了關中工委的工作環境和條件，到來年 4 月，地方政權及黨的組織都有相當部分恢復，涇陽三區淳耀小喬、同宜耀香山等地建立了新的蘇區，並肅清了關中蘇區的大股土匪，武裝了革命隊伍，計十四個支隊，近五百之眾。

1938 年 10 月，長女在黨中央駐地的保安縣馬錫五家中

一九三八年十月，長女在黨中央駐地的一孔窯洞內出生，習初為人父，給女兒取名「和平」，既是時代的見證，又是美好的願望。

的一孔窯洞內出生，這時候也跟媽媽一起來到父親身邊，習初為人父、舐犢情深，給女兒取名「和平」，既是時代的見證，又是美好的願望。

1939 年二女兒乾平、1941 年長子富平依次降生，戰時的特殊環境，容不得他們有更多的兒女情長，只好將一雙兒女送給當地群眾撫養，尤其是二女兒乾平，一別就是九年，待她再回到父母身邊，爸爸媽媽已經離婚，雖然都在西安，但不在一個屋簷下生活了。

根據乾平的回憶文章，習、郝婚變，既是當時生活、醫療條件落後的產物，也是郝個性倔強、缺少生理學知識的結果。（參見郝平《瓦窯堡的一枝黑牡丹——郝明珠的故事》）

習曾對乾平說：「我和你媽媽離婚，沒有為個啥啥。當時我們都年輕氣盛，誰也不讓誰，互相賭氣，結果把路走成了這個樣子。」

乾平曾署名郝平公開發表文章《瓦窯堡的一枝黑牡丹》，回憶父

親與母親的結合與分手，情節生動，真實動人。

1937 年 1 月，中央決定李維漢為中央陝甘省委書記，張邦英、習仲勳等十三人為委員。李維漢一接任，立即按照張聞天總書記的委託，赴關中特區指導工作。

李維漢身材魁梧、為人寬厚，年長習仲勳十七歲，在關中特委逗留近兩個月時間，以高超的理論水準和務實的革命精神，身體力行，言傳身教，給所有人樹立了良好的榜樣。習仲勳視之為「誠摯熱情，誨人不倦的良師益友」。

李對習仲勳也留下非常美好的印象，回到中央駐地，提筆為文，《關中工作的一些總結》，發表在中央刊物《黨的工作》上。

文章評價「我經過的陝甘蘇區，關中是最好得一塊……有許多群眾真正愛戴的領袖，如習仲勳同志、張邦英同志……，許多同志如劉景範同志、習仲勳同志、張邦英同志、高崗同志等都參加過長期的游擊戰。」

多年後，李維漢年逾八旬，在病中撰寫回憶錄，當年的一切，彷彿發生在昨天，歷歷在目。

「住在特委期間，上午我自己看書學習，下午同習仲勳、張邦英、張策及特委其他同志一起研究工作，交談情況……」

1984 年夏，李維漢病重住院，身為政治局委員、正在主持中央工作的習仲勳多次前往醫院探望，李去世一個多月後，習在 9 月 22 日的《人民日報》發表長文，《深切悼念李維漢同志》。1986 年 4 月，又為李維漢生前撰寫的《回憶與研究》作序。

1937 年 5 月 15 日，習仲勳接到通知後，立即佈置在關中部隊和游擊隊中進行兵員選調工作。經過層層動員，精心挑選，確定了五百名政治軍事素質過硬的紅軍和游擊隊戰士編成一個補充團，由特委宣傳部部長郭炳坤帶到富平縣紅二方面軍（後改編為八路軍一二○師）駐地。甘寧特區第一次代表大會選舉出特區執委十七人、候補執委六人，習仲勳當選執委。

隨着關中特區武裝力量的不斷壯大，張仲良、金道松分任所屬游擊隊正副司令員，習以特委書記身分，兼任政治委員。

隨着抗日形勢的發展，八路軍一一五、一二○、一二九師由陝西省涇陽、富平地區出發、東渡黃河，開赴抗日前線，習仲勳專門前往一二○師師部，面見師長賀龍，聽取有關要求和指示，又領導關中特委在關中部隊中挑選五百多名戰士交給一二○師。「關向應、甘泗淇也在那裏……賀總那堂堂的儀表、瀟灑的氣度、如火的豪情和爽朗詼諧的音容笑貌，給我留下了深刻的印象。從那時起，我幾度在賀總的領導下工作，有段時間曾隨他之後共負一個方面和地區的領導之責。長期的相處，賀總的優良品德和作風使我深受教育」。習仲勳後來回憶。

至 1939 年 7 月，關中的黨員已經發展到四千多人，按照陝甘寧邊區的部署，又在旬邑馬家堡魯迅師範舊址建立第二師範學校，習仲勳兼任校長，劉端棻任副校長。

隨後的歲月，直到習調離關中特委，與國民黨鬥智鬥勇、反擊國民黨製造的摩擦事件成為主要工作。

「集中主力主動打擊進攻邊區的反共軍隊，敵人局部進攻，我則局部游擊，敵全面進攻，我則全面游擊的政策下，1940 年 9 月間，我們先後佔領了柳林、廟灣、瑤曲、馬欄四個區，成立了同宜耀縣。1941 年 2 月又奪回新寧的盤客區。在一年的反摩擦鬥爭中，我們基本勝利了，邊區更加擴大了。頑固分子轉向對邊區進行碉堡封鎖政策，蠶食邊區，建立特務點線，組織破壞瓦解工作。」習仲勳回憶。

守護黨中央駐地的南大門六年間，習仲勳領導關中分區軍民鞏固和加強了邊區黨、政權和武裝組織，開展了政治、經濟、文化教育方面的建設，為抗日前線輸送了大量物資、糧食和兵員。

「習仲勳兼任縣長的新正縣，還成立了消費合作社、紡織廠、運輸隊、商業部等工商貿易單位，完成公糧 3896 石，超額 26 石。624 人參加了八路軍和邊區警備部隊，155 人參加地方游擊隊。」（摘引自《習仲勳傳》第十章）

黨中央高度評價習在關中的工作，不但以陝甘寧邊區政府名義，獎勵習仲勳等二十二名有突出貢獻者，毛澤東又為二十二名獲獎者逐一題詞。在一幅約一尺長、五寸寬的漂白布上寫了「黨的利益在第一位」八個大字，上款寫「贈給習仲勳同志」，下署「毛澤東」。「這個題詞，我長期帶在身邊，成了我努力改造世界觀的一面鏡子。」習說。

1942 年春，毛澤東開始在全黨「整風」，個人權威從此扶搖直上。

7 月，習仲勳奉調出任西北局黨校校長，離開關中分局。

在毛的直接領導下，從 10 月 19 日開始，中共西北局開

了一次為期 88 天的高級幹部會議，又稱陝甘寧邊區高級幹部會議，西北局 266 人參加會議、中央機關高級學習組成員和正在中央黨校學習的重要幹部 209 人列席會議。

任弼時受黨中央委託從楊家嶺駐會，朱德、劉少奇、任弼時、陳雲、彭德懷、葉劍英、賀龍、吳玉章、徐特立等出席大會並講話，從開幕到閉幕，到會中做專題報告，毛澤東發表三次講話。

高崗、徐向前、習仲勳、王震、馬文瑞、朱理治、郭洪濤等七十多人在會議上發言。

會議快要結束時，中央作出《關於 1935 年陝北（包括陝甘邊及陝北）「肅反」問題重新審查的決定》，明確指出，1935 年 9 月、10 月的陝北「肅反」是錯誤的，委託西北局改正「肅反」所造成的錯誤，審查和恢復在肅反中死難同志的黨籍，妥善慰問和安置其親屬。

多年來壓在陝甘「蘇區」領導幹部心中的委屈和陰霾為之一掃，正義、正氣得到伸張。

會議結束時，習仲勳接到通知，出任中共綏德地委書記兼綏德警備司令部政治委員。

1943 年農曆新年過後，毛澤東在楊家嶺窯洞裏，約見即將前往綏德的習仲勳，一方面聽取習的工作打算和意見，一方面告訴調習去綏德的意圖——綏德是邊區最大的一個分區，政治情況比較複雜，需要一個新人到新的地方發現新問題、創造新經驗。

習兩下關中，是遵義會議決定的中共最高領導三人小組成員張聞天、周恩來面談，到綏德去，張、周已置身事外，

只有毛一個人談，一方面表明，中央和中央紅軍到達陝北，尤其是通過整風，三人小組的集體領導，已經轉由毛一人獨尊；一方面表明，從前陝甘「蘇區」的高、中層領導幹部，包括高崗、習仲勳等，都由中央直接調配。關中分區也好，綏德地委也好，幹部的使用，都不是從前的陝甘省委、當時的西北局說了算，而是中央領導張聞天、周恩來、毛澤東說了算，將習從關中調往綏德，的確是鍛煉、是考驗，也是培養，將習視為可造之才。

綏德地處榆林以南，為陝、蒙、甘、寧等省區的交通要道，也為蒙古草原通往關中、南下中土的關鍵要塞，有「旱碼頭」之稱，秦始皇長子扶蘇和名將蒙恬北守邊塞、死後就安葬在這裏。

「米脂的婆姨，綏德的漢」，一個「漢」字，既是男子外表高大魁梧的素描，又是男性內在雄渾陽剛的寫意。

中央紅軍 1935 年冬到達陝北，直到 1940 年，才從國民黨手裏奪得控制權，在通往西北、華北、東北、以至蒙古、蘇聯的方向，打開一道北大門。

又將抗大總校從河北省邢台遷至綏德西山寺，任命徐向前、何長工為正副校長，調一些軍事幹部學習，同時設立青年幹部學校，調一些明日之星前來培養。

習到綏德擔當大任，肩負的使命不言而喻，把好延安的北大門，把綏德建設成穩固堅實的橋頭堡。

綏德歸共產黨人領導只有三年，相比關中特區算是新區，強龍不壓地頭蛇，明了風土人情，感受群眾基礎，把握社情民意，是開展工作、有的放矢的前提。

因此，習安頓好機關事務，就鄭重其事到郝家橋村蹲點調查研究，掌握第一手情況。通過調查研究，保留、推廣行之有效的政策，革除改變脫離實際的做法。

郝家橋在土地租佃關係、變工互助、減租減息、精耕細作等方面都很有典型意義和推廣價值，尤其是四十出頭的村主任劉玉厚，不但通過辛勤勞動，精耕細作，變工互助，合理安排生產，提高了糧食產量和生活水準，而且帶動全村鄉親圓滿完成減租保佃、徵收公糧等各項任務。

習當即意識到，通過推廣郝家橋的成功經驗和劉玉厚的典型故事，將會引導整個綏德地區仿效學習，遍地開花，推動黨的中心工作更上層樓。

以中共綏德地委的名義，授予劉玉厚模範黨員、勞動英雄稱號，要求村村學習郝家橋，人人學習劉玉厚。

到年底，綏德縣六個區、米脂縣三個區、子洲縣五個區、清澗三個半鄉及佳縣個別村，除按條例減租外，退租1842.73 石，地主們陸續將 50% 以上的土地賣給佃農，比蔣介石國民黨後來在台灣推行的土地改革更自覺、更公平。

駐綏德的八路軍一二〇師獨立第一旅開墾荒地 700 餘塊，產糧 900 餘石，收菜 120 餘萬斤，養豬近 2000 頭，紡毛線 8.6 萬斤，棉紗 6.45 萬斤。軍工廠年產棉布 4800 匹，棉衣4000 套，單衣 4.764 萬套，皮衣 1350 件，軍帽 4000 頂，鞋子 1.58 萬雙，毯子 1800 牀，綁腿 3000 副，不但滿足了所有官兵被服裝備的需要，也解決了糧食供應。

三十多年後，習復出南下廣東主政，在下鄉調查的基礎上，依據毗鄰香港、澳門和南洋的優勢，建立深圳、珠海、

汕頭特區，打開國門，招引境外資本進入，與當年在綏德推廣郝家橋、劉玉厚經驗異曲同工。

延安「整風」過程中的「搶救運動」來到綏德，習照例領導地委認真貫徹落實，甚至派地委秘書長安志文專程往西北局請示如何開展。

但是，隨着運動的深入，揪出的特務、內奸、失足者越來越離譜，越來越顛覆常識，綏德師範「自動湧現」出一批十一二歲的「女特務」，抗大總校坦白分子、嫌疑分子多達602人，佔總數的57.2%，綏德警備司令部及各團有問題、可疑的幹部多達四百多人，習由謹慎而警惕、由警惕而懷疑，在工作中反覆強調實事求是，要說真話，不要說假話，又給西北局和中央反映綏德地區發生的情況，建議中央及時制止「逼供信」，糾正「左」的偏向。

中央關於「甄別」幹部的指示精神下達後，習立即從「搶救運動」的重災區綏德師範學校開始，找黨員骨幹、學生代表談話，邀請學生家長徵求意見，召集學生家長及幹部、群眾大會，甚至主動承擔責任、作自我批評，又舉辦整風專題學習班，在學習班下設立甄別小組，為每一個審查對象作出了符合實際的結論，為作了假坦白的人公開平反。

平反的典型之一是聶眉初，聶的名字映入眼簾，大家就知道其非勞動人民出身，而來自資產階級、書香門第。

聶父聶湯谷畢業於東京帝國大學化學系，企業家，子女五人，聶眉初十六歲跟隨舅父錢維人到達延安，搶救運動中錢維人被打成特務、遭到逮捕，聶眉初也「坦白」承認自己是「特務」，甄別案到了地委，習實事求是、力排眾議，力

主予以平反。

聶後來任《人民日報》群眾工作部主任，聶的弟弟聶璧初任天津市長。

經過「甄別」，習領導的綏德地區為所有自我坦白的「特務」全部平反，一個不剩。

習在綏德的一大發明是因地制宜，大辦「冬學」。

因為綏德地區處於高寒地帶，夏天時間短，農人忙於各種活計，無暇念書學習，而冬天時間長，大家窩在家裏，無所事事。

根據這一現實，習利用漫長的冬季開辦各種學習場所，吸引動員全區群眾參加，不光是掃除文盲、普及科學文化知識的德政善舉，又是凝聚群眾、團結群眾聽共產黨話、跟共產黨走的終南捷徑。

習到達綏德當年冬天，全地區就辦起各種學習場所九百多個，參加人數達七萬多人。

「冬學」掀起的學習科學文化知識風尚，又帶動全社會正規教育蓬勃發展，一年以後，全地區已有

經過「甄別」，習領導的綏德地區為所有自我坦白的「特務」全部平反，一個不剩。

完全小學 260 所，中小 21 所，普小 150 所，在校學生 11400 多人。

習仲勳的教育創新，受到中共中央機關報《解放日報》的高度重視，於 1944 年 3 月 11 日，發表長篇報道《綏德國民教育大革新》，報道、倡揚綏德經驗。

1944 年秋，習仲勳在綏德地區司法會議上的講話，表達了其對法治、法律、司法公正的認知和理解——

——把尻子端端坐在老百姓這一邊，司法和其他行政工作一樣，是替老百姓服務的。

——舊司法屁股沒有坐在老百姓這一邊，而是坐在少數統治者的懷裏。

——人民司法既要團結人民，教育人民，又要保護人民的正當權益，萬不能站在老百姓頭上。

——中國這個社會，老百姓怕「官」，怕「老爺」，人民的法官，絕不能當「官」做「老爺」。

作為延安的北大門，華北、東北來往延安的所有領導同志、將領戰士，都要經過綏德。無論劉少奇、彭德懷、陳毅、滕代遠等路過綏德短住，還是其他同志、七大代表經過綏德落腳，習書記都全力配合、熱情接待，讓同志們如沐春風、有回家的感覺。

「凡路過綏德的同志都說，習仲勳同志是一位好書記。」任弼時的概括，正是眾人的口碑。

4 少年老成，
三十二歲領導西北局，
毛澤東親自挑選
「年輕有為」的「群眾領袖」

習仲勳 1943 年 2 月到綏德工作，大約六七月間，習前往綏德師範部署安排「搶救運動」，擔任會議記錄的是一位動靜得宜、清秀文靜的女工作人員。

隨後，在綏師幾次大小會議上，習都見到這位女工作人員，並了解到她叫齊心，為綏師某班黨支部書記。

某個星期天，習在綏師院子的山坡上與齊心不期而遇，齊心駐足向習書記行了個流行的軍禮，習書記以微笑點頭回應，算是答禮。

不久，習仲勳約綏師各方面代表談話，了解綏師「搶救運動」的第一手資料，齊心為代表之一，算是更小範圍、更長時間的接觸和了解。

通過學校其他領導，習了解到齊心的背景，來自河北高陽，書香門第，革命家庭，父親齊厚之曾就讀於北京大學法律系，在孫岳將軍部任軍法處長，母親鄧耀珍追隨三個子女，1940 年從北平來到晉東南抗日根據地，姐姐齊雲更是一

齊心與習——「綏德」的婆姨，富平的漢。

位熱情似火的革命青年。

1939 年 3 月，十五歲的齊心跟隨姐姐齊雲，投學山西屯留的中國人民抗日軍政大學，當年 8 月就成為中國共產黨候補黨員，1941 年初，進入中央黨校學習，後又進入延安大學中學部學習。

1943 年 3 月，中共中央西北局抽調齊心等前往綏德師範、米脂中學，以學生身分做學生工作，時年十九歲。

對於十九歲仍出出進進校門的小女生來說，十五歲就參加革命、二十九歲就當地委書記的習仲勳充滿傳奇色彩，無論言語行動、還是舉手投足，都流露出一位早熟青年才俊、革命志士的一身正氣、迷人魅力。

「早在綏師開展防奸運動不久，我就收到了他寫的信。他開始談的都是工作，後來談到他是創建陝甘革命根據地最年輕的一個，還談到今後他可能去延安學習等等。」齊心回憶。

「開始我覺得很神秘，也很有吸引力，因為從未有人這樣信任和關注我。我也感到很榮幸，隱隱約約感到我們之間的感情已超出一般同志關係。」

齊心覆信，問習：「你為什麼老給我寫信？」習的答覆神

秘而直截了當：「一件大事來到了，我一定解決好。」

「此時，我明白了他的意思，知道這是讓我考慮我們的婚姻問題了⋯⋯他這種真情深深地打動了我的心。」齊心回憶。

時任抗大副校長的何長工致信習，向習介紹齊心，說認識齊心的姐姐和父親，並謂齊心在革命隊伍長大成人。

官版傳記說，「在綏師蹲點的地委宣傳部長李華生和校黨總支書記宋養初作為介紹人，積極撮合他們的婚姻大事。」

1944年4月28日，經西北局批准，習、齊成婚，抗大副校長何長工、政治委員李井泉、綏德警備司令兼獨一旅旅長王尚榮、政治部主任楊琪良、綏德專員袁任遠、地委副書記白治民等參加婚禮。

新婚生活很短暫，到了夏天，齊心先被派往綏德沙灘坪區第一鄉當鄉政府文書，後來又在義合區擔任區委副書記、延安北關區委副書記，直到共和國成立，全國山河一片紅，齊才進入西北局政策研究室擔任研究員，與習一起在西安生活。

「那時，雖說我們經常相距幾百里之遙，但我們的感情卻日益深厚。一位戰友看了仲勛給我的信後笑着說：『這哪裏是普通的家信呢？完全是革命的兩地書啊！』」齊心回憶。

這年年底，陝甘寧邊區勞動英雄和模範工作者會議在延安舉行，毛澤東在會上作了《必須學會做經濟工作》的報告，朱德講話，習仲勛帶着綏德的勞動英雄和模範代表參加。

會議期間，毛花了一天時間，在棗園住所的院子裏，跟陳雲一起，與來自各個地區的黨政首長座談交流，討論社會

治理和群眾滿意度，以及教育、文化、掃盲等問題，毛又留眾人一起午餐，讓出席者受寵若驚。

這是習與毛的第二次的近距離、長時間互動和交流，毛的精闢概括、生動詼諧，讓習驚若天人，深受啟發，習的樸實無華、講求實際，也讓毛另眼相看。

1945 年 4 月 23 日，中共七大在延安開幕，直到 6 月 11 日，歷時五十天，才告結束。

官版黨史，將這次會議稱為贏得抗戰勝利和全國政權的里程碑，制定了「放手發動群眾，壯大人民力量，在我黨的領導下，打敗日本侵略者，解放全國人民，建立一個新民主主義的中國」政治路線。

事實上，最為重要的政治信號是，劉少奇在會上第一次明確提出「毛澤東思想」的概念，並定義其為「馬克思列寧主義的理論與中國革命實踐相結合的產物」，毛澤東思想不但「作為全黨一切工作的指導方針」，而且寫入黨章總綱，成為以毛氏命名的精神財富。劉本人也急劇崛起，以黑馬姿態，成為二號人物，連朱德、周恩來都屈居其後。

出席七大的有八個代表團，其中陝甘寧邊區代表團人數最多，共 143 人，由西北局書記高崗擔任團長，林伯渠、賀龍擔任副團長，習仲勳為代表團成員之一。

大會選出十三人組成的中央政治局、四十四名中央委員和三十三名候補中央委員組成的中央委員會，高崗當選為政治局委員，習仲勳當選為候補中央委員。

1944 年 6 月，美、英盟軍橫渡英吉利海峽，在法國諾曼第登陸，第二次世界大戰勝利在望。

1945 年 2 月，佛蘭克林‧羅斯福、溫斯頓‧邱吉爾和斯大林在蘇聯黑海岸邊克里米亞半島的雅爾塔開會，為戰爭的最後勝利和戰後世界秩序規劃藍圖。

美國總統特使赫爾利幾乎同時到達重慶，與蔣委員長討論戰後中國的權力分配，要求蔣舉行全民投票，建立聯合政府。

1945 年年初，周恩來也專門飛抵重慶，奔走活動，爭取以知識界精英為主要力量的第三勢力的支持，進而爭取對中國事務有重要影響力的美帝的支持，與國民黨和其他各界精英，建立聯合政府。

但早在 1943 年，老蔣就發表《中國之命運》，勾勒戰後中國的權力格局——「一個政黨、一個主義、一個領袖」，在蔣委員長思想的光輝照耀下，繼續抗戰前的十八年。

孫中山的公子、當時的立法院長孫科一語道破天機：「中國的政治、軍事領導權是握在一個強有力者，即蔣委員長之手」，國民黨人以為「應該永遠佔據執政黨的地位，永遠成為中國的統治階級」。

中華民國尊號為「民」，但民眾與權力沒有半毛錢關係，各黨各派、各種學說、主義，政治力量，只能在「三民主義」的旗幟下，釋放自己的政治能量，做青天白日夢。

政權、法權、軍權，以及地方各級權力歸蔣總裁領導下的國民黨一黨壟斷，與法西斯德國和蘇維埃俄國異曲同工、同「心」同「得」。

1945 年 4 月 25 日，50 個國家的代表齊聚美國加利福尼亞州的三藩市，成立聯合國，中華民國成為美、蘇、英、中

四強之一。

三個月後的 7 月 26 日，領導抗戰的中國國民黨總裁、中華民國軍事委員會蔣委員長中正，在開羅與羅斯福、邱吉爾笑定乾坤，發表《波茨坦公告》，敦促日本無條件投降，8 月 8 日，蘇聯發表聲明，宣布加入《波茨坦公告》，並在遠東發起對日作戰。

蔣公、蔣委員長一時風頭無兩，舉國上下，人心所向，包括毛澤東及其共產黨人，都不止一次高呼「蔣委員長萬歲」。

整整二十年後，從美國回到北京的李宗仁建議，給蔣委員長塑一尊雕像，跟杭州的秦檜一樣，在北京天安門廣場給「人民英雄」永遠下跪。

毛澤東聽聞，跟周恩來説心裏話：「老蔣在北伐和抗戰中的地位無法動搖，所以我們每次的宣傳材料都迴避這兩件事，打嘴巴官司什麼都可以説的……在重大問題上還得尊重歷史，我們不能幹這種蠢事。」（見維基百科）

配合這一美夢，在軍事上給延安施加壓力，部署胡宗南部九個師的兵力佔領陝西淳化縣爺台山周圍四十四個村莊，東面約三十四里，中間約二十四里，西面約十里。

中共作出回應，一方面由賀龍、徐向前、蕭勁光、關向應等聯名通電全國，宣布事件真相，爭取輿論同情，毛親自撰寫新聞稿由新華社播發，一方面調兵遣將，由張宗遜任反擊戰司令員，又特別選調熟悉關中情況的習仲勳任政治委員。

王世泰、王近山、黃新廷任副司令員，譚政任副政委，張經武任參謀長，甘泗淇任政治部主任。

調新編第四旅、教導第一旅、教導第二旅和三五八旅共八個團參戰。

正在延安開會的習仲勳接到命令，星夜兼程趕赴曾經戰鬥了六年的故地旬邑馬欄。

8月7日，部隊向預定作戰區域開進，張、習距爺台山僅二十里的鳳凰山下兔鹿村指揮，8月8日午夜二十三時，命令各部隊向爺台山守敵進攻，到次日下午兩點，全殲爺台山守敵，並收復其他被佔村莊，全殲國民黨五個連兵力。

戰事結束，指揮機關撤銷，習仲勳調任中央組織部副部長。

幾乎同時，美軍在8月6日和9日，分別往日本的廣島和長崎各投下一枚「紙老虎」，8月14日，日本政府徹底認慫，宣布無條件投降。

從爺台山戰役結束第四天、日本無條件投降當日開始，蔣委員長連發三封公開電報，邀請毛澤東到重慶談判。

並準備用「兩個省主席」的崗位，換取共產黨交出百萬人的武裝力量、全國五分之一人口的統治權。

談判過程中，當面觀察毛、周等中共領導人，「決無成事之可能，而亦不足妨礙我統一之事業，任其變動，終不能跳出此掌一握之中。仍以政治方法制之，使之不得不就範也。政治致曲，不能專恃簡直耳！」

其他「共匪」，「誠不可以理喻也」、「何天生此等愚劣根性，徒苦人類乃爾耶！」

又在日記裏寫下心中的盤算，要不要捉拿毛、審判毛，哪怕付出蘇聯「以此藉口，強佔我東北，擾亂我新疆」的代

價，最後顧忌「內外有所藉口，或因此再起紛擾」，才「唯有天命是從也」！

談判從 1945 年 8 月 29 日開始，到 10 月 10 日結束，歷時五十二天。

其間，9 月 2 日，日本無條件投降儀式在停泊於東京灣的美國軍艦密蘇里號舉行。日本外相重光葵、陸軍參謀長梅津美治郎代表日本簽字，盟軍最高統帥道格拉斯‧麥克亞瑟代表同盟國接受日本投降，並以盟軍最高統帥之身分簽字，尼米茲五星上將代表美國，徐永昌上將代表中國，弗雷澤元帥代表英國，以及蘇、澳、加、法、荷、新依次分別代表本國簽字。

一周之後，9 月 9 日九時，中國戰區投降儀式在南京中央陸軍軍官學校大禮堂舉行，派遣軍總司令岡村寧次代表日本簽署投降書，國民黨陸軍總司令何應欽代表同盟國簽字並接受投降書。

通常所說的八年抗戰，從此徹底煙消雲散、贏得無條件勝利。

鴉片戰爭以來，百年間第一次完勝強敵，儘管山河破碎、精疲力盡，衣衫襤褸、遍體鱗傷，屹立於戰火中的勝利姿態和笑容，寫滿古老民族的覺醒和生機，力透東方睡獅的精神和志氣。

但是，勝利的代價由全民付出，勝利的成果和榮耀歸於蔣委員長及其領導下的一人一黨。

共產黨人迫於力量對比，採取有理、有利、有節的方針，軟硬兼施，用革命的兩手，對付反革命的兩手。談判桌

上據理力爭，戰場上寸土不讓。戰略上「向南防禦，向北發展」。

所謂「北」，就是在富饒的東北建立鞏固的根據地，黑土地上無窮潛力的農業，基礎雄厚的工業，背靠蘇聯老大哥、獲取各方面援助的地理優勢……

據《當代》2009 年第 10 期文章，毛和周還在重慶，9 月14 日上午，一架蘇軍飛機降落在延安，駐紮在長春的蘇軍最高司令官馬林諾夫斯基元帥的全權代表貝魯羅索夫上校和翻譯謝德明中校不請自來。

朱德立即與蘇軍代表會談，當晚，由劉少奇主持的中央政治局徹夜開會，決定全力搶佔東北。

抽調四分之一以上的中央委員和候補委員，分別率領兩萬幹部和十萬部隊。

在瀋陽成立中共中央東北局，由彭真、陳雲負責，並立即與伍修權、葉季壯跟隨蘇軍飛機前往，10 月下旬，再派高崗和張聞天等乘坐美國調停小組的飛機，從延安飛往東北。

高崗前往東北，毛澤東不假思索，選定習仲勳接替，領導西北地方工作，「我們要選擇一個年輕同志擔任西北局書記，他就是習仲勳。他是群眾領袖，是一個從群眾中走出來的群眾領袖。」毛說。（摘引自新華網 2013 年 5 月 29 日文章）

後來葉劍英一度主政華南，饒漱石主政華東，劉伯承、鄧小平主政西南，都是出於同一考量，不論是黨內同志和武裝力量，還是當地社會觀感和認受程度，習、劉、鄧、葉都深孚眾望，為不二人選。

當時中組部長為彭真，習與彭共事兩個月，旋即出任中

共中央西北局書記、陝甘寧晉綏聯防軍代政治委員，接替了高崗的主要工作，時年三十二歲。

根據當時的形勢和主要任務，地方工作主要是「發展經濟，保障供給」，徵兵送糧，支援前線。一如兩千年前，蕭何為劉邦坐鎮關中，二十世紀中葉，習書記再為紅色江山主政西北。

遵照中央「和平、民主、團結」的方針，廣泛開展以選舉、減租、生產為中心的群眾運動。

尤其是自下而上的普選工作，中央機關報《解放日報》社論要求陝甘寧邊區的普選「在全國人民面前做出好的榜樣」，「普選不僅是邊區人民的一件大事，而且對於全國民主運動與和平建設，也有着極重大的意義」。

在試點試選、廣泛宣傳動員的基礎上，分步驟、有秩序地進行普選和縣、分區政權的選舉工作，順利選出了出席邊區參議會的正式議員一百三十五名，候補議員三十五名。

習當選陝甘寧邊區第三屆參議會參議員和常駐議員。

1946 年初，蔣介石撕毀政治協商會議決議及其通過的憲法草案，決心在「一年內」消滅共產黨及其領導的武裝力量和根據地。

6 月間，劉峙指揮三十多萬兵力圍剿鄂豫皖三省交接的「中原解放區」。

延安方面，早在日本投降前，就部署八路軍三五九旅南下，與豫西南下的新四軍五師會合，成立中原軍區，由李先念擔任司令員，鄭位三為政治委員，王震為副司令員兼參謀長。

力量對比過於懸殊，李先念部決定「立即突圍，越快越好，不要有任何顧慮，生存第一，勝利第一」。

到 7 月底、8 月初，李先念一部到達陝南鄂西北地區，王震一部到達陝西商洛地區，突圍非常艱難。

危急時刻，7 月 26 日，毛澤東致信習仲勳：李、王兩部決定分散；李部分為七股，均在陝東南。王震率部向柞水、鎮安前進，將分散於柞水、鎮安及其以西地區。這一帶西北局是否可派幹部前去協助？因該區尚無像鞏德芳那樣的地方部隊，如不多派熟悉情形的幹部，恐立腳困難。此外，鄭位三、陳大姐、戴季英三同志及其他大批離軍幹部，如何秘密接引來邊區（需十分秘密），亦請考慮辦法。……

「請考慮派一二個大員去說明李、王兩部，如汪鋒及其他適當之人。」

接到來信，事不宜遲，習立即安排時任中共陝西工委書記汪鋒等前往迎接李、王。

8 月 10 日，毛再次給習寫信，進一步作出指示：「請考慮派出幾支游擊隊（武工隊性質），策應李先念、王震創造游擊根據地，以利將來之發展。（一）麟游為中心一支，約三至五個連。其中三分之二（兩個至三個連）以班或以排為單位，分散於涇渭之間、陝甘之間十餘縣，只要有黨的地方，或無黨而群眾條件好，就放下一班或一排，完全地方化；如穿軍衣不便，則穿便衣；如一班、一排目標太大，給養困難，則更加分散，每地（例如一區）三五支槍，總以廣泛分佈於涇渭間十餘縣，作為當地人民武裝鬥爭之骨幹為目的。其餘三分之一（一個至兩個連），則集中公開行動，但須取當地

人民自衛隊或人民游擊隊名義，或其他地方性名義；無論分散的，集中的，在一年內一律由邊區供給經費，不從民間籌款；派出之前須加以訓練；須配備政治工作人員；須有強的領導；須有本地幹部率領，隊員都要陝甘人（或雜以少數外地有經驗者）；要自願肯幹；要準備吃苦。（二）兩當、徽縣為中心一支，約二個至三個連；辦法同上。（三）此外，尚請考慮可否以海原、固原為中心派出一支，以靜寧、莊浪為中心派出一支，每支約二百人左右。」

「以上方針是否可行？估計派出後是否有站穩腳跟之把握？或先派麟游、兩當二支，每支數目較小？請你召集有關同志討論見覆。此外，蒲城、白水各縣力求就當地非法武裝予以幹部及指導，創造游擊根據地。」

第二封信很短，詢問習仲勳，「十七軍八十四師現開陝南佛坪堵擊我王震部。八十四師內是否有同志及同情者，情況如何，請查明見告為盼！」

接到毛澤東信次日，習即致電甘肅、隴東有關負責人李合邦、孫作賓及警備第三旅旅長黃羅斌、郭炳坤，指示其共同組織一百五六十人的武裝（內幹部四十餘人，均由三旅調出），向隴南地區活動，並派張仲良等前往加強領導。

同時，成立中共西府工委和游擊支隊，由西北局抽調幹部和關中警一旅的兩個加強連共三百餘人組成，由趙伯經任司令員兼政委，開赴麟游山區開展游擊活動。

又同聯防軍代司令員王世泰、副政委張仲良聯名電令警一旅、警三旅和新四旅負責人，要求組織三個精銳團出擊迎接王震所屬部隊，通過寶雞、鳳縣，從平涼入邊區。

8月20日，習、王再次電令：甲、以新四旅全部配屬山炮一連為左翼部隊，於25日前集結於金村、廟原、九峴原地帶，擔任長武、彬縣間缺口突破出迎任務。乙、以警三旅七團全部、五團一部配旅之工兵偵察部隊為右翼部隊，於25日集結於驛馬關、西華池之後方隱蔽地帶，擔任平涼、涇川缺口出迎任務。丙、警一旅應組織數小股游擊隊畫伏夜出，活動於淳化、旬邑地帶，以達到麻痺鉗制敵人，輔助出迎部隊順利完成任務。

22日，毛再次寫信給習，要求「長武、郿縣、平涼、隴德、靜寧、正寧、寧縣、西峰、鎮原、固原等處共有多少敵軍駐防及其分佈情形，請即告」。

23日，毛接獲習有關報告後，覆函：「陝西邊境仍以保持平靜為宜，請告關中分區，旬邑以東不去擾擊；寧縣、正寧及隴東分區各部則照計劃辦理。」

29日，王震部終於到達邊區，在鎮原縣屯子鎮與南下的警備第三旅會師。

毛得到電報，寫信要習組織「隴東黨政軍予以歡迎及說明」。

9月1日，毛又指示習：「（一）胡宗南似有向隴東進攻之計劃，我們如何應付，請加籌劃，並見告。（二）我軍出至封鎖線外佔領多少地方，消滅多少敵人，繳槍多少，正寧、寧縣、鎮原一線碉堡線是否已完全攻破，或尚餘多少，請飭人繪圖附說明送我為盼。」

次日，毛覆信習，「來信收到。即照所定方針去做。作戰時，注意集中絕對優勢兵力殲敵一部，如來信所說，集中

六至七個團，殲敵一個團。得手後看形勢，如我損傷不大，又有好打之敵時，可接着打第二仗，再殲敵一個團；如不好打，則撤回休整，伺機再打。此外，須準備三千人左右補充作戰部隊的消耗，請早為準備。最好先期交付各旅訓練，臨時可迅速補充。」

習接函後，立即回信，報告邊區敵我形勢及作戰計劃，又特別指定專人按照毛澤東的要求，繪製毛所要求的地圖和說明。

「這期間，主席不幾天就來一封信，有時隔一天一封，一個多月時間就寫了九封。毛主席在信中的指示十分具體，既談到要派熟悉情況的得力幹部去接應，又要我收集沿途敵人駐防和分佈情形，還指示我如何配合開創新游擊根據地，甚至連部隊到達後要開群眾歡迎會都想到了。這些都具體反映了毛主席對革命的高度負責，對下級關懷備至的革命精神和優良作風。」

不光寫信，「毛主席把我叫去，問我路怎麼走，從哪裏過渭河，並要我派人接應。」習仲勳回憶。

9 月 17 日，王震率部回到延安，習仲勳同其他邊區領導和延安各界群眾一起夾道歡迎。9 月 29 日，又隨同毛澤東、朱德等中央領導出席在楊家嶺大禮堂的歡迎大會，不僅有力地配合了王震部隊的突圍，又與王結成深厚的革命戰鬥友誼。

中央軍委決定，陝甘寧晉綏聯防軍發動榆橫戰役，以打擊襲擾之敵，保證邊區北線安全，減輕我軍後顧之憂，並策應國民黨陝北保安團隊相機進行反內戰起義，解放無定河以南地區。習仲勳再次承擔了此次行動的組織領導重任。

事實上，早在 6 月間，毛就召見習，聽取陝甘寧邊區的備戰情況，以及北線的基本情況安排，並要習抓住時機，組織北線戰役，解放榆橫地區，獲得較大的迴旋餘地。

8 月底，毛澤東再次召見習仲勳、王世泰，討論北線戰役的籌備狀況，又以粟裕七戰七捷的戰例，再次強調集中優勢兵力打殲滅戰的好處。

時值習的富平同鄉、早年的同窗好友胡景鐸、胡希仲分別擔任陝北保安指揮部副指揮官、晉陝綏司令部參議，胡景鐸的哥哥胡景通任國民黨第二十二軍副軍長。

習早已將與胡景鐸、胡希仲為同鄉同學關係的師源由關中分區調到綏德地委任統戰部副部長，專門從事對胡部的統戰工作，又派出延屬分區專員曹力如和綏德地委副書記劉文蔚一起赴榆林同胡希仲會面，了解掌握駐榆林國民黨軍上層人士情況。又根據胡景鐸的請求，由習仲勳介紹，中共中央特別批准

習早已派人對胡景鐸做統戰工作，又派人與胡希仲會面，了解掌握駐榆林國民黨軍上層人士情況。……中共中央特別批准胡景鐸加入中國共產黨。

胡景鐸加入中國共產黨（無候補期）。

特別是抽調四十多名黨政軍幹部，進入駐波羅堡、石灣等地的國民黨陝北保安團隊，以合法身分安排到不同崗位，秘密進行組織宣傳工作。

西北局在習仲勳主持下，討論批准胡景鐸提出的該部黨員發展人選，計有李振華、姚紹文、張亞雄、許秀岐、李振英、楊漢雲、吳鳳德、魏茂臣等。

習仲勳又召集陝甘寧晉綏聯防軍代司令員王世泰、副政委張仲良、政治部主任徐立清等研究制定北線戰役作戰方案，成立了以王世泰為總指揮、張仲良為政治委員的北線作戰指揮部。

到 9 月中旬，習仲勳指示已到綏德的范明面見胡景鐸，轉交密信一封，傳達中共中央和西北局決定起義的指示，商定起義計劃。

范明返回延安後，習與王世泰等仔細審查了起義行動方案並一起到棗園，向毛澤東匯報，毛非常滿意，完全贊成。

10 月 13 日凌晨，王世泰、張仲良指揮新編第四旅、教導一團、警備第三旅八團等武裝力量一萬多人，在榆林與橫山之間的武鎮和鎮川堡進攻敵人，胡景鐸趁機率國民黨保安第九團五個大隊二千一百餘名官兵，分別在波羅堡、石灣、高鎮等調轉槍口，與范明帶領的接應部隊一起攻昔日的友軍，最終佔領無定河以南三十多個城鎮、十二萬人口、五千平方公里的廣大地區，俘虜一千多人，起義五千多人。

12 月中旬，起義部隊改編的西北民主聯軍騎兵第六師調駐延安，毛澤東、朱德接見，習仲勳陪同。

毛特別評價，在敵強我弱的情況下，胡景鐸選擇歸降共產黨，給西北的舊軍隊指出一條光明大道。

這年年底，隨着胡宗南部加緊圍攻陝甘寧邊區，習一邊按毛來信的要求落實相關部署，一邊帶去五千萬元法幣、隨中央軍委副主席兼總參謀長彭德懷赴山西省離石參加並主持陝甘寧邊區、晉綏軍區和晉冀魯豫的太岳地區的高級幹部會議，與賀龍、陳賡、李井泉、王震等研究部署如何配合作戰、保衛邊區。

赴山西之前，喜逢中共中央發動延安各界為朱德慶祝六十歲生日，12月1日晚，西北局和邊區政府在交際處禮堂為朱德舉行慶生會，習以革命「聖地」首長的名義，特別撰寫長達五百字的祝詞發表在11月30日的《解放日報》。

毛特別評價，在敵強我弱的情況下，胡景鐸選擇歸降共產黨，給西北的舊軍隊指出一條光明大道。

「不純分子出於各種動機」過激過火，「如由這些人領導土改，就等於把領導權交給壞人」

　　1947 年 1 月 31 日，根據國共雙方戰場總的形勢和胡宗南部進攻陝甘寧邊區的態勢，中共中央軍委致電晉綏軍區司令員賀龍、政治委員李井泉：「邊區各旅及一縱隊組織一野戰鬥集團，以張宗遜、王世泰為正、副司令，習仲勳、廖漢生為正副政委，2 月底完成一切戰鬥準備。」

　　又任命閻揆要為參謀長，王紹南為副參謀長，徐立清為政治部主任，冼恆漢為副主任，轄獨一旅、三五八旅、新四旅、教導旅、警備一旅、警備三旅。

　　與習搭檔的張宗遜，陝西渭南人，畢業於黃埔軍校五期，參加過北伐戰爭、秋收起義，擔任中國工農紅軍紅十二軍軍長，參與歷次反圍剿戰役，並率部長征、任紅四方面軍第四軍參謀長，後任八路軍一二〇師三五八旅旅長、晉綏野戰軍副司令員、呂梁軍區司令員兼政委，是一員能征善戰的驍將，又同為近鄰鄉黨。兩人將並肩戰鬥，保衛邊區。

　　新組建的野戰集團軍司令部設於新寧盤克原東北的武氏

村，中央軍委的命令很及時、很具體，彭德懷稱此役為延安保衛戰的序曲，毛又特別指示最好在隴東殲敵一個整旅，不僅可以推遲和打亂敵進攻延安的計劃，而且可以相機出擊關中，威脅進攻延安國民黨軍之側背，使其不能首尾相顧。

3月2日傍晚，張、習知悉：敵四十八旅一四二團於上午十二時進佔合水，該旅旅長何奇帶一四三團兩個營駐板橋，另一營駐赤城鎮。張、習遂決定於3日晚以三五八旅向板橋之敵進擊，獨一旅於板橋、合水之間，伏擊合水、西峰鎮之敵，4月3日，向西華池發起衝擊，4日晚，發動總攻。

但戰場形勢出乎意料的嚴峻，不但據守之敵裝備精良、火力非常猛烈，敵第二十四旅機動快速、增援又迫近，對峙下去，不利於保存有生力量[2]的最高原則，張、習當機立斷，下達命令，全線撤出戰鬥，只殲敵一千五百多人。

撤出戰鬥當天下午，張宗遜、習仲勳、王世泰、廖漢生聯名致電中央軍委，檢討未如期殲敵的原因：

——敵長於守備，且佔房屋據以頑抗，我在巷戰中炮兵使用受到限制。

——我指揮機關及各旅合成不久，協同不密切，敵情不準確。

——地形不熟，地區窄小，戰鬥組織、後勤保障、政治工作不夠有力。

2　有生力量，原指軍隊中的兵員和馬匹，亦泛指有戰鬥力的部隊；指充滿活力的力量。

「彭（德懷）從延安趕往富縣，和我們一道總結此次戰鬥。這一仗，雖予敵以重創，擊斃敵四十八旅旅長何奇，可是這是一次消耗戰。為此身為邊區野戰集團軍政治委員的我，深感不安，以為會受到彭總的嚴厲責備。可是他卻親切地說，這是敵人大舉進攻延安和陝甘寧邊區的偵察作戰。毛主席、周副主席和我們大家一直在聽着你們的消息。沒打好，部隊有傷亡，不要緊。打了這一仗，把敵人的底摸一摸，這對今後作戰大有好處。也算是實戰演習嘛！這一席話，對我和其他同志鼓舞極大。」習仲勳回憶。

同一天，毛、周、朱、劉在延安作出決定，放棄延安，誘敵深入，不跟敵人硬碰硬。

3月14日，即延安保衛戰打響的第二天，中央軍委電令習仲勳即回延安，3月16日，習仲勳回到延安，趕往王家坪中央軍委和毛澤東住地晉見毛澤東、周恩來。

與毛、周一起的彭德懷遞給習一份電文，要點計有：

——由獨一旅、三五八旅、警備第三旅七團組成右翼兵團，歸張宗遜、廖漢生指揮。

——教導旅和第二縱隊組成左翼兵團，歸王震、羅元發指揮。

——上述各兵團及邊區一切部隊，自3月17日起統歸彭德懷、習仲勳同志指揮。

「彭總是國內外享有盛名的軍事家，是中華民族引以為榮的傑出將帥。在解放戰爭時期的西北戰場上，他為保衛黨

中央，保衛毛主席，保衛陝甘寧邊區，奮不顧身，勇往直前，在十倍於我之敵面前，在極端困苦的條件下，堅決貫徹中央的戰略決策，依靠人民群眾的全力支持，依靠廣大指戰員的浴血奮戰，依靠他鋼鐵般的意志和卓越的指揮才能，奇跡似的克敵制勝，為中國革命戰爭史寫下了極其光輝的篇章。」習仲勳回憶。

適應戰爭的需要，中共中央西北局分別設立前線工作委員會和後方工作委員會。前線工委由習仲勳、張宗遜、王世泰、廖漢生、閻揆要、徐立清組成，隨西北野戰軍總部活動，開展軍隊的地方工作和群眾工作；後方工委以馬明方為書記，和邊區政府一起轉移，領導邊區中心和支前工作。

3月18日下午，彭德懷、習仲勳等到王家坪毛澤東窰洞開會，夜幕初降的時分，才送毛、周走出窰洞，上車離開。

19日拂曉，彭、習才沿王家坪北山一條小路向東北方向撤離，當天下午，國軍整編第一師進佔延安空城，蔣委員長致電嘉獎胡宗南：「吾弟苦心努力，赤忱忠勇，天自有以報之也，時閱捷報，無任欣慰！」並授以二等大綬雲麾勳章。

毛、周等在清澗棗林溝召開政治局擴大會議，決定毛、周、任弼時等繼續在陝北，劉少奇、朱德、董必武組成中央工作委員會前往華北，葉劍英、楊尚昆率中共中央及中央軍委大部分工作人員到晉西北。

26日，彭、習指揮部隊在青化砭伏擊國軍第三十一旅，激戰一小時四十七分鐘，殲敵二千九百多人，俘虜旅長李紀雲、副旅長周貴昌、參謀長熊宗繼等高級將領，繳獲子彈近三十萬發，給進入延安的蔣軍一記悶棍，給撤離延安的毛、

周交出第一份漂亮的成績單。

二十天之後，彭、習又在羊馬河伏擊全殲胡宗南一三五旅四千七百餘人，俘敵少將代旅長麥宗禹，再報喜訊。

「彭總巧妙地把敵人主力九個多旅吸引到戰場以西，在我軍數里之遙的山頭上，眼看我軍繳槍、捉俘虜，無可奈何。這一仗，離青化砭之捷不到二十天。」習仲勳回憶。

十天之後，在蟠龍鎮再下一城，全殲一六七旅六千七百餘人，俘少將旅長李昆崗，繳獲軍服四萬套，麵粉一萬餘袋，子彈百萬餘發，以及大量藥品。

5月初，周恩來、陸定一受毛委託，代表他和朱德參加西北野戰軍的慶功祝捷大會，並與彭、習等高級將領研究戰場形勢，尋找殲敵機會。

從5月底開始，持續十九天，彭、習在隴東先後殲敵四千三百多人。收復了環縣、曲子及慶陽、合水以西廣大地區，突破了國民黨軍八十公里的防線，為日後向北發展打開了缺口。

7月初，轉戰陝北，收復定邊、安邊、靖邊。

7月21至23日，毛、周在靖邊的小河村召集戰場上的彭、習、賀龍、馬明方、賈拓夫、張宗遜、王震、張經武，以及從晉南前線趕來的陳賡開會，分析形勢，制定對策，部署力量，決定將晉綏軍區重新併入陝甘寧晉綏聯防軍，由賀龍任聯防軍司令員，習仲勳任政治委員，西北野戰軍前線委員會由彭德懷、習仲勳、張宗遜、王震、劉景範組成，彭德懷為書記。西北野戰兵團定名為西北人民解放軍野戰軍，彭德懷為司令員兼政委，習仲勳為副政委。

會後，按照中央要求，「我即和彭總分開，與賀龍同志一起前往綏德，統籌後方工作，全力支持野戰軍作戰」。習回憶。

　　「在整個西北解放戰爭期間，有時候我追隨彭總在前方打仗，有時候和賀龍元帥一道組織晉綏、陝甘寧邊區的人力、物力支援部隊。在恢復延安，解放西安、蘭州和祖國西北邊疆的一系列戰鬥中，在肅清敵人殘餘勢力和建立西北各省人民政權的日日夜夜裏，作為嚴師益友的彭總，給了我深刻的教育和巨大鼓舞。」（摘引自《彭總在西北戰場》）

　　「彭總在黨中央和毛澤東的親自指揮下，運籌帷幄，從容自如。首先擊潰了西來增援的馬鴻逵部數萬之眾，接着又瞅準機會，反手一擊，風馳電掣般地消滅了西北戰場上敵『三大主力』之一的整編三十六師。此即我軍戰史上著名的『沙家店之役』。這一仗，不僅轉危為安，化險為夷，而且把整個陝北戰局完全扭轉了。」（同上）

　　1947 年 9 月上旬，西北野戰軍在取得沙家店戰役勝利後又連克米脂、佳縣，到 10 月中旬，包括綏德、清澗、瓦窰堡在內整個綏德分區全部收復，習仲勳和賀龍、林伯渠即率西北局、陝甘寧邊區政府機關和陝甘寧晉綏聯防軍司令部西渡黃河，駐紮綏德縣義合鎮一帶。

　　兵馬未動，糧草先行。

　　糧草不僅是戰爭的支點和基礎，也是革命的前提和保障。

　　糧草哪裏來？當然是廣袤的田野和憨實的農夫，在共產黨人的語境裏，叫做農村和農民。

毛澤東不但是共產黨人中最重視農村、農民的頭號專家，又是最熱衷農民運動、土地革命，將農村、農民視為無產階級革命金礦的巨人。

一篇《湖南農民運動考察報告》，不但記錄了早期共產黨人在農村鬧革命的真實圖景，也記載了毛關於農民革命、土地改革的思想和主張。

「農會權力無上，不許地主說話，把地主的威風掃光。這等於將地主打翻在地，再踏上一隻腳。『把你入另冊！』向土豪劣紳罰款捐款，打轎子。反對農會的土豪劣紳的家裏，一群人湧進去，殺豬出穀。土豪劣紳的小姐少奶奶的牙床上，也可以踏上去滾一滾。動不動捉人戴高帽子遊鄉，『劣紳！今天認得我們！』為所欲為，一切反常，竟在鄉村造成一種恐怖現象。這就是一些人的所謂『過分』，所謂『矯枉過正』，所謂『未免太不成話』。這派議論貌似有理，其實也是錯的。……推翻一個階級的

糧草哪裏來？當然是廣袤的田野和憨實的農夫，在共產黨人的語境裏，叫做農村和農民。

暴烈的行動。農村革命是農民階級推翻封建地主階級的權力的革命。農民若不用極大的力量，決不能推翻幾千年根深蒂固的地主權力。農村中須有一個大的革命熱潮，才能鼓動成千成萬的群眾，形成一個大的力量……我們不能不堅決地反對。」

「總而言之，一切從前為紳士們看不起的人，一切被紳士們打在泥溝裏，在社會上沒有了立足地位，沒有了發言權的人，現在居然伸起頭來了。不但伸起頭，而且掌權了……他們舉起他們那粗黑的手，加在紳士們頭上了。他們用繩子捆綁了劣紳，給他戴上高帽子，牽着遊鄉（湘潭、湘鄉叫遊團，醴陵叫遊壠）……」

還有詞作《清平樂·蔣桂戰爭》，謳歌土地革命的盛況：

> 紅旗越過汀江，直下龍岩上杭。收拾金甌一片，分田分地真忙。

所以，與老蔣激烈的文鬥、武鬥之餘，在共產黨人控制的「蘇區」、「邊區」和「解放區」進行土地改革、分田分地，始終為毛親自關心、親自推動的大事要事。

1946 年 10 月 10 日，中共的《中國土地法大綱》在各「解放區」推行，「廢除封建性及半封建性剝削的土地制度，實行耕者有其田的制度」，「沒收地主牲畜、農具、房屋、糧食及其他財產」。

具體實施，拷貝、複製湖南農民運動的「寶貴經驗」，逐級傳達，幹部蹲點，開會動員，「放手發動群眾」，「打土

豪，分田地」……

　　毛在轉戰陝北的最後一個落腳點米脂縣楊家溝召開中共中央擴大會議，「土地」是「政治」、「軍事」之後的三大主題之一，由任弼時擔任小組召集人，葉劍英等參加。

　　聽取來自各地、包括習仲勳的報告之後，葉劍英有段發言很合習仲勳掌握的情況：「內戰時期由於『左』的錯誤政策，把自己孤立了。赤區裏赤白對立，買不到東西，像海中孤島，白區裏剩下些光棍黨員，最後連根都被拔掉。現在我們得到了廣大人民的支持，蔣介石集團則日形孤立。但是我們並不是沒有自己被孤立的可能。只有正確地執行聯合中農，聯合中小資產階級的政策，才可避免。」（摘引自習仲勳回憶）。

　　在 27 日的大會上，任弼時匯總各地的匯報，明確指出土改運動中「左」傾錯誤為害很大，亟需糾正。

　　毛在 28 日的閉幕講話中也明確指出，在對待中農，對待中小資產階級，對待黨外人士問題上出現了「左」的偏向，必須反對。

　　其間，毛又單獨約見習，聽取習的匯報看法，鼓勵習多讀書、多學習理論知識，「要使經驗上升到理論，就得學習」，毛說。

　　時任陝甘寧邊區副主席李鼎銘去世，習說動林伯渠一起向毛建議，最好能請一些「民主人士」參加李鼎銘追悼會，特別是請另一位「民主人士」安文欽（時任邊區參議會副議長——引者注）致悼詞，表示共產黨團結「民主人士」的政策沒有變。毛澤東當即表示贊成，並表示，三三制還是成功

的，三三制政策還要堅持。

綜合自己在土地改革中的所見所聞，結合毛、任、葉關於反「左」防「左」的講話和態度，習返回駐地，一邊傳達中央會議精神，檢查邊區土地改革的進展和問題，一邊逐條領會毛報告的精神，聽取各地匯報，閱讀各種資料，深切感到土改中的「左」傾錯誤非常嚴重，只有向中央和毛如實、專題報告，才能引起重視，及時糾正。

楊家溝會議結束第七天，一份由習仲勳簽署的報告送達西北局並轉中央和毛，要點計有：

——毛的報告傳達後，大大安定了人心，增加了力量，有把握完成土地改革任務。

——當下平分土地對我不利，最好以抽補方法解決少數農民少地或無地問題。

——老區地主、舊富農比新區少得多，如果在老區再沿用地主富農佔中國農村百分之八左右的做法，會嚴重傷害老區群眾的感情、損害黨的信用。

——對老區地主，應查其剝削關係及是否參加勞動與時間長短來決定。

——在老區發動群眾運動，要堅決反對「左傾形式主義」。

——在選貧農團、農會領導土改的成員中，要由能代表多數群眾利益，並為全村、全鄉群眾所擁護的人來擔任，不能包辦代替和搞其他形式主義。

——群眾自發運動為數不多，不純分子出於各種動

機所鼓動起來的群眾鬥爭反而不少，如果任其發展下去，必將造成許多脫離群眾的惡果，因此，必須派得力幹部參加進去，改造和掌握領導。

習的報告，尤其最後一條，不光道出當時土改中一大濁流，以及對應方法，也道出一個普遍社會現象，任何一項政策、一條法律施行，都會有一些「不純分子出於各種動機所鼓動起來的群眾鬥爭」，引起各種是非和風浪，關鍵是要有「得力幹部」「改造和掌握領導」，而不是迎合加碼、隨波逐流。可惜，習提出、警示的這一規律性現象，在往後的每次運動、每次改革中不斷、反覆出現，而且隨波逐流的多，「改造和掌握領導」的少……

四天之後，1947 年 1 月 8 日，習就土地改革中的過火現象列舉九條，再次書面報告西北局，要點有六：

習仲勳：群眾自發運動為數不多，不純分子出於各種動機所鼓動起來的群眾鬥爭反而不少，如果任其發展下去，必將造成許多脫離群眾的惡果，因此，必須派得力幹部參加進去，改造和掌握領導。

——把中農甚至錯把貧農定成富農進行鬥爭，只要有吃有喝的人，就是鬥爭的對象。

——地主富農不加區別一律鬥爭和拷打，用刑很慘，把馬刀燒紅放在被拷打者的嘴上，也有用香燃油去燒，這是破壞黨的政策。肉刑一定要堅決廢除，任何共產黨員不得違犯，否則應該受到黨的紀律制裁。

——凡定為地主富農者，個個必鬥，鬥必打，打必拷，「大鍋裏頭煮牛頭」，把大量時間放在逼要地（主）、富（農）的底財上，將他們掃地出門。

——在貧農和中農之間劃了一道鴻溝，把貧農神秘化、神聖化。

——曲解土地法關於暴力手段沒收土地的含義，認為就是要多吊拷人，多打死人，多用肉刑來貫徹土地法令。

——凡搞鬥爭的地方，大吃大喝成風，既不利於救災，又浪費了勝利果實。

報告的最後一段，高度評價胡績偉領導的《邊區群眾報》，「的確進步了，望堅持下來，力求改進。各地同志反映都覺得能過癮，對他們有説明，能起指導工作上的作用，我覺得更應以土改中的實際經驗，更有意識地解決運動中發現的一些普遍性的問題。這方面的材料很多，望能很好地總結和報道，成為西北局很好的指示。」

一天之後的 1 月 9 日，毛就習的第一份報告發出電報：

（一）習仲勳同志1月4日給西北局及中央關於邊區（老區）進行土改工作的信業已閱悉。

（二）我完全同意仲勳同志所提各項意見。望照這些意見密切指導各分區及各縣的土改工作，務使邊區土改工作循正軌進行，少犯錯誤。

（三）提議仲勳同志巡視綏屬各縣（帶一電台聯繫各地委），明方同志巡視延屬各縣，每縣只住幾天，不要耽擱太久，並請考慮派文瑞同志（和他將問題說清楚）去三邊、隴東、關中巡視一周，是否可行，望酌定。

習接獲電報，連續兩天主持召開西北局會議、召開邊區幹部大會，傳達毛澤東《目前形勢和我們的任務》，傳達毛的電報內容，安排西北局副書記馬明方、組織部長馬文瑞帶隊，分別去三邊、隴東、關中等地檢查指導土地改革和救災工作。

又與西北局副書記馬明方連署，通知所屬各分區：

——凡在土改過程中，對參加三三制的黨外人士，慎重處理。

——縣以上非黨人士的處理，務希由地委提出意見，經西北局批准。

——縣以下及小學教師中的非黨人士，須經地委批准後，才能處理。

受毛覆電的肯定和鼓勵，19日，習直接給毛發電報，進一步闡述自己關於土改的思考和主張：

（一）土地革命地區的農民，實際上已都不是貧農，而是中農；邊區的勞動英雄，還是勤苦勞動、熱愛邊區的，但因有餘糧往往被當成鬥爭對象，這與勞動致富方針不符，對黨對人民是莫大損失。擬規定，凡勞動英雄與幹部家庭在處理前必須經過上一級的批准。

（二）在土地革命地區中農佔優勢，在抗日戰爭中經過減租減息地區，也發生了基本變化，這次所鬥爭過的地、富，實際上其中三分之二都已自己連續勞動在七年以上。應按現在的情形妥善對待，既不脫離群眾，又不多樹敵人。

（三）老區有些鄉村貧僱農很少。有的是好吃懶做，抽賭浪蕩致貧的，如由這些人領導土改，就等於把領導權交給壞人。在老區就要不怕中農當道，真正的、基本的好群眾在中農階層及一部分貧農中。

（四）不要再算老賬，不管重大或輕微的舊賬，都一概不究既往，否則會引起社會上極大動蕩，對我不利。

（五）只要不是死心塌地的投敵分子，均採取感化爭取政策。

（六）對惡霸應有明確的定義，不能擴大化，特別不能株連其家人親屬。

（七）邊區土改要首先解決好人民生計，要同生產救災結合起來。

（八）救災中要形成一人一戶、一村一鄉去解決問題的新作風。

尤其是習電報中的第三條，與習第一份報告的最後一點遙相呼應，透徹指出一些「好吃懶做，抽賭浪蕩致貧的」傢伙是「壞人」，「如由這些人領導土改，就等於把領導權交給壞人」！

既含蓄、又一針見血地揭示，在任何情況下，不能以標籤取人、以言論和表態取人，凡是跳得高的、叫得響的、衝過頭的，都不是好人，絕不能把領導權交給這些人。

「真正的、基本的好群眾在中農階層及一部分貧農中」！推而廣之，任何社會，任何地區，「真正的、基本的好群眾」就在「沉默的大多數中」！

在轟轟烈烈的群眾運動中，在「上有所好、下必甚焉」的權力運行模式中，眾人皆醉，小習獨醒，其冷靜、理性，不啻為空谷足音，發人深省。

標誌着習已經從自在走向自為、從聰明走向智慧、從青澀走向成熟。

在轟轟烈烈的群眾運動中，在「上有所好、下必甚焉」的權力運行模式中，眾人皆醉，小習獨醒，其冷靜、理性，不啻為空谷足音，發人深省。

「自在」是黑格爾哲學中的「絕對理念」之一，馬克思、列寧用來形容工人階級的自然狀態，而用「自為」描述工人階級經過其先鋒隊共產黨的教育、引導，成長上升為領導階級。

在習的革命生涯、權力舞台，這是第一次，往後還會有多次，這時候，習才三十四歲、有着二十年的革命經歷。

與通常的觀感和印象相反，習從未因發出不同的聲音、與毛、與中央的政策和意圖相扞格、不一致而遭遇挫折和打擊，所有倒楣都是飛來的橫禍，都是他的上司連累他，而不是他連累別人。

習難能可貴的第一次，就馬到成功，接到報告第二天，毛澤東（20 日）就覆電習，不但「完全同意」習的看法，又將習的電報轉發全國各解放區：「完全同意習仲勳同志這些意見。華北、華中各老解放區有同樣情形者，務須密切注意改正『左』的錯誤。凡犯有『左』的錯誤的地方，只要領導機關處理得法，幾個星期即可糾正過來，不要拖延很久才去糾正。同時注意不要使下面因為糾正『左』而誤解為不動。」

經過半個多月的思考，毛再次致電習仲勳等人，考慮將中共控制區分三類地區實施土改，即「老解放區」、半「老解放區」，以及新「解放區」，區分三類地區之後，分別實行什麼樣的辦法、步驟和規定，「以上各點究應如何才算適宜」——「請井泉、仲勳於數日內電告，同時亦請一波電告自己的意見。」

「一波」指薄一波，時任晉冀魯豫中央局副書記和晉冀魯豫軍區副政委，與劉伯承、鄧小平搭檔，「井泉」為李井泉，

時任晉綏分局書記、晉綏軍區政治委員。

頂層設計，重大決策，毛罕見地謙虛謹慎，不但主動採納習區分新、老「解放」區的思路，而且放棄了一生最大的喜好──運動式推行政策，一刀切制定政策。

兩天後，2月8日，習覆電毛，和盤托出自己的理解和主張：

──首先定義三類不同地區的概念：

甲、日本投降以前「解放」的地區為老解放區。

乙、日本投降以後至全國大反攻時兩年內所佔地方為半老解放區。

丙、大反攻以後所佔地方為新解放區。

──老解放區不宜平分土地，不能搞貧農團領導一切。因為貧農團內有由於地壞、地遠、人口多而致貧的，有遇災禍生活下降的，也有不務正業（吃喝嫖賭）而變壞變窮的。這種貧農團一組織起來，就必然向中農身上打主意，「左」的偏向由此而來，破壞農村經濟繁榮之勢。

──把發揚民主與土改生產相結合，反對幹部強迫命令作風，等等。

毛親筆修改習的電報稿後批示「轉發晉綏、中工委、邯鄲局、華東局、華東工委、東北局」。

綏德黃家川的做法很有創意，通過抽肥補瘦、填平補齊

的辦法調劑土地，既滿足了貧僱農的要求，也不過分損害中農的利益。習高度評價，並以西北局名義轉發西北各分區學習推廣，又上報中央。

毛正指揮千軍萬馬與蔣委員長的八百萬精銳決一死戰，仍撥冗細讀習和各地送來的土改問題報告，將黃家川經驗同晉察冀平山縣、晉綏區崞縣三家典型推廣到整個「解放區」。

習通過冷靜觀察、獨立思考，先天下之憂而憂，第一次由單純的政策執行者，躍升為政策的制定者。土改只是整個地方工作的一環，動員所有力量和資源服務於正在進行的「解放」戰爭才是重中之重。

習同時兼任賀龍領導的陝甘寧晉綏聯防軍政委，不但要保證地方經濟工作卓有成效，解決軍需民食，動員群眾支持戰爭，當好野戰軍的後勤部長，又要與賀並肩戰鬥，指揮地方部隊和民兵開展游擊戰爭，襲擾敵人，配合野戰兵團作戰。

毛澤東、彭德懷隔三差五就致電賀龍、習仲勳，要求供給前方糧食。「野戰軍南下，已無糧攜帶，着從速令綏（德）延（屬）兩地區沿途籌糧。宜川、延長一帶糧食奇缺，傷患及俘虜甚多，半年內新的傷患及俘虜均須向該區後送，新兵則經該區前送，一個半月後還可能移軍打延安，因此從河東籌運三萬至四萬石糧食至延長、固臨、宜川地區極為必要。」「惟打延安需要一萬二千石，須河東從小船窩、馬鬥關運輸五千石，山西籌一千石。盼賀、習考慮速覆。」

賀龍總結，河東承擔的後勤任務超過抗日戰爭時期的總和。

習回憶：「蔣胡軍進攻延安前後，全邊區共組織了兩萬餘

人的游擊隊和十多萬民兵，活躍在整個陝北的溝溝岔岔、山山峁峁，斷敵交通，打敵據點，伏擊車隊，緝查敵特，配合主力作戰，搞得敵人晝夜不寧⋯⋯邊區的男女老少都緊急動員起來，勇敢地參加擔架運輸、供應糧草、挑水送飯、做鞋洗衣、帶路送信、救護傷患、站崗放哨、堅壁清野等支前活動。據一年間不完全統計，全邊區參加抬擔架、當嚮導、後勤運輸、看押俘虜、修築工事的民兵民工達二百一十八萬多人次，做軍鞋九十二萬九千雙，籌送糧食一百二十萬餘擔，柴草一億二千萬多斤，動員了四萬二千名青年參軍。」

1948 年 3 月 21 日，《群眾日報》報道賀、習領導下的戰場成績單：

「作戰三千三百二十三次，斃傷敵人五千五百六十五名，生俘八千九百五十一名，投誠八百五十名，共計殲敵一萬五千三百六十六名；繳獲步槍五千零四十五支，短槍二百二十六支⋯⋯繳獲戰馬三千三百六十四匹，牲口一千四百九十五頭⋯⋯擊落敵機二架，擊毀汽車二十九輛。民兵作戰九百四十七次，斃傷敵九百名，俘敵及特務一千六百二十三名（內有敵團長蕭伯廉），共計殲敵二千五百二十三名，繳獲步槍三百七十六支，毀敵碉堡一千零四十八座，破敵城寨二十一座。」

實事求是，喊停陝北解放區土地改革，毛、劉、周同聲稱讚，將西北局經驗推向各解放區

1948 年 3 月 21 日，毛離開陝北前往西柏坡，同劉少奇、朱德領導的中央工委會合。

4 月 21 日，中共放棄了一年一個月零三天的延安又回到延安軍分區部隊和游擊隊手中，胡宗南領導的國軍棄城逃跑。

24 日，中共中央致電彭德懷、賀龍、習仲勳、林伯渠及西北人民解放軍全體指戰員，祝賀收復延安的偉大勝利。

5 月 4 日，延安各界舉行慶祝光復延安勝利萬人大會，給中共中央、毛澤東主席和西北人民解放軍發送致敬電。

隨着收復延安，「解放區」不斷擴大，如何治理新「解放」地區，在新「解放」區迅速建立黨的領導，恢復經濟、社會秩序正常運轉，成為「解放」戰爭的可靠大後方，不但成為西北地區面臨的問題，也成為黨中央、毛澤東操心的大事。

習仲勳不等不靠，依據陝甘寧邊區的現狀，深思熟慮，同賀龍、林伯渠老一輩革命家及基層負責人多次腦力激蕩、

1948 年與賀龍（左一）、林伯渠（右三）一起

研究討論，決定將「解放」區歸納為基本區、接敵區和新區，新、老地區一年之內均不進行土地改革。

接敵區和新區應以對敵作軍事鬥爭為中心任務，當年不進行土地改革，基本區包括老區、半老區的大部分，不再提土地改革，以確定地權發土地證為中心，準備和發動下年的大生產運動。

7 月 14 日，習致電毛，請示西北局的做法是否妥當，要點如下：

——蔣管區的廣大人民，包括一些中上層分子對我黨我軍的態度是好的，都是願我少犯錯誤，迅速推進革命勝利。

——抗戰期間，陝甘兩省農村生產未遭大的破壞，蔣管區的農民生活並不像我們過去想像的那樣無法活下去。一些地方中農戶數佔百分之五十五左右，小農經濟較為發展。

——新區解放後，首要任務是建立革命秩序，宣布解散一切反動特務組織，土改不應過早提出。

——新區政權初期不宜過急實行民主選舉，如我軍

過後不能鞏固者，還可暫時利用舊的保甲。

——對敵特、警匪武裝，採取政治瓦解為主、軍事清剿為輔的方針，對起義者改造，繳械者從寬，有功者獎勵，罪大惡極者法辦，頑抗者堅決消滅。

——新區稅收應一律維持原狀，由原稅收機關按原規定向民主政府交款，俟我方有力管理時，再去接收。

六條歸納為一點，在西北地區完全叫停土地改革！

十天後，7月24日，中共中央覆電習，正在醞釀籌備發動遼瀋戰役的毛澤東、劉少奇、周恩來等中央領導已經傳閱報告，並給予充分肯定。

午寒電悉，報告內容很好。所提各項問題的意見都很重要很正確。望提交西北局召開的幹部會議上再加討論。我們已將此報告轉發各中央局和分局參考。

給各中央局、分局、前委的批轉內容為：「西北局習仲勳同志7月14日給毛主席報告轉各地參考，中央已覆電同意報告中所採各項方針。」

事實上，習給中央呈送報告之後，已經開了長達五天的西北局高級幹部會議，進一步詳盡討論、並完善先前的決定和做法。遵照中央要求，習將討論完善後的報告再送到中央，毛澤東、周恩來再度批示，「仲勳同志在西北局高幹會上的報告和交通送來的結論提綱，均已閱悉。中央基本同意這兩個文件的內容，並以中央名義轉發各中央局、分局推廣。」

這一回合，再度展示出習仲勳執行、制定政策的水平和駕馭全域的能力。

不僅能夠從實際出發，具體問題具體分析，實事求是，作出對黨和人民事業最負責、最有益的決定，而且審時度勢、精準掌握自己所處的地位有多高、手中掌握的權力有多大，土改問題在毛、周、劉等中央領導的心理天平上分量有多重。

「自反而縮，雖千萬人，吾往也」，不但成功爭取到寬鬆的施政環境，減輕了西北地區幹部群眾的負擔，而且獲得毛、周等中央領導的高度贊同，成為地方諸侯的典範。

一個行動，完美演繹孔孟的——仁、義、禮、智、信，就算王陽明、曾國藩再世，也要佩服得五體投地。

因為王、曾所處的權力構架、從政環境，地方諸侯享有很大的治權，而習所處的政治背景、權力結構，不但一切權力歸中央、而且當時歸毛一人說了算。

習喊停土地改革，就是喊停執行毛的政策、路線和部署，就是在太歲頭上動土，不但博得毛的完全首肯，而且榮膺地方諸侯榜樣。

對新「解放」區蔣幫殘餘和匪患的處理，習總結黃龍分區的經驗，制定五大原則：「起義者改造，繳械者從寬，有功者獎，罪大惡極者殺，頑固抗拒者堅決消滅」。

首先武裝打擊，使其走投無路，放棄對蔣胡軍的幻想；在武裝打擊的基礎上，宣傳政策，分化瓦解；軍政、軍警相互配合；妥善安置放下武器的匪徒，防止其逃入敵區。

先禮後兵，先文後武，攻心為上，肉體消滅為下，同樣體現着君子人格——仁、義、禮、智、信。

習仲勳和賀龍等聯名將黃龍剿匪經驗上報中央軍委，周

恩來批示軍委通報全軍。

1948年歲末，習適時採取措施，加強黨的組織建設、新區政權建設，要求各地委和縣委「必須指派四五個到六七個能夠代表地委和縣委的負責幹部，分頭巡視，隨時發現問題，解決問題，說明各地總結經驗，交流經驗，以使黨的領導機關隨時了解運動發展的情況，抓住當前運動的每一重要環節，有效地把運動推向前進」。

習的做法不僅受到劉少奇高度評價：「此件很好，可以發表」，仔細修改之後交新華社全文播發，直到二十一世紀，上級機關派員「巡視」、督查下級工作的模式仍然在廣泛實行。

收復延安後，中共中央西北局機關遷回原解放軍總部駐地王家坪，毛澤東住過的窯洞裏，如今住着習仲勳。

隨着1949年來到，後世廣泛流傳的「三大戰役」已經結束，共軍渡江、全國山河一片紅的景象夢幻般地撲面而來。

習喊停土地改革，就是喊停執行毛的政策、路線和部署，就是在太歲頭上動土，不但博得毛的完全首肯，而且榮膺地方諸侯榜樣。

以農村為根據地的共產黨人意外地發現，一個一個城市需要他們接管，以往遠在天邊的醫院、學校、工廠、銀行、郵電、鐵路就在眼皮底下。

習又敏銳地意識到接收、管理城市的當務之急，在中共西北野戰軍第一次代表會議上，做專題報告——《關於接管城市的問題》。

——自上而下，原封不動，先接後分。

——官僚資本企業，由人民政府接收；私人經營的工商業，除重要反動首領經西北局或前委批准沒收其所有財產外，其餘的要允許和保護其所有。

——一切國民黨的、官僚資本的經濟機構，不要打亂，不要忙於去改組，更不能「粉碎」，而是要它繼續生產。

——郵電、鐵路、工廠、庫房及所有公共設施要派部隊看守，迅速建立城市治安機關。

——迅速解決糧食、煤炭的需要，組織糧食，組織市場，適當處理城鄉間糧價物價，務使供應不斷。

——準備足夠貨幣，供給市場需要，迅速禁止敵幣使用。

——立即逮捕有武裝抵抗或破壞行為的反革命分子、戰爭罪犯和特務分子，其他敵方人員均令其到人民政府登記。

——國民黨、三青團等反動黨派組織及國民黨中統、軍統等反動特務組織一律解散，並沒收其產業、設

備、檔案和信函等。自二月一日起，中共中央決定，西北野戰軍改為中國人民解放軍第一野戰軍，陝甘寧晉綏聯防軍區改稱西北軍區，賀龍為司令員，習仲勳為政治委員。

2月8日，陝甘寧邊區參議會常駐議員、政府委員暨晉綏代表聯席會議推選習仲勳為邊區參議會代理議長。

會後，賀龍、習仲勳，和由前線回到延安的彭德懷、王震一起東渡黃河，前往西柏坡出席中共七屆二中全會，毛署名來電：「希望彭德懷、賀龍、習仲勳均能到會。並望張宗遜、王震二同志中能來一人。」

在西柏坡召開七屆二中全會，毛、周等決定前往北平，籌備建立中央政府事宜，與會人員，除非有急務返回前線，都一同進京「趕考」，習仲勳也是其中之一。

乘一輛吉普車，隨浩浩蕩蕩的車隊，先到達劉備、張飛和趙匡胤的家鄉涿州市，再乘火車進入北平。

3月25日，毛、劉、周、朱等在西苑機場閱兵之後，乘車遊覽北平，習是身後眾多要員之一，晚間下榻北京飯店。

習的婚姻生活也結出美滿果實，就在七屆二中全會期間，習與齊心的第一個孩子出生，出生地點是延安的橋兒溝，齊心的母親就地名取娃名——「橋橋」。

齊心的姐姐齊雲也同樣赴京「趕考」，與習同住北京飯店，齊雲又請來父親，與習相見。

名副其實的革命家庭，踏着勝利的鼓點，在具有歷史意義的時候、在未來的首都，歡聚一堂。

從北平歸來，參加到「解放西安，解放大西北」的滾滾洪流中去，第一野戰軍發動春季攻勢，已經佔領銅川等十座縣城，中央又部署第十八、十九兵團由華北入陝。

習全力以赴，動員「解放區」幹部群眾籌備糧草、準備幹部、策動起義、草擬各種條令和條例。

一月之後，「解放軍」一野發動關中戰役，20日，順利進入西安，由賈拓夫主持軍管會接管西安。以賀龍為主任，賈拓夫、趙壽山、甘泗淇為副主任，成立西安軍事管制委員會。

5月底，習仲勳離開延安，向西安進發，中共中央西北局機關隨之前往，由中共陝北區委、陝北區行署領導陝北老解放區，四百多公里路程，乘坐當時最先進的美製吉普，第三天才進入西安。

1928年，十五歲的習曾被國民黨當局當作投毒嫌疑犯押解西安，二十一年後，三十六歲的習，成為西安的第一主人、也成為西安最年輕的第一主人，當初的階下囚，今日座上王，王者歸來！

習致電中央，報告西安情況，市內治安逐漸好轉，敵特大的活動不再，商店半數開門，仍有零星搶劫案發生，市民恐慌心理未除，南山有敵軍地方武裝時出騷擾……

支援前線仍是所有工作當中的頭等大事，習絲毫不敢鬆懈。僅扶眉戰役，關中新區就支援糧食一億九千五百萬斤，送軍鞋五十五萬雙，出動擔架九千三百副，大車二千七百輛。蘭州戰役之前，又將十八萬套冬衣和大批糧食、彈藥、軍鞋送往前線。

動員群眾支援前線

1949 年 12 月，習（左一）與彭德懷（右一）在西安

6月8日，中共中央發布新的機構設置和人事任命，中共中央西北局由彭德懷、賀龍分任第一、二書記，習仲勳任第三書記。

　　彭德懷正指揮一野進軍甘、寧、青、新，賀龍受命準備率軍入川與二野劉、鄧會合，西北局日常工作由習仲勳主持。

　　9月30日，中國人民政治協商會議第一屆全體會議在北京閉幕，由毛澤東為主席，組成中華人民共和國中央人民政府，政府委員五十六名，習仲勳為委員之一。

　　西安各界要在10月2日舉行慶祝中華人民共和國中央人民政府成立大會，由於這一天也是紀念國際和平與民主自由鬥爭日的第一個紀念日，為此，中共中央西北局決定，兩項活動一併舉行。

　　是日，西安各界六十萬人慶祝共和國成立，習仲勳發表《建設新中國，爭取世界和平，團結在毛主席的旗幟下前進》的演講。

治　　國　　理　　政

1948

黑　馬　躍　欄

1958

7 「如果丟開民族問題，就是脫離西北最重要的實際」，毛澤東通知「各地均可採用」「習四條」

1949 年 10 月 19 日，新成立的中央人民政府任命習仲勳為革命軍事委員會委員，繼而，組建西北軍政委員會，彭德懷為主席，習仲勳、張治中為副主席，領導「新中國」三分之一土地的戰爭和建政，領導漢、回、維、藏、蒙等十多個民族二千三百五十萬人從革命戰爭走向鞏固政權，建立新制度，建設新社會。

中央政府雖然成立，但相當一部分疆域仍控制在國民黨手裏，西北地區包括陝西南部、甘肅隴南、青海、寧夏，有些邊遠縣、村，「解放軍」的兵鋒仍未到達，遼闊的新疆，仍然遠在天邊。

解放軍的給養面臨嚴重不足，一野當家人彭德懷從蘭州給習仲勳發來電報：「入新部隊經費無着。祁連山及西寧周圍山上最近已全部降雪，棉衣運不到，凍病者不少。西北除漢中外算是全部宣布解放，因此各項工作須有一個全盤（五省）籌劃，尤其是經濟建設。」

10 月 10 日和 17 日，彭德懷又從甘肅酒泉發來電報：「新疆和平解放已經大體成功。第三軍擬於 10 月 20 日後南移到天水附近集結……」

但是，「以現有汽車嚴冬前運兵南疆甚為困難。如嚴冬前我軍不能到達目的地，今冬即不可能籌備來春生產。為克服困難，蘭州、西安須盡可能集中較好的車子帶汽油來酒泉。」

而陝、甘兩省災情嚴重、糧棉減產，寧夏、青海回、藏族佔人口大多數，籌集軍需供給着實不易、非常困難。

但習仍然按彭的要求、按前線戰事所需要，千方百計，層層動員部署，既要照顧到各省群眾利益，保持整個社會認同、擁護新成立的「人民政府」，又要完成一系列恢復經濟、徵收物資的任務。

僅用三個月時間，戰爭全告結束，進入經濟建設新時期。

為發揮、調動群眾的積極性、兌現勞動人民當家作主的承諾，中央決定用組織的方式，用普選建立人民政權，「沒有普選的地區，便是各界人民代表會議」。

毛澤東先後轉發華東局第一書記饒漱石匯報上海松江縣召開各界人民代表會議的情況，表示「極為欣慰」，「是一件大事。如果一千幾百個縣都能開起全縣代表大會來，並能開得好，那就會對於我黨聯繫數萬萬人民的工作，對於使黨內外廣大幹部獲得教育，都是極重要的。務望仿照辦理，抓緊去做。並請你們選擇一個縣，親自出席，取得經驗，指導所屬。」

繼而轉發華北局第一書記薄一波關於華北各城市召開各界代表會議經驗的報告,並要求各地認真研究,引起全黨幹部的注意,又特別強調:代表名額中共產黨員不能太多,「多則無力,不多不少則力量大」。

　　按照中央的指示精神,習選擇離西安最近的長安縣作為試點,先總結經驗,再全面推廣。

　　經過半個多月籌備,長安縣五十多萬農民投票選出近三百名代表,代表們從全縣二十五個區五十名候選人中選舉出二十五名委員、九名常委組成「長安縣農會臨時委員會」,又選出一百七十九名代表,出席全縣各界人民代表會議。

　　西安不但是陝西的第一大城市,也是西北、乃至全國性的中心城市,率先選舉各界代表、召開人民代表會議,不僅對穩定、理順西安的社會情緒和人民政權有強大的推動作用,而且對西北各大中城市建立人民政權有強烈的示範效應。

　　因此,習不但全程參與西安各界代表的選舉組織工作,而且多次出席選舉及有關會議,審查市人民政府的工作報告,決定市政府的施政方針和政策,選舉市長、副市長和人民政府委員。

　　在試點的基礎上,穩步推進西北地區人民民主建政工作,陝西、甘肅、寧夏、青海、新疆陸續召開各界人民代表會議,建立起人民政權。

　　所屬二百九十七個縣(市)召開一至四次各界人民代表會議,在經過土地改革的陝、甘兩省,有二千七百一十四個鄉農民代表會議行使鄉人民代表大會的權力。陝西省人民政

府由馬明方任主席，張邦英、韓兆鶚任副主席。

1950 年初，彭德懷前往北京開會，委託習仲勳代他主持西北軍政委員會的工作，到了 10 月，「委託」變成全託，彭前往朝鮮指揮戰爭，習成為西北軍政委員會事實上的主席，以及中共西北局名義上的第二書記。

1951 年春，在給中共中央和毛澤東的報告中，習認為軍政委員會的功能和運轉，「一年開三次到四次太多，一次又太少，像西北每年召開兩次較為合適」。

尤其是發揮各民族、各界、各民主黨派人士作用，習認為列席人數可以相當委員數的兩到三倍，使各方面的人體驗到真心參與政事，並從中得到教育，和我黨聯繫密切了，也就起擴大黨的影響，鞏固和發展統一戰線的效果。

毛充分肯定了習的意見，稱讚「很好」，「所提幾個問題的方針都是對的」。

事實上，西北地區的工作，最重要的民族問題，無論政權的建立和鞏固，還是社會的和諧和穩定。「如果丟開民族問題，就是脫離西北最重要的實際。」習認為。

因此，「必須使各民族都有相當數量的代表參加政府工作，並有意識地照顧人數較少的民族，大批培養少數民族幹部，正確對待少數民族的宗教信仰，切實尊重各民族人民的宗教信仰自由」。

「不要過分地、不適當地強調階級矛盾，否則就會引發民族矛盾。」

「全世界有三億人信仰伊斯蘭教，我們工作做好了，在東方亞洲影響很大。」

「謹慎穩進的方針是唯一主要的方針。」

習甚至親自兼任西北局統戰部長，與許多民族、民主人士密切互動，誠摯交友，一襲周恩來的作派和風範。

少數民族新疆的包爾漢、賽福鼎‧艾則孜，西藏的堯西古公才旦、喜饒嘉措、黃正清，內蒙古達理扎雅親王，寧夏的馬震武、馬騰靄、邢肇棠，陝西的民主人士張治中、楊明軒、趙壽山，甘肅的鄧寶珊、馬鴻賓……朋友一大串。

其中鄧寶珊曾在毛澤東面前誇讚習仲勳，「這個同志氣度大，能團結人，可以挑重擔。毛回應：「你的看法很準，這個同志最大的特點，是能團結各方面人士，胸懷博大，能負重任。」

習領導西北局在甘、寧、青、新四省陸續建立貿易專業機構二百多個，組織六百多個流動貿易組，一方面收購當地的皮、毛、藥材等土特產品，一方面出售茶葉、布匹等日用生活品，刺激自給自足剩餘的產品，轉化成市場所需的商品，兩年間將新疆小麥換卡其布的比率提高到百分之四百，青海皮、毛價格提高了十幾到二十倍，寧夏蒙旗駝毛換小麥的比率增加三十八倍！

通過武裝鬥爭，共產黨人奪取了政權，但失去權力的國民黨及其殘餘勢力，不甘心自己的失敗，伺機組織武裝力量，利用社會矛盾，搶劫財物，對抗政府，危害社會治安和新生政權。還有一類以打家劫舍、謀財害命為生的土匪，類似歐、美的黑手黨，雖然沒有政治目的，但威脅人們生命財產安全。

1950 年 10 月，中共建政一年，決定在全國範圍內「鎮

壓反革命」，10 月 10 日，向全黨發出《關於鎮壓反革命活動的指示》。

次年 2 月 20 日，毛澤東簽署中央人民政府令，頒布《中華人民共和國懲治反革命條例》。

「你們不要浪費了這個時機，鎮壓反革命恐怕只有這一次，以後就不會有了。千載難逢，你們要好好運用這個資本，不僅是為了殺幾個反革命，而更主要的是為了發動群眾。」（摘引自《建國以來毛澤東文稿》第一冊，中央文獻出版社，1991 年版）毛澤東給時任公安部長羅瑞卿交底。

劉少奇的解釋更具體：「抗美援朝的鑼鼓響起來，響得很厲害，土改的鑼鼓、鎮反的鑼鼓就不大聽見了，就好搞了。如果沒有抗美援朝的鑼鼓響得那麼厲害，那麼土改（和鎮反）的鑼鼓就不得了了。這裏打死一個地主，那裏也打了一個，到處鬧」，「很多事情不好辦」。（摘引自《劉少奇在第一次全國宣傳工作會議上的報告》，1951 年 5 月 7日）。

2 月間，根據毛的建議，中共中央專門召開會，「決定按人口千分之一的比例，先殺此數的一半，也就是「總人口的千分之一」，並準備「看情形再作決定」（摘引自《羅瑞卿在中央人民政府政務院會議上關於鎮壓反革命工作的報告》，《建設》，1951 年 8 月第 124 期）

毛又致電各中央局：「很多地方，畏首畏尾，不敢大張旗鼓殺反革命。這種情況必須立即改變。」（摘引自《毛澤東對華南鎮反工作的覆示》，1951 年 5 月 21 日）

在毛澤東、劉少奇以指示、批示、通知、會議等各種形

式接二連三督促下，各地鎮壓反革命的運動，結合「土地改革」和「三反五反」聲勢浩大、如火如荼地橫掃全國。

1951 年 5 月 10 日，中央召開全國第三次公安會議，公安部長羅瑞卿在報告中指出：鎮壓反革命運動抓捕、處決、管制（戴以歷史「反革命」帽子，由人民群眾監督管制）反革命分子，「以中南為最多，西南、華東次之。以人口比例來看，則西南最高，中南次多，華東尚不足千分之一。華北、西北比例更小一些，東北這一時期基本上沒有大殺。」

「全國除東北以外共 30 個省，16 個省殺人在千分之一以下，8 省已到千分之一並超過了一些，有六個省達到了千分之二多。」

「以全國九個主要城市來看，其中北京、天津、上海、西安，已殺千分之零點二至零點三，擬殺到千分之零點五；南京、廣州、武漢、青島，略多於千分之零點五，重慶為千分之零點八三。」

羅瑞卿的報告和這次會議的主旨，正是按照毛、劉的最新意圖和指示，在全國範圍內糾偏、糾「左」、要求各地「嚴重注意」、「全面收縮」殺人、捕人過火、過頭狀況的分水嶺。

毛不但早在四月就發現各地「抓、殺、管」「反革命」已經嚴重超過先前所定「總人口千分之一」的標準，而且面命羅瑞卿迅速、盡早開會，並親自決定開會時間為 5 月 10 日。

會議決議更明確指出：「關於殺反革命的數字，必須控

習請求在西北放寬鎮反政策，殺「反革命」分子的比例減至總人口千分之零點五以下，比下達的指標少一半。

制在一定比例以內：在農村中，一般應不超過人口的千分之一。特殊情況必須超過者，須經中央備案，但亦不應超過太多。」並且專門指出：「西北方面根據那裏的情況規定殺人不超過人口千分之零點五，這也是正確的。」

當時，主政東北的是高崗，主政華東的是饒漱石，主政中南的是鄧子恢，主政西南的是鄧小平，主政西北的是第二書記、只有三十八歲的習仲勳。

西北不但沒有過火、不需要糾偏，而且眾人皆醉他獨醒，一步彎路都沒走。

領導西北的習仲勳，運動一開始就吸取過往教訓，預判一些「動機不純」的投機分子一定上有所好、下必甚焉，層層加碼，衝政績、出風頭，過猶不及。

特別是西北民族、宗教問題敏感而複雜，經不住這類過火行為。經過深思熟慮、調查研究，他將面臨的問題和相應的建議有理有據報告黨中央和毛澤東。請在西北放

寬鎮反政策，殺「反革命」分子的比例減至總人口千分之零點五以下，比下達的指標少一半。

在執行過程中，對「自動向人民政府真誠自首悔改者」、「在解放前反革命罪行並不重大，解放後確已悔改並與反革命組織斷絕來往者」施行寬大政策，並把「批准殺人的權限限於省上」。

毛不但當時就同意習的建議、批准習的報告，到了運動失控、三令五申各大區領導人糾偏、收縮的時候，內心深處，一定格外難以忘懷習的先見之明、少年老成。

薄一波後來透露，就在這個時期，毛誇習「爐火純青」，給習頂到天花板的最高評價，說明習領導鎮反、領導土改，都深得毛的讚許。

鎮反運動結束，整個西北刑殺「反革命」分子的數量低至總人口的千分之零點四以下⋯⋯

各級公安機關嚴格掌握政策，嚴防濫殺、濫捕、從快、從嚴。新疆地區送來如何開展鎮壓反革命分子的報告，習以西北局名義明確否定、立即要求其停止牧區「鎮反」，並親自修改新疆「從軍隊及政府機關中發動民主檢舉運動」一句可以不要，鎮壓對象不能包括「大回族主義」⋯⋯

又將西北局和新疆分局的報告、文件電報、電話紀錄送中央領導閱知。中央完全同意習和西北局的意見，並直接給新疆分局發電糾正新疆分局的不當做法，又將新疆分局主要負責人和常委召到北京開會，糾正新疆的過火做法。

利用前往新疆、糾正新疆分局工作錯誤的機會，習又千里迢迢，前往問題比較嚴重的伊犁調查研究。

「那裏民族問題最複雜，工作中的毛病又最多。反「大土耳其主義」[3]，錯捕了很多人，其中甚至有八九十歲的老頭子。已押數月，即令甄別釋放。「三反」中，盲目打虎，算解放前陳賬，弄錯了許多人。對五軍幹部團結教育不夠，引起不滿。二十二兵團一部到伊犂區駐防，各方面社會人士有戒備心理。這些問題的嚴重性，都是大大超過了原來預想的。自伊犂回來，在閉幕會上我又作了一次講話，着重講民族關係和領導工作中應注意的問題。」（摘引自《習仲勳同志給毛主席關於檢查新疆工作的簡要報告》）

明確糾正「鎮反工作中打擊面過寬的現象，確定今後少捕少殺，着重鎮壓現行反革命分子和武裝叛亂分子。不提「反大土耳其主義」口號，不把大土耳其主義組織當作「鎮反」對象。對大土耳其主義分子，實行長期的耐心的教育，以爭取改造大多數，只打擊其中的堅決反革命分子。」（同上）

又立即採取措施，把糾錯落實在行動上，而不只是開會、講話、寫報告。

「迪化釋放了一批人，放前做好政策教育，放後影響很好。伊犂也放了一批。糾正錯誤的消息已傳開去，情況開始安定下來。8月初，阿山地區爭取謝爾德滿、胡爾曼兩匪部五十二人來降。二匪首也有歸降可能，正進行爭取中，牧區此次錯誤的『鎮反』運動，對畜牧經濟有損傷，但糾正的

3　又稱泛突厥主義、大突厥主義，是一種極端的民族沙文主義思潮。在俄羅斯帝國時代，韃靼人受到大迫害；於是在 19 世紀，韃靼族知識分子萌發該主義。它不切實際地主張所有操突厥語族語言的民族聯成一體，組成一個由奧斯曼帝國蘇丹統治的大突厥帝國。

快。問題是過去剿匪中畜牧經濟損傷很大，恢復工作要慢慢來。部隊工作和生產問題，宗遜同志已向中央報告過。」（同上）

陝西旬邑縣的姚春桂，1949 年前曾任旬邑國民黨民團團長，被共產黨爭取過來之後，成為黨組織打入敵人心臟最有成就的臥底之一，對於關中特委掌握敵人意圖、尤其是打擊、圍剿革命力量的部署和動向瞭若指掌，類似姚的角色，無論對敵鬥爭需要，還是共產黨向來的寶典，都只有有關負責人掌握，相當一部分甚至是單線聯繫，只有某個負責人，甚至最高層領導人知道。

後來，許多革命鬥爭題材的小說、影視講述的故事，不是虛構，而是真真實實曾經發生的事情。

姚春桂的公開身分完全符合「鎮壓反革命」標準，遭當地公安機關逮捕、鎮壓不光不冤枉，而且是量身訂製。

習仲勳獲知原委，十萬火急電令刀下留人，就像影視裏經常出現的場面，千鈞一髮之際，姚春桂死裏逃生。

寧夏有個王含章，早年北大畢業，留學日本戴着博士帽回國，1949 年前後為國大代表、監察院監察委員、華北監察使，國共和談破裂後，聯絡十多位西北籍立法委員、監察委員公開發表聲明，脫離國民黨及其政府，時任政務院副總理董必武介紹其回寧夏工作，途徑西安，習仲勳與西北局統戰部長汪鋒設宴迎送。

肅反運動中，寧夏當局不但逮捕王，又從快判王死刑、立即執行，時年四十九歲。

習仲勳聞報，一方面嚴屬通報批評寧夏黨委，黨紀處分

直接責任人，一方面關心、安排王含章的女兒到大連工學院學習，並在後來的歲月裏多次解決其生活困難。

在西安太華南路，坐落着 1935 年就開始生產棉布的大華紗廠，僱員有三千多人，西安「解放」，軍管會接管，降低「工人階級」薪酬，工人們擁向軍管會爭取利益，習仲勳接獲報告，力排眾議，「共產黨是工人階級的先鋒隊，絕不能向工人動武，只能做耐心的思想工作」，不但很快平息了事態，又樹立了人民政府通情達理的嶄新形象。

1951 年春，新疆發生烏斯滿領導的大規模「叛亂」，「加上這時新疆工作中出現了一些不恰當的做法，使問題更加複雜，引起了中共中央和毛澤東的高度重視。」（摘引自《習仲勳傳》第十七章）毛點將，習仲勳前往新疆負責解決事件，習 1952 年 7 月進疆，「堅持以政治爭取為主，輔之以軍事打擊的政策」，「正確處理了烏斯滿事件，迅速平息了叛亂」。（同上）

烏斯滿事件的來龍去脈，在所有公開資料中都語焉不詳，官版習傳中「加上這時新疆工作中出現了一些不恰當的做法，使問題更加複雜」別具深意，當時交通非常不便，王震以第一野戰軍所屬兵團司令的身分主政新疆，毛又派數千里之外的習仲勳從西安前往新疆，「現場辦公」，就地解決事件，習又「堅持以政治爭取為主」，字裏行間，藏滿鮮為人知的故事。

「三反」、「五反」，習都照樣結合西北的實際，既將中央的部署和要求落到實處，又將運動的進程、火候和結果牢牢控制在手中。

「我們計劃於 12 月下旬開始整風，各地都集中力量，在短時期內進行，最遲於明年 2 月中旬結束，準備即由開展反貪污鬥爭開頭；緊接着檢查各種浪費現象；最後聯繫具體實例，檢查領導工作中的官僚主義作風。」

習的計劃和報告，又一次得到毛的肯定和讚賞，不但當即批示：「我認為你的分析、佈置和其他意見，都是正確的。你於 12 月 8 日召開的那次座談會開得極好。只開一天會，已使你了解情況，抓住了問題的本質。以後動員群眾，開展鬥爭，即將迎刃而解。」

又向全國各大區書記批轉習的報告，用習的報告指導、引導各地的運動：「仲勳同志的報告，請你們轉發到分局、省市區黨委和各級軍區去，並在黨內刊物上發表。」

1952 年 1 月 4 日，西安市在七萬多人參加的大會上公審貪污罪犯，宣判了十四名犯罪分子，習在辦公室通過收音機聽到大會宣判的十四名罪犯，其中七名未報批，定刑過重。

大會結束，習立即找來西安有關方面負責人，要求他們對照三反、五反運動精神，衡量未經報批的七名「罪犯」定刑是不是合適，後來經過複審，實事求是，減輕了他們的刑期。

2 月上旬，在毛澤東的督促下，西北地區與全國一樣，不但聲勢浩大，響徹「打虎」的最強音，而且按照中央要求，給各省、市、縣下達了「打虎」任務。

但對習來說，運動越是激烈，越是轟轟烈烈，越有衝過線、擴大化的危險，越要保持清醒的頭腦，採取有力的措

施，及時糾錯糾偏，克服簡單急躁情緒和大哄大嗡，要求各級主要領導，「可疑錯，不可打錯，防止逼供信」。

又先後制定嚴格處理貪污分子手續的有關規定和《關於「三反」運動中若干問題的處理規定（草案）》，供各地有本可依。

——在西安、蘭州、迪化、西寧、寶雞、南鄭等城市已經開始進行的「五反」，由各省省委掌握。

——其他分區以下的縣城市鎮一般都暫不進行「五反」，何時進行以後再定。

——較大城市如三原、咸陽、天水等地內部「三反」已很緊張，不宜同時開展「五反」。

——需要提早進行的，必須經省委批准並縝密計劃後再開始。

習的提法和做法，又一次獲得毛的肯定，並推向全國，批示習「提得很好」，「在運動到了高潮時期，必須喚起同志們注意這一點。」通知「各地均可採用」習為西北地區制定的規定！

不但意味着中央和各大區都在群眾運動的洪流中隨波放流，唯有習，牢牢駕馭着運動的方向，把握着運動的規矩，使運動有本可依。

習以最小的年紀、最淺的資歷，展示出鶴立雞群、駕馭全域的能力、控制複雜局勢的能力。

尤其是每次運動，都能從當地實際出發、實事求是貫徹落實中央和毛的意圖、部署，又能獲得中央和毛的理解、支持和高度肯定，在毛時代，習仲勳是唯一一位高級領導人。

8 土地改革，
打倒地主、富農，
和風細雨化解暴風驟雨，
毛澤東大讚「爐火純青」

土地革命是中共革命最重要的主張。

「耕者有其田」，貧僱農打江山坐江山，建立工農聯盟為基礎的人民民主專政，是馬克思主義在中國的實際運用和特色。

從起初的農民運動，到「蘇區」、到「抗日根據地」，到「解放區」，只要能在武裝奪取政權的鬥爭中騰出手來，有生存的空間，打倒地主，分田分地，始終在中共控制區進行着。

到 1949 年 2 月，解放區 2.7 億人口中，有 1.5 億人口的地區完成了土改，有 1 億農民分到土地，以及地主所有的糧食、住房、衣物、農具、牲畜等財產，在馬克思主義理論裏，叫「剝奪剝奪者」。

1949 年冬天、1950 年 4 月，毛澤東要求華東局、中南局、西北局等報告土地改革計劃。

因為「除了地主以外，還會有帝國主義、台灣和西藏的反動殘餘、國民黨殘餘、帝國主義的反動勢力等起來反抗」。

所以，毛澤東不但極其慎重，尋找最合適的時機，也極其機智，運用最有效的方式。

於 1950 年 6 月，召開全國政協第二次會議，參政議政的中共和各民主黨派、無黨派人士討論通過《土地改革法》，不光將土地改革合法化，又將中共的主張擴展成社會各界的共識，包括毛最喜歡的群眾運動。

因為中共已經掌握政權，無論怎樣改革，只要一紙法令，就能達到目的。

但毛堅持人民政府不「恩賜」給農民土地，而要「用徹底發動農民群眾的群眾路線的方法，充分地啟發農民特別是貧農的階級覺悟，經過農民自己的鬥爭，完成這一任務」。

之所以通過群眾運動，劉少奇進一步解釋：「由於我們採取了這樣的方法，廣大的農民就站立起來，組織起來，緊緊地跟了共產黨和人民政府走，牢固地掌握了鄉村的政權和武裝。因此，土地改革不但在經濟上消滅了地主階級和大大地削弱了富農，也在政治上徹底地打倒了地主階級和孤立了富農。」（參見《中國共產黨第八次全國代表大會政治報告》）

又在當年農民運動、土地革命的基礎上，總結、完善、設計一整套措施，先在農民中劃分階級成分，再依每個人、每個家庭所屬的家庭成分，確定其階級地位，通過其階級地位，確定為人民政府的依靠對象、團結對象，還是打擊對象。

又隨着形勢的變化和毛的審時度勢，打擊其中的某個對象，還是團結其中的某個對象。

最富有的地主一定在打擊之列，比較富有的富農根據需要打擊還是「不動」，富裕中農和中農是團結對象，也就是

可以團結、也可以不團結的對象，只有因各種原因貧窮潦倒的貧僱農是依靠對象、是領導階級。

又通過「訴苦」、「挖根」、「憶苦思甜」，啟發貧僱農對地主親不親階級分，鼓勵貧僱農中的積極分子仇恨滿腔，像秋風掃落葉一樣殘酷無情，批鬥、羞辱、折磨，甚至要命，跟文化大革命中對待走資派一模一樣，只是對象不同。

時任華南分局書記葉劍英和副書記方方採取比較溫和的政策和做法，毛聞報批評葉、方心慈手軟像「烏龜」，「廣東土改迷失方向。我要打快板，方方打慢板」，犯了「右傾」錯誤。

毛又改組華南區領導，將葉劍英調回北京，由陶鑄等接替，又調集大批幹部南下廣東領導土改。

習仲勳跟葉、饒、劉、鄧、高崗等各大區負責人的資歷不能比、職務更不能比，不過第二書記，只是主持西北局工作，並非第一把手。

在全國性的、疾風暴雨式的政治運動面前，既要積極貫徹中央和毛的方針、路線、政策，又要讓西北各地、各族、各階層接受實行，又不能激化階級矛盾、民族矛盾、社會矛盾，乃至觸及新疆、青海少數民族上層頭面人士的原本地位和利益，給正在和平解放西藏的進程造成障礙和影響。

當中央於 1949 年秋徵求各地意見的時候，習仲勳就將西北地區的實際情況和對策一五一十報告中央和毛：「遊牧區不宣傳土改，也不提反惡霸，不清算；半農半牧區暫不土改；嚴格保護畜牧業，牧畜一律不動；喇嘛寺土地一律不動；清真寺、拱北、道堂土地暫時一律不動；必須排出各民族、各

教派頭人名單，堅決保護必須保護的人過關。」

初步設想和籌劃西北地區的土地改革節奏是，1950 年秋後先在陝西大部分地區，甘肅、寧夏部分地區和青海個別地區進行，1952 年春耕前完成陝、甘、寧三省、基本完成青海省。

1950 年冬，中央關於土地改革的號角甫一吹響，習仲勳就領導西北局精心組織陝、甘、寧部分地區先行首批土地改革。翌年，當毛春天急於土改在全國轟轟烈烈展開的時候，習領導的西北已經先行一步，取得初步成績和經驗。

朱光潛等專家學者到陝西長安縣參觀、進而參與土地改革工作，習聞訊，不光邀請朱一行給西安各界民主人士、中小學教員和幹部做報告，到各大學演講，在知識分子和青年學生中廣泛傳播土地改革的成就和意義，又從中得到啟發，要求各地特別注意發動爭取城市的工人、學生、職員、工商業界及各民主黨派人士理解、支持、配合，通過城市各階層、尤其是知識分子的關心、關注、參與、推動，形成全社會的共同行動，土地改革一定會更順利、更有序、更平和。

毛澤東接獲報告，特別點名批轉饒漱石、鄧子恢、鄧小平等各大區負責人：「民主人士及大學教授願意去看土改的，應放手讓他們去看」，「吳景超、朱光潛等去西安附近看土改，影響很好。要將這樣的事例教育我們的幹部，打破關門主義的思想。」

習又提出「聯合封建反封建」的口號，先做好通過爭取團結少數民族上層人士的工作，然後發動群眾進行土地改革。團結少數民族的上層人士，就是要採取寬大的讓步政

策，爭取各少數民族上層和宗教方面的人物出來贊成土地改革，至少要保持中立。

「用贊成土改或不反對土改來換取改得和平些，以及在宗教方面、在關係他們自身的某些方面與我們的某種妥協，我們就用『和平些』和某些必要的妥協，去換取發動群眾的較好條件。保存一部分封建，搞掉大部分封建」。習闡述其中的利弊得失。

更明確要求各省、各地擬定、排出各民族、各教派的頭面人物，予以適當保護，免受衝擊，有條不紊推動少數民族地區的土地改革穩步前進。

又特別指示甘肅臨夏地區：「辦法上可組織回民中上層人物回去參加領導；政策上可以對民主人士和進步分子妥善加以照顧。凡不抗拒土地改革的地主，一律放寬對待，把打擊面縮小到最小限度，甚至不妨帶點和平分地的味道。這樣分地時，似乎和平一點，而農民分得土地之後，地主階級就孤立了，農民

「用贊成土改或不反對土改來換取改得和平些」，以及在宗教方面、在關係他們自身的某些方面與我們的某種妥協，我們就用『和平些』和某些必要的妥協，去換取發動群眾的較好條件。保存一部分封建，搞掉大部分封建」。習闡述其中的利弊得失。

勢力也就盛了，就會鬥爭了，而且一定能勝利。」

有關進展和做法上報中央和毛，再次得到高度肯定和稱讚，給習的批覆寫道：「你四月十日送來三月份綜合報告，很好。其中所提三個問題的方針，都是對的」，「均可照你所擬定的計劃辦理。」

以其解放區領導土改的豐富經驗，習未雨綢繆、因勢利導、高度警惕、牢牢控制土改的進程、節奏和方式方法，堅決杜絕當年陝甘寧邊區土改中的過火現象和激進事態發生。

「群眾運動開展起來，就好像一渠河水放下來，必須緊張地注意着兩旁堤岸，隨時隨地堵塞漏洞，勿使決口，才能保證河水向着正確的方向奔流。」習語重心長叮囑各級負責領導。

又反覆告誡各省，「放手是放正確之手……不能放錯誤之手，亂打人，亂鬥爭，亂沒收，降低或提高成分等，這些都是錯誤的。」

「所有土地改革幹部要認真說服農民，不要隨意對地主採用變相的肉刑，要把人民法庭這一重要武器拿起來。」

「對於地主階級中罪行的大小、多少，歷史罪與現行罪，違法者與守法者，必須加以區別對待，不加區別是不對的」。

「消滅地主階級，不是消滅地主中每一個人，只要他們回心向善，有重新做人的決心，經過勞動改造滿五年者，地主階級成分是可以改變的」。

針對依靠貧僱農、而忽視團結中農的現象，習要求各級領導幹部「首先要教育貧僱農，中農也是農民，對中農要『細

心體貼』，不要對他們增加無謂的刺激，農民刺激農民沒有好處。」

又明確要求，「貧僱農開會可邀請中農派代表參加；鄉村政權、農會中的幹部，中農成分應佔三分之一；原來中農成分多者可加選貧僱農，使貧僱農數目相對增多，不要用簡單的排斥辦法，特別在處理一切有關全體農民利益的大小問題時，更要和中農緊密地團結，並一致地行動起來」。

在檢查青海土地改革時，在塔爾寺附近的農村，農、牧民當面表達意見，不願意土地改革。因為幾千藏民在塔爾寺所屬的土地上耕種放牧，收穫的麥草供寺院燒火做飯，現在土地分到一家一戶，寺院就收不上麥草了，燒火做飯都成了問題。

習舉一反三，由個別案例，推導出全域帶普遍性的問題，當即通過西北局發出通知，明確規定，不光塔爾寺停止土改，「凡是寺院轄區的農牧民，均暫不實行土地改革」。

不光從實際出發，照顧到宗教及其教眾生活方式的特殊性，又順水推舟，排除了民族宗教地區的阻力和障礙，真正達到土改的目的──公平、公正，讓所有人民群眾過上幸福生活，而不是讓窮人翻身壓迫富人。

習推行的一系列政策和做法，新疆分局不以為然，堅持鎮壓反革命和土地改革同時進行，重錘鐵拳打擊所有剝削階級和反動派，不但在牧區推行嚴格的分田分畜政策，而且對民族、宗教頭面人物毫不留情。

「企圖在牧區劃分階級，宣傳社會改革，準備消滅地牧主經濟；不顧牧民的覺悟程度和是否自願，企圖組織畜牧合

作社；對於匪特煽動的群眾性的叛亂着重軍事清剿，政治爭取和瓦解工作做得不夠；在鎮反中捕人太多，打擊面過寬。總之對牧區工作不是採取慎重穩進的方針，而是企圖實行一種危險的冒險政策；不是根據畜牧經濟的特點實事求是地去規定若干可能的改良，而是機械地搬用農業區土地改革的辦法去改革畜牧經濟。」（摘引自1952年《關於在新疆牧區工作的決議》）

習一再電報、文件、電話要求有關負責人改弦更張、按照中央批准、認可的政策和做法執行，但有關負責人置若罔聞，並將有關分歧上報中央和毛。

中央決定，由劉少奇在北京主持召開新疆分局常委會議，明確指出「把農業區的經驗機械地搬到牧區是錯誤的」，在民族、宗教問題上一定要執行慎重穩進的方針，再次重申，中央和西北局的意見完全一致，新疆分局必須貫徹落實中央和西北局的指示精神，並決定改組新疆分局，由王恩茂任中共中央新疆分局第一書記兼新疆軍區政委、新疆財委主任；徐立清任第二書記，張邦英任第三書記，賽福鼎·艾則孜任第四書記。

中央又特別指示習前往新疆，主持召開新疆分局第二屆黨代表會議，糾正新疆分局存在的問題。

習在新疆期間，毛澤東又在新疆分局的兩個報告上批示：「此兩件請周總理即閱，明三日或四日至遲五日由尚昆派人乘飛機送迪化交習仲勳、王恩茂二同志收，分於七月六日或七日送到勿誤。原件應抄存一份。」

當時，新疆分局主要負責人是「鬍子叔叔」王震。從延

安的「大生產運動」開始，王、習就經常打交道，解放戰爭中，王從延安到「中原」，從陝北到新疆，金戈鐵馬，馳騁疆場。習在後方，組織動員人力、物力全力支援，乃至開闢後方戰場，牽制敵人兵力，「圍魏救趙」，協同王率部突出重圍。兩人並肩作戰、配合默契，結下深厚的革命戰鬥友誼。

新疆工作上的分歧，中央不但明確指出王錯、習對，調離王、支持習，又委派習前往糾正王的錯誤，將新疆分局的工作拉回正確的軌道上來，習由分歧的兩造，變身正確路線的代表和欽差大臣，無論跟王的工作關係，還是個人感情，都面臨嚴峻考驗。

習 7 月 4 日乘飛機由西安到達迪化，7 月 8 日，先主持召開新疆分局擴大會議，小範圍傳達中央精神，分組討論，檢討問題，形成共識，一周之後，才舉行新疆分局第二屆黨代表正式會議。

「大會開始由我先作了《傳達中央指示和對檢查新疆工作的意見》的報告，比較系統地批判了王震同志和分局領導工作中的錯誤，並指出改正的方向。這是有意使到會同志都大吃一驚，然後冷靜下來，辨別是非，考慮問題。事實上，新疆已不僅在牧區工作上犯有嚴重錯誤，而且在很多方面都貫穿着冒險激進的思想。如果不從政策思想上作系統的批判，不容易把幹部的認識扭轉過來。格平同志和西北局幾位同志也依此精神，向大會作了報告。王震同志和分局幾位同志又都帶頭作了檢討，批評與自我批評就展開了。」（摘引自《習仲勳給毛主席關於檢查新疆工作的簡要報告》）

「在檢查王震同志和分局領導工作中，更加證實了中央

對新疆工作估計的正確性，即新疆的工作成績是主要的、基本的，錯誤是部分的，但是嚴重的。各方面的工作均有成績，而部隊生產和農村減租兩個方面的成績，是比較顯著的。」（同上）

同時，「批判了鎮反工作中打擊面過寬的現象。確定今後少捕少殺，着重鎮壓現行反革命分子和武裝叛亂分子。」不提「反大土耳其主義」口號，不把大土耳其主義組織當作「鎮反」對象。（同上）會議又通過「關於防止和克服大民族主義傾向的決議」，並指出克服這些錯誤的辦法。

會議結束，在給中央和毛的報告中，習以一貫的光明磊落、不卑不亢、就事論事、與人為善，將錯誤來源限定在「主觀主義和無組織、無紀律狀態」，限定在「在思想方法上主要是看問題的片面性。」

「嚴重的是只看到順利情況的一面，忽視了困難情況的一面；只看到階級關係的一面，忽視了民族關係的一面……對於封建階級和上層分子，只看到他們殘酷地壓迫、剝削群眾的一面，忽視了他們多數人尚與群眾有某些聯繫、有共同民族情感的一面；對於牧主階級，只看到它在政治上封建落後的一面，否認了它在經濟上尚有積極作用的一面；對於勞動群眾，又只是看到少數先進分子的一面，忽視了群眾尚被許多傳統的落後影響所束縛的一面；對極複雜的宗教問題，也只看到它在少數青年知識分子中影響衰退的一面，而忽視了它的滲透群眾生活的諸多方面……」（摘引自《習仲勛給毛主席關於檢查新疆工作的簡要報告》）

「有很多事情，明天辦是好事，今天辦就是壞事。如定

居比遊牧好，但在今天尚無定牧的條件下，組織牧民定居，便害了牧民，害了畜牧業。所以『一切決定時間、地點和條件』，離開具體環境去觀察和解決任何問題，都是沒有準的。」（同上）

絲毫沒有上綱上線、扣帽子、打棍子，指責王不服從領導、違背、對抗中央指示、方針、路線、黨性不純……

而且特別為王震說好話，「王恩茂同志主持新疆工作，從各方面看，都是很合宜的。王震同志對改正缺點錯誤是有決心的。」

後來毛跟王談話：「你想把農村和牧區改革同時進行，從階級鬥爭的觀點看，這並沒錯，就新疆範圍來講，也許可以同時改革，同時搞好，這種可能是存在的。兩個改革一塊搞完，集中精力搞經濟建設，這想法沒錯。錯就錯在你王震只看到新疆，沒看到全域。在少數民族地區先進行土地改革，第二步再實行牧區改革，這是中央的統一部署。你新疆不按中央的部署搞，就會影響西藏，妨礙我們爭取達賴的工作；也會影響甘肅、寧夏、內蒙，那些地方也有牧區。這樣一來，中央就被動了。」（摘引自財新博客，2014 年 3 月 12 日文章）

習與王的個人關係緊緊限制在工作關係、職務行為、思想、認識不同，不製造半點人個恩怨，更不得理不饒人，藉機踩王、整王。

其後，事實證明，習的是非分明、恩怨分明、高風亮節，得到王的充分理解，多年後，還在文化大革命時期，王就復出，在 1974 年的四屆人大上出任副總理，華國鋒粉碎四

人幫後，又活躍在最高權力舞台，1978年，習申訴復出，王答應積極奔走伸出援手。

毛和中央又一次高度肯定習仲勳的所作所為：「你於七月十六日晚寫的報告今天收到，閱悉。我們認為你對新疆情況的分析和解決問題的方針是正確的，望即照此去做。」又將習的報告，批示送給已經回國、仍兼任中共中央西北局第一書記的彭德懷閱示。

薄一波回憶，一九五〇年初，他去毛澤東處匯報工作，毛問他，「習仲勳這個同志怎麼樣？」薄順毛意思回應，習「年青有為」，毛接過話茬：「如今已經爐火純青」。

9 攻心爲上，攻城爲下，毛澤東說：「仲勳，你眞厲害，諸葛亮七擒孟獲，你比諸葛亮還厲害！」

　　隨着三大戰役的決定性勝利，蔣軍土崩瓦解、節節敗退，人民解放軍兵鋒所指、勢如破竹，1949 年 8 月毛澤東就致電彭德懷、習仲勳、張宗遜：

　　「班禪現到蘭州，你們攻蘭州時請十分注意保護並尊重班禪及甘（肅）青（海）境內的西藏人，以為解決西藏問題的準備。」

　　因為彭領導的一野在西北進軍比預期順利、早早解放蘭州、西寧，毛改變由西南局和二野進軍西藏的初衷，交由西北局和一野負責，請彭德懷「經營西藏問題請你提到西北局會議上討論一下」，「西藏問題的解決應爭取於明年秋季或冬季完成之。就現在情況看來，應責成西北局擔負主要的責任，西南局則擔任第二位的責任。因為西北結束戰爭較西南為早，由青海去西藏的道路據有些人說平坦好走，班禪及其一群又在青海」。

　　按照中央的指示和意圖，彭德懷小心翼翼，一到青海，

就到班禪的駐地塔爾寺訪問，通過調查了解，發現「由青海、新疆入藏困難甚大，難以克服」，並及時、如實報告中央和毛。

毛最終決定，將進軍及經營西藏的任務由西南局擔負主要責任、西北局配合，只「授權彭（德懷）習（仲勳）負責處理關於班禪集團的各項事務」，「望西北局即作通盤籌劃，分別執行」。

包括時任中央民族工作委員會主任的李維漢、二野司令員劉伯承，也建議中央：「由於歷史關係及班禪集團的關係，由西北向西藏可以進行許多工作，建議中央正式通知西北局在這方面利用一切有利條件進行工作。」

彭、習一方面於 1950 年 6 月和 8 月分別從青海、新疆派出部隊，向後藏和阿里地區進軍，支援西南軍區第十八軍將於 10 月初發起的昌都戰役，一方面確定由西北軍區政治部聯絡部部長范明專責聯絡班禪、由中共甘肅省委統戰部副部長牙含章協助聯絡，加強團結、爭取十世班禪。

十世班禪額爾德尼·確吉堅贊當時才十二歲，共和國成立前二十來天，才在塔爾寺舉行坐牀大典成為活佛，因為政教合一、班禪與達賴相互承認、相互制約的權力構架，九世班禪與十三世達賴失和，達賴在西藏的實力和影響力都超過班禪，九世班禪直至去世都未踏入拉薩一步，主要在後藏日喀則等三大寺院活動。

十四世達賴跟十世班禪一樣，出生於青海，1935 年出生，只比班禪大兩歲，不過早在 1940 年就坐牀繼位，班禪因此急於入藏擴大自己的影響力。彭、習的工作卓有成效，班

禪早在中央人民政府成立之前，就由香日德返回西寧，表示願意同人民政府合作，和平解決西藏問題，並派代表計晉美探討其進藏問題。

和平、妥善解決西藏問題，主要取決於十四世達賴的選擇。十四世達賴的工作做不好，班禪過早進藏，可能會惹達賴不高興，反而會將解決西藏問題的進程複雜化。

李維漢因此致電西北局、西南局分別徵求意見，習仲勳和西北局答覆：「班禪集團進藏心切這是很自然的」，但「在目前情況下，班禪集團只有在全藏解放後或我中央政府與達賴政府談判協定成立後，回藏才正合時機，過早對我解放西藏決策及團結全藏的方針都會有影響。這種精神已託汪鋒同志赴蘭（州）向他們就便反覆說明，要他們等待時機並將入藏工作進行充分準備。」

李將有關判斷和意見匯報給周恩來，不知其他方面如何建議，周顯然採納了習仲勳和西北局的意見。

因為與班禪代表計晉美會談時，周將「詳談」班禪為何不能當下進藏的任務交給習仲勳。

路過西安時「與仲勳同志詳談」，周恩來告訴計晉美。

習跟計晉美咋說的，說了些啥，當事人和官方文件都無詳細披露。計晉美回去跟班禪又是咋匯報的、咋決定的，更無關緊要。反正班禪返回西藏的時間，最終完全由北京決定。

而北京的決定最終又取決於與達賴的互動和談判。

習派時任西北局統戰部長汪鋒和范明、牙含章前往北京匯報進藏工作情況，並與李維漢一起向周恩來詳細匯報。

北京做好進藏的充分準備之後，與十四世達賴也達成諒

解，1951 年 4 月中接待達賴的談判代表阿沛阿旺晉美。

「估計達賴集團的和談代表四月下旬可到京，如班禪亦於是時前後抵達，或有利於我們促進前後藏的團結」。

正好班禪有願望訪京晉見毛澤東，進藏之前先往北京。

班禪進京的所有事務都落在西北局頭上，不光往返食、宿、全程專車、專機侍候，又要在所過省會城市組織「各界群眾」盛大歡迎、官方歡宴，因為當時交通工具落後、道路惡劣，比很多年後北京盛大歡迎「相見恨晚」的國民黨「反動派」頭面人物連戰規格更高、着力更多。

中央不但安排民族事務委員會特派代表楊靜仁前往西安迎駕，德高望重的朱德、周恩來、李濟深、郭沫若等領導人和首都幹部、群眾及喇嘛六百多人到機場迎接。

習不但指示青海、甘肅負責人在班禪一行路過西寧、蘭州時舉行盛大迎送儀式和晚宴、有關領導前往機場迎接，班禪一行到達西安，習又和西北局、陝西省一班負責人親自到機場迎接，又在當晚設宴歡迎毛主席的客人，甚至把客人接到西北局大院自己家中作客。

1951 年，班禪在北京見完毛澤東、見證《中央人民政府和西藏地方政府關於和平解放西藏辦法的協議》（下文簡稱《十七條》）由雙方簽字後返回青海塔爾寺途經西安，習仲勳再次設宴迎送。

8 月 12 日，西北局任命的西藏工委書記范明率西北入藏部隊與班禪行轅、計晉美等一千三百人，從西寧出發，向拉薩開進。

9 月和 11 月，十四世達賴先後致電十世班禪和毛澤東，

1951 年 12 月，代表中央赴西寧送十世班禪進藏

認為「十世班禪進藏的時機業已成熟」。

中央和毛決定，「請仲勳同志於班禪起程前代表毛主席和中央人民政府前去向班禪致歡送之意，並向隨同入藏的藏漢人員講解政策。」

習先乘飛機從西安前往蘭州，夜宿一晚，再乘汽車前往西寧，到達西寧後，又前往塔爾寺拜會十世班禪，受到班禪熱情、盛大歡迎。

次日，班禪自塔爾寺出發到達西寧，第二天，習仲勳與青海省委書記張仲良、青海軍區司令員廖漢生與青海各界一千多人士，在省政府禮堂舉行盛大宴會，為班禪餞行。

12 月 19 日，十世班禪及隨行人員由西寧啟程返藏，習仲勳和張仲良、廖漢生、趙壽山、喜饒嘉措、黃正清等西寧機關幹部、學校師生、漢回群眾和從周圍牧區趕來的藏族農牧民群眾近萬人送行盛大歡送儀式。

班禪向習仲勳等躬身拜別，獻上潔白的哈達，習仲勳「祝佛爺一路順風，勝利到達。」

整整走了四個多月，直到 1952 年 4 月 28 日，十世班禪才順利到達拉薩。

直到 1962 年，習一直擔任班禪與中央的聯絡人，班禪

只要在京過春節，習仲勳全家必有一天和班禪一起度過。

　　班禪一行離西寧赴拉薩之前，習與進藏工作的幹部以及派往班禪身邊工作的有關人士詳細交待藏區工作要點：

　　　　一、在西藏做工作，要穩進慎重，不能犯急性病。在西藏，有些事情寧可遲辦，不可急辦，不怕慢，只要搞對，否則反而要走彎路。

　　　　二、愛祖國，反帝國主義，這是西藏統一戰線的基礎。在西藏反封建目前為時過早，要爭取達賴、班禪參加到統一戰線中來。

　　　　三、調查研究，了解和熟悉西藏各方面的各種情況，多採取訪問團、調查團、救濟組、醫療隊等各種組織和各方面的人下到各地去，採取反覆的上來下去的工作方法。

　　　　四、「對班禪集團要多說明，多扶植，給他們出主意，想辦法。」「對他們的落後不要要求太高，只要大同就可以，小異是要有的。遇到重要問題要爭，不能馬虎，小的問題不能爭，要馬虎。」

　　　　五、「西北去的幹部要和西南去的幹部團結一致，同志間不能有絲毫隔閡，要特別親密，特別團結才對。」

　　又特別叮嚀，大家是「護送班禪喇嘛回西藏」的，而不是統治西藏、領導西藏、管理西藏的，因為根據《十七條》，西藏原有的治理體系和方式不變。

　　又給每一個進藏工作人員配備兩匹馬、四條氂牛、一

匹騾子，兩匹馬供人乘坐，四條犛牛供人食用，一匹騾子準備到了拉薩以後賣給印度人。因為印度不出產騾子，騾價昂貴，賣了騾子，可以解決工作隊的一部分開銷。

進藏後，西北進藏工作隊隊長范明擔任中共西藏工委副書記，工作隊政委慕生忠擔任西藏軍區副司令員。

西藏工作由西南局派出的西藏工委書記張國華主導，後來，習寄予厚望的范明被張國華打成「反黨集團」，1959 年，離簽訂《十七條》只有八年，十四世達賴又「叛亂」、出逃，但是，班禪直到去世，始終服從中央政府領導，哪怕文革中飽受衝擊和迫害。

1980 年代，胡耀邦給「范明反黨集團」平反，但習仲勳關於西藏工作的方針和策略付諸東流、無以實施。

要是習仲勳負責領導整個西藏的工作，負責聯絡十四世達賴，跟處理青海、新疆的民族、宗教問題一樣，西藏會不會避免後來的前景和結局，會不會跟青海項謙的結局一樣⋯⋯

東南的尖扎地區，有藏民一千多戶，三千七百多人，高山環繞，地勢險要，易守難攻，新政權初建，頭人項謙多次表示歸順臣服，1952 年，即組織「反共救國軍」第二軍，自任軍長，與新政權叫板，發動叛亂，包括十世班禪、喜饒嘉措都寫信、派人爭取，結果無濟於事。

中共青海省委和省軍區負責人失去耐心，多次請求西北局，要求軍事進剿，習一再堅持，反覆要求負責人趙壽山、張仲良爭取和平解決，甚至直接打電話給張仲良：「決不能打，萬萬不可擅自興兵，只有在政治瓦解無效以後，才能考

慮軍事進剿」。

「我們顧慮的是對廣大藏區的影響問題……即使打好了，對其他藏區工作仍會有諸多不好影響，給以後增加許多困難。」

習着眼的是整個藏區藏族上上下下安定團結、長治久安的問題！

與此同時，把中共青海省委和中共中央西北局前後四封電報一併上報中共中央，請中央裁決。

中央覆電，「同意西北局9月30日及10月7日覆電。望青海省委即與喜饒嘉措等商定適當條件。第一步先將緊張局面緩和下來。」

遵照中共中央和中共中央西北局的指示，中共青海省委只好再派喜饒嘉措及許多藏族部落頭人到昂拉，輪番做項謙的工作，但項謙拒不接受。而且連番四處搶劫，襲擊當地駐軍，事態不斷惡化。

青海省委致電中共中央西北局，已經爭取了十七次，依然無效，且使匪勢漸大，應當從速圍剿，不再拖延。

習一如既往、審時度勢，一方面批准軍事解決，一方面仍堅持剿撫兼施的策略——先爭取、後進剿，先分化、後打擊，先防禦、後進攻。

就算多次反覆後最終不得不武力解決，仍要召集各族各方面人士，說明我們多次爭取經過，解釋政策外，主動做自我檢討，使他們心服，安定下來。

解放軍對項謙處於絕對優勢，就算打敗他，仍然要盡最大努力爭取項謙回心轉意，不要因為武力解決，而與之徹底

決裂，把他當作敵人，關押監禁，從肉體上消滅。

青海軍、政領導人按照習的要求，進剿四個小時，就打得項謙潰不成軍、逃之夭夭，與此同時，又不放棄耐心細緻招降其歸順。

又經過數月的反反覆覆、連前累計，共有多達八九次的歸降—反叛、歸降—反叛，工作和努力，項謙最終日回到昂拉，向政府投誠。

當時，習正按照中央的指示，在新疆處理要務，得到報告，立即致電中共青海省委負責人：「也許項謙顧慮很大，用回來試探我們，不管真誠與否，均應以誠相待，以恩感化，我想總會收到效果的。但必須知道項謙已成驚弓之鳥，稍一不慎，即有跑掉可能，不管他在什麼情況下採取何種形式逃跑，我都應提高警惕，準備再縱再擒，總要做到他完全信服了我們為止。部隊不可全撤，務必留下足夠的防守兵力，以防意外。」

第二天，進一步指示：「項如目前怕去西寧，可不必勉強，就讓住昂拉家中，一切聽其自願，這樣也許會早點出來。喜饒嘉措、周仁山等可早去一見項謙。總之，我們的一切工作都是為的打消他的疑惑，不是增加他的顧慮，望嚴加注意。」

精誠所至，「頑石」為開，項謙終於同意到達西寧，決心戴罪立功，青海省政府繼續委任其當昂拉的千戶和頭人。

習仲勳從新疆回西安途中路過蘭州，專門設宴款待項謙，推杯換盞，加深友誼，宣傳共產黨的少數民族政策，勉勵項謙做一位好頭人、好千戶，項謙深表懺悔和感激，一如

所諾，再也沒有背叛，直到 1959
年去世。

「對於青海項謙的問題，那時
張仲良打電話來問我怎麼辦？我說
不能打。項謙是游牧部落的頭人，
你來了他就跑了，你走了他又來
了，他的整個部落又都是騎兵。張
仲良說要用五個團的兵力來解決問
題，我說五個團也解決不了。後來
叫喜饒嘉措去做工作，歷史上有七
擒孟獲嘛，我是八、九次。後來毛
主席見了我說：『仲勳，你真厲害，
諸葛亮七擒孟獲，你比諸葛亮還厲
害！』」習回憶。

毛用諸葛亮七擒孟獲比喻誇讚
習的眼光和智慧，毛心裏有數而沒
有說出口的欣賞和誇讚，是分量更
重、更寶貴──習的全域意識、長
遠意識、責任意識，擔當意識！

舉目所及，不光當時，包括
往後，處理類似項謙的叛亂，像習
這樣力排眾議、耐心細緻的領導人
鳳毛麟角、千里、萬里都挑不出
一個。

最常見的現象，最流行的觀

習仲勳款待項謙（西藏昂拉千戶），推杯換盞，加深友誼，宣傳共產黨的少數民族政策，勉勵項謙做一位好頭人、好千戶。項謙一如所諾，再也沒有背叛，直到一九五九年去世。

念，最得意的炫酷，無論地方，還是軍隊，無論企業，還是學校，大小官人們，只有手裏有點權，都與習的做法和追求完全相反，只治標，不治本，只管完成當前任務，不管全域長遠後果，能「雷厲風行」，絕不一看、二慢、三通，能大刀闊斧、秋風掃落葉，絕不婆婆媽媽、溫火慢燉……

西吉、海原、固原、隆德一帶的馬國璦、馬國璉和楊枝雲以「保回保教」為外衣，兩次煽動數千人暴亂，波及六十六個鄉、群眾上萬人，搶劫公糧一百多萬斤。

「甘肅有個大教主叫馬震武，他一句話可以煽動回族群眾起來叛亂，一句話也可以把這個叛亂平息下去。他能起到我們一個黨員所起不到的作用」。習仲勳回憶。

習掌握情況後，親赴蘭州，委派甘肅省委副書記孫作賓，利用馬震武的影響力，盡最大努力招降馬國璦等。

「只看現在，不問過去。哪怕他昨天還拿槍和我們對抗，只要今天放下武器，投向人民，就可以寬大處理。」習一再叮囑。

馬震武果然不負習望，與孫作賓一道，招降馬國璦等，徹底平息暴亂。

與在糾正土地改革中的「左」傾盲目一樣，只要習能做主，任何時候、任何情況下，都不會跟風加碼、隨波逐流，而是立足實際，實事求是，把他人眼中的「右」傾和「軟弱」發揮到極致。

當年在陝甘寧邊區是這樣，往後在廣東主政處理類似事件也是這樣，能通過交流互動、說服教育解決的，絕不使用行政手段強迫命令，能用和平談判解決的，絕不使用武力。

「活的馬克思主義者」來了，作家、藝術家、三門峽庫區群眾笑了

習仲勳從新疆歸來沒幾天，1952 年 8 月 7 日，中央決定，調東北局書記高崗、華東局書記饒漱石、華中局書記鄧子恢、西南局書記鄧小平，以及西北局第二書記習仲勳到中央工作，最流行的說法，叫做「五馬進京」。

為什麼只調「五馬」，而沒有調華南局第一書記葉劍英、華北局第一書記薄一波進京──特別是習，又是西北局的二把手，級別、年紀、資歷，都不能與其他六人相提並論，而又在上調當中，不但說明習雖然沒有第一書記的頭銜和級別，卻有第一書記的資格和政績，事實上與其他第一書記沒有分別，而且說明習在西北局的工作和表現，深得毛的歡心，毛「加強中央的領導力量」，將習視為一匹躍欄而出的黑馬。後來政局的發展揭示，毛調「五馬」到中央，真真正正是在下一盤大棋，棋局的秘密，在高崗出事後才一目瞭然。

高在七大當上政治局委員，以綜合實力，已經是一匹

1952 年「五馬進京」，習就任中央宣傳部長。
圖為 1954 年 5 月中共中央召開第二次全國宣傳工作會議，部長習仲勳（前排左二）作總結。
右二為鄧小平

黑馬，共和國成立，又一躍而上，當上中央政府副主席，更跌破所有人的眼鏡，估計高崗本人，都不明白自己咋能躍過那麼多的老一輩革命家、軍事家，包括彭德懷、林彪、劉伯承、葉劍英、張聞天、王稼祥……站在天安門城樓最前列。

高 1952 年進京，名義是國家計劃委員會主席，實際上，當時的國家計委領導着所有經濟領域的工作，相當於一個獨立的經濟內閣，原本內閣職能的政務院，只負責外交、內政和文化。

鄧小平先任政務院副總理兼財經委員會副主任和財政部長，毛澤東指示，凡提交黨中央的政府文件要經鄧過目，意圖賦予鄧實際主持國務院工作的權力。

高、鄧分別承擔了周的工作、行使周的權力，只沒有周在權力構架和長期以來形成的地位和影響力。

周明察秋毫、急流勇退，馬上提議，讓鄧從 8 月份起，就主持政務院日常工作，他出訪蘇聯期間，由鄧擔任代總理，毛預設周的提議和安排。

饒漱石接替彭真任中央組織部部長，鄧子恢任新設立的中央農村工作部部長，習仲勳接替陸定一任中共中央宣傳部部長兼政務院文化教育委員會副主任、黨組書記。

劉少奇當時地位僅次於毛，是黨內排名第二的副主席，中央人民政府排名第一的副主席，彭真、陸定一與劉都有密切的關係。而饒漱石與劉關係不睦，習與劉只有工作上的接觸。饒、習的安排也別具深義。

後來廣泛流傳一個故事，著名作家林默涵說：1952 年的

一天，他同時任中宣部副部長的胡喬木在中南海划船，看見毛澤東坐在岸邊，胡喬木便將船划過去問候毛。毛說，中宣部的班子要動一動，現在派一個人來接替中宣部部長。是誰呢？就是習仲勳同志。雖然不是知識分子，但是他很善於做這個工作。因此調他來做中宣部部長，陸定一同志改任副部長。

另一個版本說，毛跟胡、林說：「告訴你們一個消息，馬上給你們派一位新部長來。習仲勳同志到你們宣傳部來當部長。他是一個政治家，這個人能實事求是，是一個活的馬克思主義者。」

兩個版本的最大不同，是前者沒有對習的評價，只是介紹，後者不但高度評價習，而且高到天花板上，查遍所有文獻和資料，中共高級領導人，包括毛本人，都沒有自詡，甚至林彪歌頌毛，也沒有用「政治家」，「活的馬克思主義者」作桂冠，至於「實事求是」，在中共語境中，更是一頂非常榮耀的桂冠。

另一個版本說，毛跟胡、林說：「告訴你們一個消息，馬上給你們派一位新部長來。習仲勳同志到你們宣傳部來當部長。他是一個政治家，這個人能實事求是，是一個活的馬克思主義者。」

但是，這些桂冠，無論其中表達的內容和特點，還是表達的風格和語氣，都是毛的作派、毛的版本，當事人之一的林默涵只會寫些文學作品，並不專長政治和理論，說不出這樣的語言，而胡喬木，個性內斂斯文、乖巧投機，絕不敢給毛隨便編語錄、更不會給他並不熟悉的習，送上共產黨人最看重、最神往的桂冠。

結論只能是，這樣的評價和桂冠，一定出自毛的想法和言語，其他人，都沒有這個氣魄，也沒有這個造詣。

毛又說服習，只要掌握宣傳工作的規律，就能領導好宣傳工作，深信習能勝任、管好意識形態。

習走馬上任，但將自己的工作重心放在文教委員會，而繼續尊重陸定一領導中宣部。

關於文藝工作，習以一以貫之的開明溫和，聲明黨和政府「對文藝的領導，不是依靠行政命令，不能用簡單粗暴的辦法。有些作品不是基本立場觀點上的錯誤，而是寫作技巧上的問題，就不能完全否定；即使立場觀點上的問題，也不能隨便加以『槍斃』……要求作家提供作品，也不能像向工廠加工訂貨那樣，限期交貨，總要給予充分的時間」。（摘引自《習仲勳在第一屆電影藝術工作會議上講話》）

關於文藝批評，習指出，「文藝批評也要有高度的批評藝術……不是傾盆大雨，狗血淋頭……批評尖銳也要實事求是，不是越尖銳越好。上綱上線，扣大帽子，不實事求是，怎能讓人心悅誠服？批評家要像園丁培植果樹那樣，細心耐心，認真負責，把批評的動機和效果求得一致，才能達到批評的目的。我們要用對黨對人民負責的態度，反對那種誇大

缺點、亂找茬子的文藝批評家⋯⋯不僅批評作品中的缺點，更要鼓勵作品中哪怕是百分之十的正確的部分。」（同上）

當時的文化教育委員會由副總理郭沫若兼任主任，文化部長沈雁冰、教育部長馬敘倫、高教部長楊秀峰、衛生部長李德全、出版總署署長胡愈之、文字改革委員會主任吳玉章，無一不是業界巨擘、耄耋前輩。

習的首個考驗是周恩來親自領導的第一次院校調整，「以培養工業建設人才和師資為重點，發展專門學院和專科學校，整頓和加強綜合性大學」，減少文、理、工門類齊全的綜合大學，增加理、工唱主角的科技大學。

對於院校調整過程以及文教系統中出現的問題及解決辦法，習報告中央和毛：

　　——不採取「暴風驟雨」的方式，而是採取「和風細雨」的方式，每周開一兩次會議即可。
　　——重點放在黨內，黨員幹部應多做檢討，不要將做錯事的責任推在別人身上，黨外人士聽其自願，只學習文件，不作當眾檢討，特別不去組織他們進行檢討。
　　——建立必要的和考慮成熟的工作制度，如衛生部把反對自由主義與檢查醫療事故和反官僚主義平列提出，則是不妥當的。

而文化教育工作面臨的很多問題僅靠自身難以解決的，習了解情況後致信毛，請求中央召開文教工作討論會，並送給毛澤東和中央領導六份文件，並不無遺憾地報告：「此次

送去的文件雖多了些，但為了集中地反映情況，使中央能夠了解文教工作的全貌，似又不可減少。其中（二）、（三）、（四）、（六）是主要文件，可詳審，其餘僅供參考。我覺得這些文件還好看，不大費力，只需佔中央一次會議時間就夠了；其中很多方針問題，都已寫在文件上，如經中央審核同意，只辦一下批准手續就行了。」

中央將習的兩次報告批轉中央各部門和全國各地參考、參閱執行，沒有考慮習的建議，召開文教工作會議⋯⋯

習的建議束之高閣，主要是跟毛澤東正關注召開的首次全國財經會議撞期。

5月6日，毛致信中央財委主任陳雲和副主任薄一波、李富春要求，「5月20日開始的財政會議，應討論些什麼問題，請你們考慮一下⋯⋯」（《建國以來毛澤東文稿》第4冊，中央文獻出版社），而習關於文教工作會議的的報告在5月13日呈毛。

5月6日到20日只有兩周的時間，陳、薄、李的籌備工作未能完成，又過了兩周多，到了6月9日，由周恩來牽頭，約請高崗、鄧小平、饒漱石、彭真、薄一波、習仲勳、李維漢、曾山、賈拓夫、齊燕銘等開會，研究召開全國財經會議有關事宜。

「會議決定，由周恩來、高崗、鄧小平、饒漱石、薄一波、鄧子恢、彭真、習仲勳、李維漢、曾山、賈拓夫和各中央局、分局書記組成會議領導小組。大會的經常主持人是周恩來、高崗、鄧小平。」（《周恩來年譜（1949-1976）》上卷，中央文獻出版社）

財經會議於 6 月 13 日召開，主要議程是討論關於五年計劃、財政、民族資產階級三個方面的問題。但毛 6 月 15 日召開中央政局會議，系統闡述了黨在過渡時期的總路線，並尖銳地批評了「確立新民主主義秩序」等「右傾表現」。

　　毛在政治局會議上鄭重其事闡述財經問題，而且直接否定財經問題的意識形態論述「確立新民主主義秩序」，顯而易見，認為已經開始兩天的財經會議主題不是他的設想。

　　毛的設想是通過財經會議，樹立他本人關於財經問題的論述，即後來所說的總路線問題——「在十年到十五年或者更多一些時間內，基本上完成國家工業化和對農業、手工業、資本主義工商業的社會主義改造。」

　　而眾所周知，「確立新民主主義秩序」是劉少奇關於「新中國」相當長的歷史時期裏執行的方針。

　　毛在政治局會議上的講話，不光直言不諱，將劉少奇的「確立新民主主義秩序」當作「右傾」路線指着，而且吹響進軍號，要正在召開的財經會議扭轉方向，確立毛提出的「總路線」。

　　但是，從 6 月 15 日到 7 月 11 日，在差不多一個月的時間裏，財經會議的主題並沒有和着毛的「總路線」起舞，而是繼續此前的主題。

　　7 月 12 日晚，周恩來寫信給薄一波：「昨夜向主席匯報開會情形，他指示領導小組會議應該擴大舉行，使各方面有關同志都能聽到你的發言，同時要展開桌面上的鬥爭，解決問題，不要採取庸俗態度，當面不說背後說，不直說而繞彎子說，不指名說而暗示說，都是不對的。各方面的批評既然

集中在財委的領導和你，你應該更深一層進行檢討自己，從思想、政策、組織和作風上說明問題，並把問題提出來，以便公開討論。此點望你在發言中加以注意。」（摘引自薄一波：《若干重大決策與事件的回顧》上卷）。

顯而易見，毛等得實在不耐煩了，耳提面命周恩來，點名把薄一波放到「桌面上鬥爭」，以打開局面。

從 7 月 14 日到 7 月 25 日，連續召開了八次擴大領導小組會議，集中批評薄一波。

到了 8 月 1 日，薄一波又作了第二次檢討，仍然未能過關。

8 月 11 日，周恩來總結會議，其中二十一次點名批評薄一波的錯誤，並明確表示，他「同意高崗對薄一波的評價」。

而且，不光「周恩來在全國財經會議上所做的會議結論，是經毛澤東多次修改的」，（《周恩來傳》（下））次日，毛又到會講話，反覆提及薄一波的錯誤，認為薄一波的錯誤，是「資產階級思想的反映。它有利於資本主義，不利於社會主義和半社會主義，違背了七屆二中全會的決議」。「在政治上思想上有些腐化，批評他是完全必要的。」（毛澤東：《反對黨內的資產階級思想》，1953 年 8 月 12 日）

會議期間，陳雲 6 月 29 日到達北戴河休養，7 月 23 日返回北京，25 日上午去毛澤東住所談話。28 日晚跟周恩來一道與薄一波談話，29、30 日，先後兩次參加周恩來、朱德同高崗、李富春等人的談話，8 月 6 日在全國財經會議領導小組會上作「重要發言」。

而鄧小平於 7 月 17 日離開北京前往北戴河修養，8 月 3

日返回北京參加全國財經會議，8 月 6 日在全國財經會議領導小組會議上發表講話。（《鄧小平年譜（1904-1974）》中卷，中央文獻出版社）

也就是說，陳雲和鄧小平都在 8 月 6 日這一天發言批判薄一波。

8 月 7 日，即陳、鄧發言之後次日，高崗作了財經會議上的第二次發言，「批薄射劉」。

第一次發言早在 6 月 29 日至 7 月 4 日之間，沒有什麼問題，連薄一波都認為「討論比較正常」（薄一波：《若干重大決策與事件的回顧》上卷），第二次發言「很特別，沒有像有的發言者那樣聲色俱厲，卻別有用心地把劉少奇說過的一些話、發表過的一些意見，都安到薄一波頭上加以批評……很明顯，這是借批評薄一波而影射攻擊劉少奇。高崗篡奪黨和國家更高權力的圖謀在財經會議上已經露頭了。」（《毛澤東傳（1949-1976）》（上），中央文獻出版社，2003年版）

高崗要是跟大家一樣，只批薄，就安然無恙，借「批薄」，影「射劉」，就「圖謀」「篡奪黨和國家更高權力」。

毛對劉「新民主主義」路線的公開否定，放風最高領導人「一線、二線」的安排，包括私下對高崗的談話，都給高崗一個非常明確的訊號，他和鄧、陳等在一線操勞，劉、周退二線運籌帷幄。高崗主持的國家計委已經是與國務院平行的經濟內閣，因此，高崗與可能的重要人物彭德懷、林彪、鄧小平以及陳雲單線接觸，以期配合毛一線、二線的分工。

高與陳雲曾在東北共事，對陳很尊重、很信任，稱陳為「陳聖人」，給陳說了最重要的秘密，而陳將秘密報告了毛。

在 1953 年 12 月 24 日的政治局擴大會議上，毛有一段名言：「北京有兩個司令部，一個是以我為首的司令部，就是颳陽風，燒陽火；一個是以別人為司令的司令部，就是颳陰風，燒陰火，一股地下水。究竟是政出一門，還是政出多門？」

毛沒點名，既可以認為是指高，更可以認為是指劉，尤其是文化大革命的起源、目的，以及劉的悲慘結局。

1954 年 2 月 6 日召開的中共七屆四中全會上，周恩來、陳雲等發言批評高崗，拉開清算高崗的帷幕，指責高崗「進行宗派活動，反對中央領導同志，造謠挑撥，製造黨內不和，進行奪取黨和國家權力的陰謀活動。」

高被隔離審查，於 8 月 17 日服用安眠藥自殺身亡。

在一九五三年十二月二十四日的政治局擴大會議上，毛有一段名言：「北京有兩個司令部……究竟是政出一門，還是政出多門？」

1953 年，也就是全國財經工作會議結束後的 9 月，饒漱石在第二次全國組織工作會議上批判副部長安子文，而安子文與薄一波、劉瀾濤、楊獻珍、廖魯言等在 1950 年代，都屬劉少奇為書記的華北局領導；此外，饒在主政華東和上海期間經手了一些神秘離奇事件，終致 1955 年 1 月遭到正式逮捕。

1955 年 3 月 31 日，《關於高崗、饒漱石反黨聯盟的決議》通過，並開除高崗、饒漱石的黨籍。

早在陝北蘇區，習仲勳就與高崗戰鬥在不同的崗位上，也是 1935 年被北方局代表逮捕、關押的難友，高奉調赴東北主政，習接任西北局書記。

兩人共同進京一年間，高就在眼花繚亂的政治漩渦中沉沒，而習，於 1953 年 9 月，中央任命習仲勳接替李維漢為政務院秘書長、國務院秘書長。

在中宣部和文教委員會工作正好一年，也就是中央財經工作會後一個月，毛澤東將習仲勳從黨務系統調往國務院，作周恩來的第一助手，不但意味着毛放棄分散周恩來的權力，也意味着習在紛紜複雜的中央政治生活中成熟老道、獨善其身，不但值得信任，也具有處理複雜問題、管理中央政府中樞的能力。

周授權習分管總理和副總理分工以外的其餘十二個國務院直屬機構，同時，「大事要集中到國務院全體會議和常務會議，有些事情集中到他和陳雲、陳毅、習仲勳處。」

不久，再次調整分工，「不歸各辦管轄的國務院各直屬機構及其他例行工作，由習仲勳負責處理。」「各主管的同志

能夠解決的，就可以直接批辦，不必傳閱；不能解決的再由周（恩來）、陳（雲）、陳（毅）、習（仲勳）共同處理和請示中央解決。凡帶有綜合性的事情，則由習（仲勳）根據分工範圍分別批送各分管同志解決。」

習任秘書長又負責監督總理所有指示、事務的落實及其結果的回報，負責總理交辦的各種特別事項，負責管理國務院機關及其工作人員，負責與中共中央、全國人大常委會以及各省政府的日常聯絡與溝通，涉及外交、內政、政治、經濟、文化，教育，宗教，民族、軍事、民政……千頭萬緒，無所不包。

1953 年末，中央軍委決定設立軍銜，「確定每一個軍人在佇列中的地位和職權，以便按職責條令的規定，履行職權；同時又是國家給予軍人的一種榮譽，以鼓勵其在軍隊中的工作和上進心。」

1955 年 2 月 8 日，第一屆全國人大常委會第六次會議通過了《中國人民解放軍軍官服役條例》，規定我軍採用世界通用的軍銜體制。

經過半年多的評定，1955 年 9 月 27 日，大將、元帥授銜典禮在中南海舉行。

在紫光閣西邊的國務院禮堂，四十二歲的國務院秘書長習仲勳宣讀中華人民共和國國務院總理授予中國人民解放軍軍官將官軍銜的命令。

由周恩來把授予大將軍銜的命令狀，依次授予橫站在主席台前的粟裕、黃克誠、譚政、蕭勁光、王樹聲、陳賡、羅瑞卿、許光達、張雲逸等九位手裏。

元帥授銜儀式在懷仁堂舉行，毛澤東、朱德、劉少奇、周恩來、宋慶齡、李濟深、沈鈞儒、郭沫若、黃炎培、彭真、李維漢、陳叔通、陳雲、彭德懷、鄧小平、鄧子恢、賀龍、陳毅、烏蘭夫、李富春、李先念等在主席台就座。

由全國人大副委員長兼秘書長彭真宣讀中華人民共和國主席授予中華人民共和國元帥軍銜的命令，由毛澤東將授予中華人民共和國元帥軍銜的命令狀、一級八一勳章、一級獨立自由勳章、一級解放勳章分別授予在場的七位元帥，在外地的林彪、劉伯承和葉劍英沒有參加。

1955 年 7 月 30 日，一屆全國人大二次會議正式通過決議，確定修建三門峽工程，包括周總理，都是積極派，只有時任國務院秘書長的習仲勳是消極派，不但嚴重質疑大壩的建立，而且認為應該緩建，至少等泥沙問題解決後再建。

「開始 1952 年、1953 年不大同意，想看一看，當時資料又很少，專家也講不清楚，想這事情慢一點搞吧。」

修建三門峽工程成定局，習事實上仍持懷疑、不贊成態度，「泥沙攔太高，究竟要搞啥樣子，怎麼樣試驗法，政治上是贊成，技術並不清楚。」（摘引自《習仲勳在三門峽水利樞紐現場會議上的講話》）

「科學這個東西要老老實實，沒有根據，沒有試驗，確切地知道，不要隨便去說。」1981 年，習回顧當時的決策過程。

三門峽工程建成後，由於泥沙淤積嚴重，上游洪澇災害頻發，留下深刻教訓。多年後，三門峽原總工程師陳士麟認

1958 年與周恩來一起在專機上研究三門峽水利工程

習在中南海辦公室

同，緩建是有道理的。

按照設計，大壩高 360 米，將淹沒陝西省 11 個縣耕地 295 萬畝，移民 73 萬人，損失太大，成本太高，陝西省提出只建 340 米高，可減少淹沒耕地 46%，減少遷移人口 50%。

習整體平衡，建議保留 360 米高的設計，但施工只做到 350 米高，蓄水先控制在 340 米高，圓滿解決了設計要求和實際利益的衝突，1958 年的現場會上，周恩來、彭德懷等最終採納了習的意見。

移民是關係到人民群眾切身利益的大事，習裁示 340 米高度以下的居民移，340 米高度以上的不移，可以等着看，房子搞臨時性的，洪水下去能種多少種多少。

次年，習再次視察三門峽工程，鼓勵大家「要當促進派，但也當促退派。正確的促進，不正確的促退」，「正確意見就是不怕提不同意見，越不同越好，越爭辯到最後就他這意見應該成立⋯⋯不能迴避矛盾，不同意見越多，越有助於統一，有利於問題的解決。」（摘引自《習仲勳在三門峽水利樞紐現場會議上的講話》）

為迎接新中國成立十週年，蘇聯援建的北京十大建築之一，包括國務院辦公大樓。

周恩來看到設計圖紙，徵求習仲勳的意見，習說：「人民大會堂是人民代表開會討論國家大事的地方，需要建築，中南海這個地方，過去袁世凱、段祺瑞他們都辦過公，我們拾掇一下就可以辦公了，不一定要蓋國務院辦公大樓。」

周恩來說：「你的意見很好，和我想法一樣，國務院不需

要蓋辦公大樓。在我擔任國務院總理職務期間，絕對不蓋政府辦公大樓！」

　　周、習奠基的決定，歷經近一百年，各省、市、縣在改革開放後興建的政府辦公大樓，一個比一個宏偉，一個比一個講究排場，作為中央人民政府的國務院，歷經近十任總理，再也沒人打蓋辦公樓的的主意，國務也沒有因此而受到任何影響。

11

「我們共產黨的幹部
如果站到了群眾的對立面，
小心群眾用扁擔抽你。」

1954 年冬，一封群眾來信說，一位農民趕着木軲轆大車跑運輸，車軸與車軲轆之間沒有油料潤滑而摩擦出咯吱、咯吱的嗓音，趕車的農民調笑：「叫什麼，叫，我都沒油吃，你還想吃油呢！」又向車軲轆撒了一泡尿，發洩對食用油供應不足的不滿。另一封來信提到，因為食用油供應嚴重不足，普遍影響到人們的一日三餐，有人居然散布反動言論：「食油四兩，想起老蔣」！因為實行統購統銷政策，全國食油和煤油供應緊張、棉花棉布購銷不合理，強迫命令作風和鋪張浪費嚴重。

一些地方甚至強迫農民儲蓄，導致有的農民跪在地上苦苦哀求，有的投水自盡致死等等。

習仲勳看到這些群眾來信，吩咐秘書田方將相關問題寫成專題報告，呈送總理和主席，報告要言之有物，有理有據，把人民群眾向黨中央、毛澤東反映的真實事例和真實語言寫進去。農民敢於向人民政府講真話、說實話，說明人民

群眾信賴黨和政府。

田方起草報告時將自己認為極端的言論和事例省略，農民撒尿的故事太粗俗，懷念老蔣的言論太反動，也不敢寫進報告。

但習不以為然，跟田方說，不要緊，要原汁原味地把群眾的意見反映出來。「把真實情況報告毛主席」。

「我們共產黨的幹部如果站到了群眾的對立面，小心群眾用扁擔抽你，國民黨政權垮台的教訓正在於此。」習說。

隨着時間推移，人民群眾來信來訪成了共和國最難解決的問題之一，也成了共和國一大特色。

習將處理群眾來信來訪從國務院秘書廳劃分出來，成立專門的接待室，又將工作人員增加到四十多個，仍忙得不可開交。

不但要求信訪幹部熱情、認真處理好群眾來信來訪，又常常讓秘書，甚至自己也抽空到接待室處理來信來訪。

1978年復出主政廣東後，又

習將處理群眾來信來訪從國務院秘書廳劃分出來，成立專門的接待室，又將工作人員增加到四十多個。他不但要求信訪幹部熱情、認真處理工作，又常常讓秘書，甚至自己也抽空到接待室處理來信來訪。

將這一做法和作派帶到廣東。

1957年冬，接待室來了一位甘肅省高台縣的農村幹部，反映上級強迫命令，造成糧食短缺，導致一些群眾餓成浮腫病，乃至餓死人，他衝破重重阻攔、克服路費失竊之困，沿途乞討才來到北京、來到中央人民政府門前。

習聽取匯報後，不但將來訪反映的內容報告周恩來，又打電話給中共甘肅省委第一書記張仲良，要他切實負責地查處。

次年9月，習往甘肅調研，仍不忘這一事件，專門前往高台縣聽取匯報，了解處理結果。

「三年困難時期」，秘書廳接到一封群眾來信，反應沒有食物可吃的狀況，同時寄來一包用來充飢的食材。

習閱讀了信件，打開包裹，抓起寄來的東西看了半天，不知道是什麼東西，就掰下一塊放到嘴裏咀嚼起來。

吞嚥之後，告訴工作人員，「這哪裏是人吃的！」

然後，馬上報告總理，派出調查組，組織調運糧食，救濟忍飢挨餓的農民。

1959年春夏之交，陝西五位文物工作者武伯綸、王翰章、賀梓城、范紹武、王世昌發電報給國務院，反映西安準備拆除城牆，請求國務院領導干預。

習仲勳看到電報，認為反映的問題有道理，保留城牆，就是保存歷史、保存文物，拆除城牆得不償失，一方面指示他的辦公室致電陝西省、西安市政府，停止拆除城牆，一方面指示文化部研究保護西安城牆的問題。

很快，文化部向國務院提交了《關於建議保護西安城牆

西安城牆四五百年歷史，不但不能拆，還要保護，彭德懷、習仲勳、張治中以軍政委員會主席、副主席的名義發出通令：《禁止拆運城牆磚石》。

的建議》，呈報周恩來總理批准後，以國務院名義發出《關於保護西安城牆的通知》：「國務院同意文化部的意見，請陝西省人民委員會研究辦理。」

陝西省和西安市政府很快執行國務院的指示，停止拆除城牆，並公告全社會：「自即日起嚴禁拆取城磚、挖取城土以及其他破壞城牆的行為。」

1961 年 3 月 4 日，經國務院批准，西安古城牆被列為第一批全國重點文物保護單位。

事實上，早在 1950 年，就有人提議拆除城牆，習仲勳主持西北軍政委員會認真討論，拆還是不拆，那時候還沒有文物保護的理念，主要是平衡實用價值和歷史意義，包括梁思成反對拆除北京城牆，主要理由是古老成牆見證了國家歷史發展，是祖先留下的瑰寶，具有歷史傳承意義。會上，各種意見擺上桌面，四五百年的建築，本身價值已經非凡，不但不能拆，還要保護，彭德懷、習仲勳、張治中

以軍政委員會主席、副主席的名義發出通令：《禁止拆運城牆磚石》。

北京城牆從 1952 年開始，一門一樓、一段一截——淪為建設新北京的祭品，梁思成及一眾反對派痛哭流涕、力陳淚諫無濟於事，蓋最後拍板的毛澤東、劉少奇，以及北京市長彭真等，以革命家的理想，豪情萬丈，砸爛一個舊世界、建設一個新世界，手握黨、政、軍大權，想怎麼幹，就怎麼幹，沒有將梁因此打成右派、封、資、修，已經皇恩浩蕩、謝天謝地。

上有所好，下必甚焉，西安決定拆除城牆唯首都馬首是瞻、自覺回應毛主席和中央領導喜好的成分，身為國務院秘書長、副總理，習對北京城牆去留的過程和決策一定所知甚深，跟歷次運動中巧妙、成功平衡中央政策和當地實際一樣，逆風而動，不但阻止拆除西安城牆，而且動用有關部門保護西安城牆，不但成功迴避政治風險，而且得到周恩來支持，其中的風險考量、火候拿捏、技術操作，只有習，有這個膽略和本事。

在中央和毛高度集權的背景下、在意識形態駕馭一切工作的前提下，不光當時找不到第二個成功事例，往後創造的第二個成功事例仍是習。

曾任中共陝西省委副秘書長的林牧回憶，1962 年 9 月，習因《劉志丹》一書引來橫禍，中央在北京召開會議批習，中共陝西省委第一書記張德生首當其衝，不得不在會上批判習、揭露習，林等為張起草發言材料，張吩咐，要把習不許拆西安城牆的事算一條，「當時我不理解，不許拆西安城

牆，為什麼也成為政治問題？後來得知拆北京古城牆的決策過程，我才理解，張德生為什麼不得不把這個事作為『罪狀』之一，我才懂得習仲勳保護西安城牆要冒多大風險、多麼不易、多麼難得。」（摘引自林牧《我所知道的習仲勳》）

1981 年，習仲勳已經任中央書記處書記，在新華社《國內動態清樣》上，他看到西安城牆遭到嚴重毀壞的消息，立即指示國家文物局調查並拿出保護辦法，按照習仲勳的批示，於 1981 年 12 月 31 日形成了《請加強西安城牆保護工作的意見》，責成陝西省和西安市政府採取有力措施保護城牆免遭毀壞，此後，保護、修繕、開發旅遊陸續進行，西安城牆真正古為今用，不光成為西安最美麗的風景線，也成為「價值連城」的不朽遺產。

1960 年底，「大躍進」讓全國人民付出沉重代價之後，中共中央終於發出《關於農村人民公社當前政策問題的緊急指示信》（簡稱《十二條》），糾正「共產風」，回到現實當中來。劉少奇、周恩來、朱德等老一輩革命家都帶着調查組到縣、社、隊調查，了解「大躍進」造成的破壞和災難。

1962 年 4 月，習仲勳帶領十多人的調查組，前往河南省長葛縣調查。

長葛位於河南省中部，當時屬許昌地區，是「大躍進」中的明星縣，毛澤東不但批示表揚，而且前往視察，多數中央政治局委員和各部部長都前往捧場，甚至好幾個國家元首都去參觀。

其中冶金部部長高揚文不認同小高爐大煉鋼鐵，長葛縣委搜集其言行，報告中央和毛主席，高就被打成右傾機會主

義分子而下台。

張漢英時任縣委「第一書記」，長葛縣新建設的縣城仿照北京東西長安街，北京人民大會堂那樣的禮堂，縣委、政府辦公大樓、郵電大樓、武裝部大樓等佔用了大量農田，甚至動用民兵武裝強迫農民拆遷，幹部打人罵人之風司空見慣。

習在長葛一個月的時間裏，兩次向中央報告有關情況。

——生產和生活上也還存在着相當大的困難。河南今年又遭大旱，夏糧肯定減產，春荒尚未完全度過，夏荒接踵又來。

——從長葛情況來看，整風搞得比較粗糙，十二條指示的貫徹也還不夠深入，兩個平均主義沒有認真解決，群眾思想仍有顧慮，「怕政策再變」。

——人們的體力很弱，牲口減少，農具缺乏等等，因之，群眾的熱情還不穩定，生產積極性還沒有充分調動起來。

——和尚橋公社的食堂大部分已經在三月初散夥。據了解，長葛縣百分之七十以上的食堂也都相繼停辦。餘下的一小部分食堂，群眾都在觀察等待，只要幹部一鬆口，馬上也會停辦。

——我們所在的三個大隊，自從食堂散夥以來，浮腫病人顯著減少。宗寨大隊在食堂停辦前，有浮腫病人一百四十五個，現在只剩下二十七個了。小孩的面色也好看了許多。大人幹活也有勁了。

——樊樓大隊先扣群眾的糧食，再用來獎勵付出勞

動比較多的群眾，叫做「多勞多吃」，從而降低了一般勞力和無勞力的口糧標準，挖了他們的口糧，群眾非常反感，我們發現這些情況，在電話上商得吳芝圃同志的同意，已經作了糾正。

——在研究「三包一獎」時，幹部和群眾對包總產的辦法特別擁護。就是因為「一包總產，生產隊就真正當家做主了」，才真正有權因地制宜，合理的種植各種作物，從根本上杜絕生產上的瞎指揮。

並且尖銳批評縣委，「難道舊縣城裏還住不了縣級機關？毛澤東同志在延安時期沒有什麼建築，也領導了全國革命的勝利。你們花這麼多錢，佔這麼多地，修那麼多房子，有什麼好處呢？腦子裏沒有群眾利益，只有個人利益，這樣的黨員就不夠格！」

相反，習與同吃、同住、同勞動過的和尚橋公社宗寨大隊群眾結下深厚情誼，二十多年後，宗寨大隊黨支部全體成員及幹部群眾給習寫信，匯報了宗寨村由富變窮、由窮變富的過程，習百忙之中覆信：「當時你們大隊由一個好端端的富隊變成了一個響噹噹的窮隊，我們如實地向中央作了反映。現在看來，最根本的原因是在『左』的錯誤思想指導下，破壞了農業生產力，結果使廣大幹部群眾吃了很大的苦頭……」

時為 1984 年，習為中央政治局委員、書記處書記，主持中央日常工作。

第
三
季

權 力 漩 渦

1958

大　難　新　生

1978

12 「大躍進」越「躍」越災，調查眞相送周恩來無下文，廬山上下無言以對彭德懷

1958 年 5 月，中共八大二次會議通過毛澤東的頂層設計，鼓足幹勁，力爭上游，多快好省地建設社會主義，通稱「建設社會主義總路線」。

畫餅十五年趕上並超過英國的目標，苦戰三年基本改變面貌。在各級黨委和政府的全力推動下，「大躍進」野火般席捲全國。

8 月，周恩來委託習仲勳到西北地區了解情況，習組成十多人的調查組，包括全國人大常委會副秘書長、總理辦公室秘書等，讓大家「大開眼界」。

調查組先後到陝西、甘肅、青海、寧夏、內蒙古五省區考察調研，在陝西醴泉（1964 年改名禮泉）的烽火公社，習在一塊小麥豐產田裏看到遍地小土堆，好奇地問：「這是什麼？」

當地負責人回答，根據北京一位科學家的「發明」，通過這種辦法，能增大土地接受陽光照射面，提高產量。

習蹲在地上，用手扒開土堆，只見禾苗的根系十分纖弱，立即發現其中的問題：「陽光增加了，而土壤和肥料依舊，怎能增產？」

在公社食堂吃飯時，看到一張大方桌上擺滿菜餚，人們興高采烈地談論，「共產主義馬上就要實現了」，習皺着眉頭歎息：「哪能這樣快呀！」

在西安前往蘭州的火車上，習看到鐵路沿線到處火光衝天，人來人往，都在大煉鋼鐵，關中沒有鐵礦，全國的鐵礦開採狀況習心裏一本賬，那麼多的土法煉鋼，只有從農民家收集的廢銅爛鐵，能供應多久？

到達蘭州，習一行坐着羊皮筏子考察黃河岸邊水車抽水灌溉良田，特別是看到「引洮上山」的專案，要把洮河水從隴南山區的岷縣，北調到隴東黃土高原的慶陽地區，管道全長一千多公里。

不光要把慶陽的旱地變成水田，還要利用落差發電，還要在山上行船，開發航運，相當於西部的京杭大運河。

工地上數萬名精壯農民，用鑡頭挖土，身背肩挑，獨輪小車來來往往，唯一先進的工具就是利用高低落差架設的鐵索軲轆，而且還是依靠人力搖動來運沙送料，晚上還要打着燈籠火把夜戰。

但是，勞力都集中到工程上，農田的耕種收割受到影響，習直言相告陝北蘇區曾經一起戰鬥的老戰友、甘肅省委第一書記張仲良：「這樣搞法不行呀！將來老百姓是要吃虧的！」

在甘肅敦煌，習仲勳一行了解到這裏已經實現了「衣食

住行、生老病死、入託上學」等全供給制的分配制度，心裏越發不安，提醒張仲良，這種辦法絕對不會長久。

在青海、寧夏、內蒙，習仲勳一行看到的情況跟陝西、甘肅半斤八兩，只有程度不同，沒有實質區分。

回北京後，習不但跟周恩來和盤托出所了解到的情況，在中央召開的有關會議上，又多次表達了憂慮和擔心。

11 月，習仲勳在武昌參加了中央政治局擴大會議和中共八屆六中全會。在討論《關於人民公社若干問題的決議》時，他根據西北考察情況，指出人民公社的「一大二公」，最大、最公，也不能大到一縣一社，也不能達到全包全供，也不能說由集體所有制變成了全民所有制。更不能說從社會主義跳到共產主義。不能用按需分配代替按勞分配。生產關係的發展不適應生產力發展的水準，其結果只能破壞生產……

次年 3 月，習出席在上海舉行的中央政治局擴大會議，會議檢查和討論人民公社整頓中的問題，形成了《關於人民公社的十八個問題》的會議紀要。毛澤東在會上講了工作方法六十條，壓低了 1959 年的國民經濟指標。

但是，1958 年的後果已經暴露，1959 年降低，仍然是不切實際的過高指標，周恩來要求各位副總理分別到一個地方調查研究，了解情況，剛出任副總理一個月的習再次被安排到河南和陝西調研。

1959 年 5 月，習先到河南，着重了解生鐵的產量和質量問題。

河南是大躍進的重災區之一，中共河南省委第一書記吳芝圃跟甘肅省委第一書記張仲良一樣，都是「大躍進」的狂

熱追風者。吳河南滑縣人，1955 年任河南省長，1957 年大肆批判省委第一書記潘復生為右傾機會主義，博得毛澤東的賞識，任命吳取代潘。

吳在中共河南省第九次全體會議上發出號召：「不要怕潘復生抵抗，要鬥透，從政治上、思想上揭發，要反覆鬥爭……」，與習仲勳當年在新疆主持糾正新疆分局負責人的與人為善、和風細雨形成鮮明對照。

早在 1957 年 10 月，吳芝圃就要求迎接水利建設大躍進，時任國務院副總理譚震林赴會打氣。11 月，提出「農業生產大躍進」，經濟建設全面大躍進，掀起以大興水利和大搞積肥為中心的冬季生產運動，投入勞力達 991 萬人，農村已經出現大躍進局面。

1958 年 3 月 13 日，《人民日報》發表題為《大幹一冬春，勝過幾千年》的報道，對河南省幾個月來「水利化」的「戰果」大肆宣傳，樹為全國的「樣板」。

在 3 月中下旬的成都會議上，吳芝圃提出河南一年就能夠實現「四化」，四年可變集體所有制為全民所有制，巧媳婦就能做出無米粥。毛澤東稱讚「河南水利全國第一」，提出要「讓河南試驗一年，讓河南當狀元」。

1958 年 6 月 8 日，《河南日報》報道遂平縣衛星農業社畝產小麥 2105 斤，11 日又報道該社畝產小麥 3530 斤——這是全國放出的第一顆農業「高產衛星」。

10 月，吳芝圃宣稱，河南畝產小麥 7300 斤、芝麻 5600 斤，單產增長 70 倍以上。而玉米、高粱、穀子「都比過去平均單產高近百倍」，「全年糧食總產量至少可以達到七百餘億

斤」。

　　鋼鐵大躍進，提出「縣縣、鄉鄉、社社辦鐵廠」，9月17日《人民日報》發表《祝河南大捷》的社論，稱讚「曾在小麥產量上名列前茅的河南省，也是全國鋼鐵生產的一面紅旗」。「鋼鐵元帥升賬」，577萬人投入大煉鋼鐵，各種冶煉爐22萬餘座。

　　河南一躍成為大躍進的聖地，四年內要實現的共產主義在當年就已來到——參觀者人山人海，秋糧爛在地裏無人收割，資金、原料白白耗費，工農業生產遭到巨大破壞，太行山、伏牛山、熊耳山和大別山區的林木遭到空前的濫砍濫伐。

　　8月6日，偉大領袖毛主席興致勃勃地來到新鄉縣七里營公社視察社辦工業和棉田。他看到公社大牌後點頭說「人民公社，名字好」，並轉身對吳芝圃說：「吳書記，有希望啊！你們河南都像這樣就好了。」

　　吳芝圃還是一位「理論家」，在最學術的《哲學研究》1958年第6期發表文章，從哲學的高度論述「人有多大膽，地有多大產」、「人定勝天」。「一個省可以單獨進入共產主義，河南要在四年之內實現共產主義。」

　　范文瀾曾說：「在大躍進中哪一省衛星放得最多，哪一省的災荒就最嚴重。」事實的確如此。1958年河南全省全年糧食產量實際只有281億斤，河南省委高估為702億斤。1959年河南全年糧食實際產量為217億斤，河南省委高估為1000億斤。同時，又高指標徵購糧食。1958年全國糧食徵購比1957年增長22.23%，河南則增加了55%。

　　在高徵購的壓力下，基層幹部完成不了任務的就像土改

的地主那樣挨鬥。農民只有靠剝取樹皮、挖掘草根白堊土充飢，城市群眾也以豆餅、米糠、樹葉、綠藻果腹。

1958 年 11 月底，密縣已發生餓死人的問題。1959 年春，豫東黃泛區浮腫病和死人事態更加蔓延。全國第一個人民公社——信陽遂平縣查岈山人民公社人口總計四萬人，卻餓死四千四百人。

1959 年夏的盧山會議之後，吳芝圃要求各縣市層層揪「小彭德懷」，「反瞞產」，「高指標」，大辦食堂，繼續將河南推向災難的深淵。

其中信陽地區仍按 1958 年大豐收的標準徵購，全地區徵收了 16 億斤，將農民的口糧、種子糧都交了徵購。

秋收剛完，就出現逃荒要飯的現象，行署專員張樹藩回憶：「有一個黨支部 23 個黨員餓死了 20 個。」

吳芝圃又授意信陽地委在上呈的報告中把信陽大量餓死病死人的問題歸咎於政治鬥爭，說是壞人當權和地主封建勢力破壞，性質是「反革命復辟，是民主革命的不徹底」。

明令各縣不准農民生火做飯，不准外出逃荒要飯，不准向上級反映情況。誰敢說真話實情，就遭到殘酷打擊，定為右傾分子、「階級異己分子」關押起來。

中紀委書記董必武派人到信陽調查餓死人的問題，吳根本不放在眼裏，陳雲來河南調查，吳芝圃仍放出大話：河南糧食產量比去年翻了一番還要多，不但不需要國家調入糧食，還可以調出糧食⋯⋯（以上均摘引自《黨史文苑》2006 年第 23 期）

習仲勳調查過的甘肅當年豐產，但糧食損失極為嚴重，

各級又投省委第一書記張仲良所好，虛報增產糧食三十億斤。

來年春節還沒過完，糧庫空空，許多地區的農民沒有飯吃，跟河南一樣，出現大面積餓死人的情況，轟轟烈烈的「引洮工程」也被迫下馬。

習仲勳沒去河南調查之前，憑一年前他在甘肅的所見所聞，憑常識、憑經驗、憑他在西北局、在陝甘寧邊區一線領導類似運動的傑出才幹和超人手腕，第一時間就不相信吳芝圃放的那些衛星、編造的那些成就，在河南調查一個月，不過獲得第一手材料、掌握第一手情況，更加有力地證實他早已預料的結果、一直擔心的事態——「老百姓要吃苦頭」。

但是，河南的做法得到毛主席的肯定和維護，即使在黨內德高望重的董必武、時任中央副主席的陳雲都無可奈何，所有中央領導中，最年輕的習副總理，除了心底裏痛心疾首，無以復加，又能做些什麼，又能說些什麼，而即使說了什麼、做了什麼，又有什麼作用、什麼效果？！

只能懷着極其沉重的心情，結束在河南的調查，轉往熟悉而又更加關切的陝西調查。

陝西時任省委第一書記為張德生，陝北榆林人，為習多年的戰友和得力助手，曾任中共中央西北局秘書長、統戰部部長，第一野戰軍政治部副主任，中共甘肅省委書記、陝西省委第一書記、中共中央西北局第二書記。

「1958 年全國搞『大躍進』和人民公社化運動，張德生同志和省委是比較謹慎的，堅持不講假話。陝西在 1958 年和 1959 年上報的糧食產量是比較接近實際的。三年經濟困難時期，在張德生同志的領導下，省委採取一系列有效措施渡難

關，陝西農業生產從 1961 年下半年就開始回升，渡過了三年經濟困難，還開始調出糧食支援兄弟省區。」（摘引自趙樂際《深切緬懷張德生同志》，《陝西日報》，2009 年 10 月 22 日）

「1962 年黨的八屆十中全會後，有人指責陝西的鎮反不徹底，土改不徹底。對此，張德生同志主持省委會議認為，陝西絕大部分地區民主革命是比較徹底的，提出『這次運動中不需要一般地進行清查漏網地富分子的工作。』」（同上）

「在後來糾錯中，他自覺坦誠地承擔責任，向中央和幹部群眾進行認真具體的自我批評。他誠懇地說，陝西在『大躍進』和人民公社化運動中發生的錯誤，主要來自省上，應當主要由省委負責，首先應當由他個人負責。」（同上）

檢查了周至、戶縣、銅川、臨潼、渭南等縣的工作，與中共陝西省委負責同志進行了兩次座談，給省局級以上幹部作了報告，召開了民主人士座談會。

時隔十個月，陝西已經從初期的熱潮中冷卻下來，不但停止了許多不切實際的做法，而且盡力糾錯。

回京後，又看到國務院秘書廳匯總的群眾來信來訪情況，各地形勢仍然十分令人揪心。

人民公社的條件不成熟，發展太急太猛；吃飯不要錢不符合按勞分配原則；「全民煉鋼」、「土法上馬」，一千零七十萬噸鋼的指標，完全是主觀意願；「五個並舉」，成了「百廢俱興」；「兩條腿走路」，成了「多條腿走路」。

跟許多頭腦清醒的幹部群眾一樣，習憂心忡忡，帶着各種材料上廬山開會，希望到時能派上用場。

1959 年 6 月 30 日，習仲勳上廬山參加著名的第一次廬

山會議，上到半山，在一個轉彎的開闊處，看到前邊的一輛小轎車戛然停下，走下車的是彭德懷，習也趕忙停下車來，上前和彭德懷私聊，聊了些什麼，官版習傳只描述了情節，沒敘述內容。(參見《習仲勳傳》第二十四章)

會議按大區分組，彭德懷和習仲勳同在西北組。大家暢所欲言，各自敘述了「大躍進」的所見所聞，指出「大躍進」存在的問題，甚至劉少奇、周恩來、朱德等都毫無顧忌，在小組會上直言不諱。

彭德懷在西北組的發言一如既往，直截了當，憂國憂民，不但講到各種嚴重後果，更直指造成後果的根源：反右以來，政治上、經濟上取得了一連串勝利，黨的威信高了，但是腦子也發熱了一點。吃飯不要錢那麼大的事，沒有經過試驗，忽視了一切經過試驗的原則。(摘引自中國共產黨新聞網《中國領導幹部資料庫》2014年4月9日)

彭又以一貫的坦率和剛直，提議「對待錯誤要總結經驗教訓，不要追究責任，責任人人都有，包括毛澤東在內，我也有一份，至少當時沒有反對。」「他強調，要發揚黨內民主，要讓人敢於講話，要實行黨委集體領導，不能由個人決定。不搞集體領導，只由個人決定，不建立集體威信，只建立個人威信是很不正常的，是危險的」。(同上)

習也把他帶上山的材料，呈送給周恩來並轉報毛澤東，大會作為簡報印發。

會議越開越長，大家都丈二金剛，摸不着頭腦，從周恩來的秘書嘴裏，習先捕捉到一些蛛絲螞跡，很快眼見「山雨欲來風滿樓」，只是沒想到「山雨」下得那麼猛烈、那麼影

響深遠。

　　後來大家都知道，彭德懷不但在小組會上發言談及「大躍進」的問題和嚴重程度，而且又專門給毛澤東寫了信，通過個人關係報告毛問題的嚴重性。

　　彭在黨內的資歷、地位，以及跟毛的關係，無論在北京中南海，還是在廬山，都近在咫尺，已經沒有機會面見毛，跟毛推心置腹、一傾衷腸，而是要通過信件往來、通過文字表達他要傾訴的滿肚子內容，一方面說明革命勝利掌握政權之後，毛已經越來越深居簡出，經常不見當初的革命戰友和同志，一方面說明儘管毛在許多問題上脫離實際、脫離群眾、脫離當初的革命戰友和同志，老彭仍然信任毛、寄希望於毛、以為毛還是當初那個能聽取不同意見的毛。

　　儘管彭大將軍性情耿直、缺少學校教育，仍然按多年來業已形成的潛規則，在送給毛的報告和材料中，首先肯定「大躍進」的成績，肯定人民公社的偉大意義（儘管他

對「大躍進」的問題，彭德懷提出「對待錯誤要總結經驗教訓，不要追究責任，責任人人都有，包括毛澤東在內，我也有一份，至少當時沒有反對。」

並不贊成人民公社、認為人民公社搞早了），肯定偉大領袖毛主席的「總路線」是正確的、必要的、有成就的。

關於「大躍進」存在的問題，也沒有敢怪到毛的頭上，指責毛做得不對、不妥，還是板子打在地方領導人、打在基層執行過程當中，甚至打在彭大將軍自己都不知道、沒機會接觸的「小資產階級」身上。

比如，浮誇風較普遍地滋長起來，小資產階級的狂熱性使我們容易犯「左」的錯誤，諸如此類。

不但言不由衷、顧左右而言他，而且字裏行間為毛開脫、替毛說話。

在戰場上「橫刀躍馬」的彭大將軍，在「黨的紀律面前」，被馴服得完全像一個進退有度的政治家、像一個「有組織、有紀律」、有「政治意識、全域意識」的高級領導人。

不單沒有半點出格、天真，而且非常老到、成熟。

不但不是彭大將軍一個人看到「大躍進」造成的嚴重後果及其問題所在，而是幾乎所有出席者都跟彭大將軍看到的一樣、聽到的一樣，發現的問題根源也一樣。

德高望重的總參謀長黃克誠，長征途中的總書記、當時外交部的副部長張聞天都早就注意到「大躍進」造成的嚴重後果，憂心如焚，在會上實話實說，跟彭總描述的狀況只有對象不同、細節不同，嚴重程度、問題根源沒有任何兩樣，甚至跟毛掌握的事實和情況都一模一樣，毛澤東、毛主席、大家發自內心擁戴、無比尊敬的毛主席，不但拒不承認張說的是事實，反而劈頭蓋臉、上綱上線指責黃、張都戴眼鏡，

眼神不好，看不見蓬勃發展的大好形勢。

毛先前的秘書、時任湖南省委第一書記周小舟跟河南的第一書記吳芝圃、安徽的第一書記陶希聖、四川的第一書記李井泉、甘肅的第一書記張仲良都是「大躍進」中衝鋒陷陣的先鋒和明星，只有其中的周很快發現後果嚴重、錯誤巨大，立即改弦更張，並決心建議毛趕快丟掉幻想、回到現實，毛也毫不領情，一概劃入彭、黃、張陣營，將看法、思想上的不謀而合，認定為組織上的「軍事俱樂部」，儘管黃當總參謀長才一年，又是毛點的將，張、周都是秀才，既不會扛槍，也不會打仗……

毛偏不講事實，情況和問題，而專講彭、黃、張的思想觀點、態度和立場，不解決彭、張提出的「大躍進」的問題，也是幾乎所有出席者希望解決的問題，而是動員、組織所有出席者一起解決彭、張所代表的思想問題、組織問題和路線問題！

不但將彭大將軍私送的信件和材料印發大會當作毒草批判，又壓服所有最有權力、最有威望的劉少奇、周恩來、朱德等老一輩無產階級革命家輪番上台批鬥彭、黃、張，又將病中的林彪請上廬山，將彭大將軍罵得狗血噴頭，且請出死去一千多年、兩千多年的枚乘、宋玉，印發枚乘、宋玉的作品，啟發出席者認清彭、黃、張、周的反黨真面目——野心家、陰謀家、偽君子。

最後，以八屆八中全會的名義，通過《關於以彭德懷同志為首的反黨集團的錯誤的決議》和《為保衛黨的總路線、反對右傾機會主義而鬥爭的決議》，將彭、黃、張、周打成

反黨集團，將「大躍進」繼續推向前進。

毛以一人之力，勇戰全黨、全軍、全國人民，逆勢大贏，勝利還朝。

好在習剛當上副總理，又是國務院秘書長，不是省委第一書記、也不是部長，就算必須人人過關、個個表態，也用不着高調加入批彭大合唱，發言稿都不用寫，「算了，不寫了，到時根據情況我講幾句就行了！」習的秘書回憶道。

官版習傳描述，會議結束，所有人到九江機場準備返回各地，不料，返回北京的飛機因為雷雨天氣，其中一些班機改降濟南機場，中午就餐時，餐廳裏桌桌滿座，唯有彭大將軍一個人孤零零坐一張桌子旁，沒有人敢與他同桌，習更不敢。

因為習在西北局跟彭共事達六年之外，在國務院又是彭的下屬和同僚，要是跟彭有任何接觸和同情的表示，一定會招來比周小舟更嚴厲的橫禍，就像後來不招自來的「彭、高、習」反黨集團。

另一方面，習也完全可以利用跟彭的特殊關係，在會上投毛所好，落井下石，揭露彭在延安、在西北戰場、在國務院一貫右傾、反毛反黨的「罪行」，比很多人都有料、都能成為大會的明星，都能令毛心花怒放、提拔重用，但是，習沒有，習選擇了低調，選擇了沉默，選擇了例行公事的一般性表態。

覆巢之下豈有完卵，當時的整個環境、背景和紅色文化，除了周、劉、朱等老一輩革命家有資本挺身而出，為彭爭公道，為黨爭取正常的生態和運行規則，其他人，包括

習，都沒有這個能力和資本，任何給彭表達同情、友好、安慰的姿態，都會招來「同黨」、「結盟」之嫌，都是無謂的犧牲。

而明知不可為而為，並不是勇敢剛毅，而是匹夫之勇。

13 毛澤東重祭「階級鬥爭」，康生借題發揮：「利用小說反黨，是一大發明。」

1962 年 7 月 25 日至 8 月 24 日，中共中央政治局在北戴河召開中央工作會議。

跟盧山會議一樣，毛再次把會議由討論經濟工作轉向政治議題，把黨內領導人思想認識上的不同，當階級鬥爭在黨內的反映，要求全黨、全軍、全國人民年年講、月月講、天天講階級鬥爭。

特別是這年 4 月，彭德懷向毛澤東和中共中央遞交了一封申訴信，否認「陰謀篡黨」、「彭德懷、高崗聯盟問題」、「彭、張、周軍事俱樂部」、「資產階級軍事路線」等一系列不實之詞，毛稱之為「八萬言書」。

8 月，彭又發出第二封信，要求中央平反，「把過去說的統統推翻」，要翻案。

而翻案，不光意味着盧山會議整彭整錯了，而且意味着盧山會議確定的「大躍進」、「總路線」搞錯了，意味着偉大領袖毛主席錯了！

毛正通過一系列會議、運動、批判、論戰證明自己一貫正確、樹立自己的絕對權威，證明與他意見、主張不同的所有人完全錯了，彭要翻案，或容許彭翻案的聲音存在，無疑容許有人逼毛認錯，挑戰毛的權威，不光毛絕不接受、絕不容忍，跟着毛一起打彭、整彭的所有人都被逼到牆角。

彭招來的是又一輪激烈批判、狂轟濫炸，一批長達兩個月。

北戴河會議也少不了習仲勳，作為副總理、中央委員，是中央工作會議的必然成員。

但是，因為早就確定這個時候在北京舉行全國中等工業城市座談會，由周恩來出席講話，習仲勳主侍，要等到會議結束，才能前往北戴河休養。

那時候的會期都很長，不光北戴河會議一開就是一個月，一個中等工業城市座談會，也差不多開了四周，7月30日開始，8月24日才結束，與北戴河會議同一天完事。

也就在這一天，習從北京出發，到北戴河休養。

習動身之前，往北戴河途中，不但不知道8月26日要在北京召開八屆十中全會的預備會，更不知道，這一天，康生給中央寫信，以《劉志丹》為支點，要置他於死地。

北戴河離北京近三百公里，那時候沒有高速公路，也沒有高鐵，就算中央領導人專列、專車，沒有半天也到不了，只在北戴河呆兩天，不是休息，而是折騰，習要是知道，一定不會當天去北戴河，第二天又返回。

8月26日，八屆十中全會預備會在北京舉行，預備會前期，討論農村工作，並揭批國務院副總理、農村工作部部長

鄧子恢的右傾主義。

十天以後，分組討論批彭，9月8日，康生在西南組點燃震撼彈——《劉志丹》最近在報刊上爆紅，宣傳劉志丹，項莊舞劍，意在沛公，為高崗翻案，為彭德懷叫屈！

康（生）老不但是老一輩革命家，又是老一輩革命家當中長期領導情報工作的神秘人物，不但對敵鬥爭經驗豐富，階級鬥爭的神經非常敏感，而且深得毛主席信任，對毛有非常大的影響力。

康老1898年出生於山東諸城一個大地主家庭，本姓張，後來赴蘇聯接受馬列主義訓練，不但成了理論權威，也改了一個蘇俄名字「康斯坦丁」，再音譯成「康生」。

在蘇聯期間，康雖追隨王明，但對毛澤東的兩個兒子非常關心：「康生當年從法國把我伯父接到莫斯科，通過在莫斯科共產國際代表團駐地的生活與交往，我伯父對康生印象不錯。他自小缺少別人的關心和照顧，康生對他噓寒問暖，出於人的自然本能，一種親和力便從心底油然而起。」（摘引自毛新宇《我的伯父毛岸英》）

康生夫婦不光對毛岸英關懷備至，對毛岸青也一樣。

從蘇聯回到延安，康生很快又與從山東諸城走出來的江青老鄉成為終生密友，也成為毛的知音和親信。

1939年取代鄧發，擔任新成立的中共中央社會部兼中央情報部部長，中共中央敵區工作委員會副主任。1942年在整風運動中發動「搶救運動」，得到毛大力支持。1943年出任中共中央組織部、中央黨務委員會、民運工作委員會、中央統戰部、海外工作委員會、中央研究局合併起來的中共中央

組織委員會副書記。1946 至 1949 年擔任中共中央華東局副書記、中共山東省委書記、山東省人民政府主席。在山東等解放區土改違反中央方針，受到毛澤東批評，但未受實質性處罰。

這個時候，雖然掛名中央政治局候補委員，並未掌握什麼實際權力，僅僅是中央文教小組副組長、教育工作委員會副主任。主持編輯《毛澤東選集》第四卷，並領導中央黨校。

在廬山會議上，在批鬥彭德懷的浪潮中，以延安「搶救運動」的姿態，聲色俱厲，衝鋒在前。

康老所說的《劉志丹》，當時報刊上已經停止刊載，康老的震撼彈一拋出，將《劉志丹》與高崗、彭德懷往一起一湊，大家才明白，《劉志丹》惹了誰。

《劉志丹》的中心人物劉志丹在東征中犧牲，毛澤東曾題詞「上下五千年，英雄萬萬千，人民的英雄，要數劉志丹」，因此成為陝甘蘇區的旗幟。

事實上，在陝甘蘇區，當時實力最強、最有影響力的人物是謝子長，但謝在中央紅軍和黨中央到達陝北之前已經犧牲，中央領導人都只聞其名，未見其人，劉志丹因此成為一號人物。

劉志丹犧牲，黨中央在延安，陝北不光為「京畿」重地，陝甘寧邊區的經營和鞏固，由原來陝甘蘇區的領導人負責，駕輕就熟、人盡其才，高崗以其資歷和能幹，繼劉志丹之後，成為陝北蘇區的代表人物。

習仲勳當時為陝甘蘇區蘇維埃主席，在把守陝甘寧邊區的南北大門中，政績卓著，迅速崛起，不僅成為陝甘蘇區、

也成為西北地區又一顆耀眼的新星。

《劉志丹》的作者李建彤，劉志丹的弟媳婦，時任國務院監察部第二司中級監察專員，丈夫劉景範，時任地質部副部長。

兩人育有一女劉索拉，作品不多，但音樂、小説，都青出於藍，在 1980 年代大放光采，這是後話。

李在 1956 年前後，應工人出版社約請，創作以劉志丹生平為基本內容的紀實小説，因為需要採訪劉志丹的同志、戰友，找習收集材料，也同時告知習創作計劃。

習回憶：「寫劉志丹同志的革命回憶錄我是同意的」，但不贊同寫成大部頭的小説。

李滿懷文學和崇敬劉志丹的雙重激情，不忍割愛，沒有接受習的意見，投入全部精力和時間，不達目的，絕不甘休。

經過兩年努力，到 1958 年，第三稿成，李送習徵求意見。習見到書稿，不看都知道將會惹出麻煩，遂表示：「牽涉的問題很多，特別是涉及有關西北黨史上的一些問題，處理不好會引起意見糾紛，如果寫一些片斷的革命回憶錄豈不是更好。」

習又跟李的丈夫劉景範作工作，希望劉勸阻李：「她沒有參加過西北蘇區的革命鬥爭，不是非常了解這段歷史，不一定能寫得好。你是劉志丹的弟弟，建彤又是你的妻子，就是寫得很好，也難以避免引起對西北黨史分歧意見的爭論。特別是對於像高崗這樣的人物，很難通過小説形式把握得準確。」

習身處權力中心，歷經各種政治風浪，很敏鋭、很準確

地預判出面臨的危險和風暴。

劉景範口頭上答應勸説李建彤，唯內心深處，更偏向李建彤：「她非要寫，我也沒辦法。」

1959 年冬，《劉志丹》第三稿的清樣送到習的手上，習認為其中涉及的一些史實和功過是非，弄得不好，會引起新的矛盾，再次不同意出版。

但是，來自陝北蘇區和延安的老革命、老戰友馬錫五、王世泰、張秀山、馬明方、馬文瑞等都贊同。

馬錫五是評劇《劉巧兒》中的「馬青天」馬專員的生活原型，與劉志丹同為陝北保安縣（今志丹縣）人，跟謝子長、劉志丹一起戰鬥多年，擔任過陝甘寧省蘇維埃政府主席，時任最高人民法院副院長，在陝北老同志中有威望很高。

王世泰陝西洛川人，曾為劉志丹領導下的紅 26 軍紅二團團長，後任第一野戰軍第四軍軍長、第二兵團政委，時任國家計劃委員會副主任。

張秀山，陝西省神木人，早年率領甘肅警備第三旅武裝起義，後擔任劉志丹領導的紅二十六軍第二團步兵連連長、騎兵團政委、第四十二師政委。1949 年後任東北局秘書長、東北人民政府委員兼東北局職工委員會書記，1954 年，因高饒反黨集團案而撤職。

馬明方，陝西米脂人，曾任中共陝北省委書記，是紅軍時期陝北革命根據地的創始人和主要領導人之一，第八屆中央委員，曾任中共陝西省委書記、陝西省人民政府主席、中共中央副秘書長、組織部副部長、兼財貿部部長，時任中共中央東北局第三書記。

馬文瑞，陝西米脂人，曾經創建赤川、紅泉兩縣的蘇維埃政權，主要主持陝北西部、隴東地區的工作，後任西北局紀律檢查委員會書記、西北局副書記、兼組織部部長，時任勞動部部長。

李建彤有句話很動情，通過劉景範轉告習，西北的領導幹部死的死，瞎的瞎（指高崗——引者注），《劉志丹》這本書，你不支持誰支持？

文藝界泰斗周揚和夫人蘇靈揚讀了之後，也給予充分肯定，不但指定專人幫助、指導，而且一有機會，就給高級領導人推薦《劉志丹》，包括在一次晚會上，給習推薦。

到了這個分上，習再沒有反對的理由了，只好改變態度，「憂」見其成。1961年，李建彤又送來小說《劉志丹》第四稿清樣，習日理萬機，沒有時間看，遂委託秘書田方仔細閱讀，並提出意見。

「我是抱着滿腔熱情來閱讀這部小說的，沒有看出內容有什麼問題，只對文字和一些技術性問題，提出意見。」田方回憶。

聽取秘書田方的意見後，習約請李建彤、馬錫五和工人出版社兩位編輯一起討論修改。

習要求「把劉志丹寫成一個成熟的革命家，堅持正確路線的代表。西北革命根據地是在以劉志丹為代表的一批共產黨人的領導下，開展了兩條戰線的鬥爭，堅持到最後勝利。並把這個勝利寫成是全國革命鬥爭的縮影，毛澤東思想的縮影。」

「寫西北大革命，要寫整個一個時代。思想呢？就是毛

主席領導革命的正確思想，通過志丹具體實現。最後一段只留下一個陝甘蘇區。二萬五千里長征有個落腳點，以後又是出發點。沒有這個東西，就是沒有寫好。當然也有許多錯誤，但基本路線沒有大錯。最後是毛主席來了，不然也完了！」

寫劉志丹，繞不開高崗，但中央已經把高崗與饒漱石打成「反黨聯盟」，寫高崗就是找死，任何人都知道高崗不能碰，習也要求李「在書中不要寫他」。

馬錫五完全贊同，李建彤也知道輕重，在書中虛構了一位高崗，起名羅炎，羅炎同志的故事只有二千多字，並且還是反面人物。

1962 年初，《劉志丹》第五稿清樣排出，分送中宣部、習仲勳等審閱，《工人日報》、《光明日報》、《中國青年報》紛紛發表部分章節。

李建彤一邊廣泛徵求意見，一邊作第六次修改，準備正式出版。習仲勳也一再告訴李建彤，將修改稿送給那些對西北黨史有不同意見的同志審閱，讓他們在出版前把意見講出來，有問題還來得及修改，避免出版後出亂子。

習的建議，無疑是成熟政治家的考慮，但持有不同意見的老戰友、老同志人數不少，且站在各自的角度，水準、境界、認知知千差萬別，叫李建彤聽取、參照每個的意見修改，《劉志丹》永遠沒有出版之日。

所以，習在《劉志丹》一書寫作、出版過程中基本是「促退派」，不是「促進派」，不但沒有為高崗翻案的任何念頭，而且避之唯恐不及，不但非常講政治、講紀律，而且避免引

起任何矛盾和是非，講團結、講和氣。

習最初的判斷和擔憂，果然得到驗證，時任雲南省委第一書記閻紅彥從不同管道看到《劉志丹》，包括作者李建彤送給他的書稿清樣，馬上認為書裏顛倒了謝子長跟劉志丹當時的地位和重要性，不符合當時的歷史事實。

閻早年為謝子長領導下的驍將，是陝北蘇區的老革命之一，屬於謝系人馬，與劉志丹跟高崗不是一系，後任二野第三兵團副政委兼政治部主任，1955年授上將軍銜。

閻從昆明前往北戴河參加中央工作會議路過北京，一方面給一位來自西北的老同志打電話，請他轉告李建彤，建議修改《劉志丹》後再出版，繼而又寫信給李建彤，認為「用小說形式總結了西北的革命鬥爭歷史，這就不能不涉及許多原則問題，有些問題是需要中央做結論的，一個作者是負不了責任的，你的文章很多原則性的問題與歷史不符，因此不宜發表。」

又有一說，閻又直接找到李建彤，希望李能夠修改，李認為她是按照毛澤東給劉志丹的題詞高度來寫的，不接受閻紅彥的說法，也不買閻要他暫緩出版的賬，以爭吵收場。

閻一肚子的不高興，給習仲勳打電話，問習知道不知道《劉志丹》的事情？習回答說，開始他不贊成寫，後來同意了，並要李建彤將小說樣本送給有關同志審閱，徵求意見後再出版，又耐心建議閻紅彥，再找李建彤談談。

閻的年齡比習長、資格比習老，放不下身段再找李，到了北戴河，一方面向全國總工會、團中央負責人打電話，要求有關報刊停止刊載。另一方面，分別於8月17日和9月3

日，兩次給中央書記處候補書記、中央辦公廳主任楊尚昆寫信，反映《劉志丹》寫的內容與史實有很大出入，有為高崗翻案的企圖。

因為《劉志丹》與高崗持同樣的看法，誇大陝甘蘇區的作用，而誇大陝甘蘇區的作用，暗含着陝甘蘇區救了黨中央和中央紅軍，從而觸及一個非常敏感的問題。

建議「把書發給參加十中全會的西北老同志看看，由中宣部就這本書組織一次座談，用三到五天時間，談清楚書中所涉及到的一些原則性問題，以便李建彤對小説進行修改。」閻紅彥當時的秘書李真後來寫文章披露。

閻並不知道，他第一次給楊尚昆之後七天，康生於 8 月 24 日也給楊尚昆寫了信，反映《劉志丹》的問題，更不知道康生投遞的炸彈威力要大得多。

尤其不知道毛一接到康生的信，隔一天，於 8 月 26 日，就召見康生，跟康生談《劉志丹》的問題。

所以，到了 9 月 3 日，即康生公開發難前五天，第二次寫信給楊尚昆，要求中央處理《劉志丹》的問題。

閻兩次寫信，至少第一次寫信，沒有得到任何回應，而康生一封信，毛澤東就召見，又是一個謎。

「我給楊尚昆寫信説，這本小説有政治傾向性，主席找我去談話，主席説，有的人是用槍桿子殺人，有的人是用筆桿子殺人，不要小看小説、文藝作品，有些人就是利用他們進行反黨活動，1957 年我們只整了黨外的資產階級知識分子，其實很多混在黨內、繼續冒充革命的人，還沒有完全徹底的清洗出去。小説《劉志丹》背景不那麼單純，我看也是

找我們算賬的，是算賬派。」1967年 9 月，文革正酣，在中央專案審查小組工作會議上，康生回顧當時的情形。

康生的政治嗅覺很靈、判斷很準，這個節骨眼上送給毛一枚階級鬥爭的原子彈，正中毛的下懷。

畢竟，習與彭在西北局搭檔時間很長、關係很好，又跟高崗同為劉志丹的部屬和戰友，將習與高、彭扯在一起，比「高崗、饒漱石反黨聯盟」、「彭德懷、張聞天軍事俱樂部」有譜多多。

習曾抵觸「搶救運動」，在西北土改過程中又另搞一套，無論思想上、政治上都跟康是兩股道上跑的車，走的不是一條路，也不是一類人，利用《劉志丹》，既能打擊習、壓制習，又能投毛所好、取悅毛，何樂而不為？

而毛，剛發出階級鬥爭的號召，又將彭德懷的萬言書作為「翻案」風的證據，證明彭翻案之心不死，多一本《劉志丹》、多一個習仲勳，再度證明，不止彭一個人企

康生利用《劉志丹》，既能打擊習、壓制習，又能投毛所好、取悅毛，何樂而不為？

圖翻案，而是翻案成「風」！成「風」者，就是有一股勢力、有一股潮流，不是偶然的、個別的，而是有圖謀、有組織的，是扎扎實實地階級鬥爭新動向。尤其是來自文化領域、來自意識形態領域的新動向、新苗頭，正如康老所說，「利用小說反黨，是一大發明」，一箭雙雕，更有意義。

所以，拿《劉志丹》說項，又把習仲勳等一眾來自西北的領導人拴在一起，在毛澤東，目的是為證明自己路線、方針正確；在康生，是以人血染紅頂子，「站在巨人的肩膀上往上爬」；在閻紅彥，是為曾經的領導和戰友爭公道、爭名譽。

至少已經公開的資料裏，閻最嚴重的指控是《劉志丹》為高崗翻案，並沒有捎帶習仲勳。

因此，從毛召見康生，到康生首次發難，中間有十三天，這十三天，所有人都蒙在鼓裏。

康跟閻一起在西南小組開會，一起相處的時間很多，有沒有在閻第二封信發之後、在康發難前之間的五天裏，事先給閻透露即將掀起的血雨腥風，外人無從知道，只知道給康遞刀子的就是閻，閻是始作俑者。

閻，因此成為《劉志丹》一案的冤大頭。

多年後，習仲勳與楊尚昆歷經不同的劫難，復出後在廣東分任一二把手，一定會談論這個話題，一定會分享閻、康、毛和其他領導人在其中扮演的角色，只是外界仍不得要領。

僅憑康老當時的地位和權威，沒有能耐、沒有支點，根本做不到把揭批《劉志丹》、揭批習副總理，升級為為高崗、彭德懷翻案，升級為「階級鬥爭新動向」，升級為全黨所有

高級領導人都要集中火力批判的箭靶。

康生一發難，預備會議立即從批彭轉向揭批《劉志丹》、揭習、批習，而且一揭一批長達十五天，從9月8日開始，到9月24日結束開中央全會，省部級以上好幾百名領導人，每天的主要任務，就是對着《劉志丹》和習副總理開火。

習被迫將自己在《劉志丹》撰寫、出版過程的所持態度與擔當角色整理成文字，一五一十、和盤托出，不但在會上一一陳述，也呈送周恩來和毛澤東過目。

事實上，真相就在《劉志丹》書裏，有沒有為高崗翻案，有沒有為彭德懷喊冤叫屈，白紙黑字，任何人，翻開一看，一目暸然。

當時作為工作人員參加小組會的林牧回憶：「中央會議的西北小組指定我認真閱讀《劉志丹》小說，並把其中寫到高崗的內容全部摘錄出來，我把《劉志丹》小說看了幾遍，摘錄出來的只有兩千多字，還是貶高崗的。」

估計與會者出於好奇心，都會瞪大眼睛，爭相閱讀，有的可能還會拿着放大鏡，找為高崗翻案、為彭德懷鳴冤的段落和文字。

就算找了半天，跟林牧一樣，找不到一個字，誰又敢說，康老是無中生有、羅織罪名？！

彭總說的「大躍進」真相，人人心知肚明，事實鐵證如山，毛主席說彭來者不善，惡意攻擊，大會安排，人人過關，殘酷鬥爭，無情打擊，就像此前批高、批薄，以及後來批其他「犯錯誤的同志」，大家都只有跟進，沒有選擇。

習仲勳也跟彭德懷、高崗、薄一波當時一樣，沒有選

習仲勳跟彭德懷、高崗、薄一波當時一樣，沒有選擇，指控的罪名再荒謬、再莫名其妙，只要不承認，就是與組織、與黨「對抗」。沒人敢因為所有的指控是子虛烏有而沉默不語，或者替被批鬥的人主持公道，包括周恩來。

擇，指控的罪名再荒謬、再莫名其妙，只要不承認，就是「不老實」、就是「避重就輕」，就是「態度不端正」、就是與組織、與黨「對抗」。

出席者也沒人敢因為所有的指控是子虛烏有而沉默不語，或者替被批鬥的人主持公道，包括周恩來都不敢。

「各種莫須有的帽子，一齊向我拋來。在這種情況下，使出席全會的同志一時無法明了事實真相。」

不僅《劉志丹》小說成了罪狀，1959 年廬山會議後高崗遺孀李力群被迫寫的一份材料也成了「鐵證」。

習仲勳曾批示「同意發表」的回憶錄《古城鬥胡騎》（《紅旗飄飄》，1962 年第 17 期）也是「利用回憶錄反黨」。

《古城鬥胡騎》是王超北的口述，再現了我黨西安情報處地下工作者巧妙周旋、鬥智鬥勇、曲折離奇的故事，是王超北個人的親身經

歷，曾為黨中央正確地指揮全國戰場，特別是保衛延安、保衛黨中央和解放西安作出了重要貢獻，毛澤東稱讚為「無名英雄」。

就算毛稱讚過、充分肯定過也過時作廢，都成了批習、鬥習、整習的子彈。

最離奇的是周恩來批辦的民族宗教問題，也成為習跳到雅魯藏布江都洗不乾淨的罪狀。

這年5月，十世班禪呈報周總理《關於西藏總的情況和具體情況以及西藏為主的藏族地區的甘苦和今後希望要求的報告》，批評西藏和其他藏區工作中「左」的錯誤，提出如何糾正錯誤，正確執行黨的民族宗教政策，改善群眾生活的建議，洋洋萬言，長達七萬，因此有《七萬言書》之稱。

周總理照例批示習副總理、習秘書長研究辦理，習副總理照例認真閱讀並報告班禪所提問題存在、所提建議適宜，應該採納實行。

周恩來聽取習仲勳的匯報後，委託習與班禪溝通、肯定班禪的建議和行為，同時勸之勿說氣話。周恩來和有關領導又專門會見班禪，聽取他的意見，並按班禪的意見形成一系列文件，及時、穩妥解決了西藏的許多問題。

因為《劉志丹》案，經習處理的這一公務也被上綱上線，說成投降主義、遷就放任的反黨罪行。

不但習又多了一條「嚴重犯罪」行為，捎帶李維漢、班禪和喜饒嘉措都受到審查和批鬥。

甚至發展到1964年9月，解除班禪擔任的一切職務。

真是說你有，你就有，你沒有也有；說你無，你就無，

你有也無，晴天霹靂，橫禍從天而降。

「一整天都悶悶不樂，直到晚飯後才決定去公園裏走走，那是一個沒有月光的夜晚，雖然已是深秋，但空氣異常沉悶，公園裏遊人稀少，只聽見陣陣蟬鳴。我默默地陪伴習書記走在沒有路燈的曲折小徑上。」（張志功《難忘的二十年》）

所幸，習忍受不了現場的氣氛和侮辱，請假迴避，周恩來高抬貴手，習從此只看會議簡報、接受文字的批判。

當眾接受批判，只許所有人往批判對象身上潑髒水，不許批鬥對象還嘴。

更沒有道德底線的是，每個批鬥對象必須交代「同夥」，即使沒有，也要編造有，要是一個都沒有，那就是不老實，就是「抗拒從嚴」。

「習書記（中央西北局書記，儘管後來職務變化，張志功一直稱呼習書記）在蒙冤受屈的日子裏，對所謂『反黨』問題抱着盡量少牽扯別人的態度，能攬的就自己攬過來，寧可自己一個人承擔責任，盡可能不連累別人。儘管身處逆境，習仲勳仍自己扛下了許多事。」張志功回憶。（張志功《難忘的二十年》）

「我身上的芝麻，放在別人身上就是西瓜；別人身上的西瓜，放在我身上就是芝麻。」習仲勳說。（同上）

9月24日，八屆十中全會預備會結束，全會正式會議開始，毛澤東講話，康老當場遞上一張紙條：「利用小說進行反黨活動，是一大發明。」

毛澤東念完，跟着進一步發揮，闡述康生的金句不僅僅

是《劉志丹》一本書：「近來出現了好些利用文藝作品進行反革命活動的事。用寫小說來反黨反人民，這是一大發明。凡是要推翻一個政權，總要先造成輿論，總要先做意識形態方面的工作。不論革命、反革命，都是如此。」説完，轉過頭，請劉少奇宣布有哪幾個人不參加全會，政治局常委決定五人不參加。

劉少奇點點頭，宣布政治局七常委決定不能參加全會的人員名單：「彭德懷、習仲勳、張聞天、黃克誠、賈拓夫」。

又補充説明，這五人「是被審查的主要分子，在審查期間，沒有資格參加會議」。

毛澤東進一步解釋：「他們在沒有審查清楚以前，沒有資格參加這次會議，也不要參加重要會議，也不要他們上天安門。主要分子與非主要分子要有分析，是有區別的。非主要分子今天參加了會議。非主要分子徹底改正錯誤，給他們工作。主要分子如果徹底改正錯誤，也給工作。特別寄希望於非主要分子覺悟，當然也希望主要分子覺悟。」

不但把彭德懷、鄧子恢和習仲勳定為當前階級鬥爭的三個重大事件，又通過正式決議，分別組成「彭德懷專案審查委員會」和「習仲勳專案審查委員會」。

習仲勳專案審查委員會由康生任主任，收繳了習的所有工作文件和記錄，清理了習辦室所有的文書和檔案，勒令習停職檢查。

對習的專案審查，一直到「文化大革命」開始還沒有結束。1965 年春，中央決定將彭德懷、習仲勳兩個專案委員會合併，成立西北調查組，設在中共中央西北局，並成立陝西

省委和甘肅省委兩個調查組協助工作。

在審查結論中，不但指控習「偽造黨史」，把陝甘邊寫成中國革命的「中心」和「正統」；「把毛澤東思想說成是劉志丹思想，企圖以他們的思想作為全黨的指導思想」，「為高崗翻案」、「吹捧習仲勳」。

又將習的「罪行」擴大化，指控習在西北地區執行了投降主義的路線，對資產階級上層人士搞「投降合作，取消階級鬥爭」，不僅是反黨集團頭子，而且是反革命分子。

定性習仲勳、賈拓夫和劉景範等「反黨集團」、是「彭（德懷）、高（崗）、習（仲勳）反黨集團」、「西北反黨集團」主要成員，而且在西北五省株連一萬多人！

賈拓夫與《劉志丹》小說的撰寫和出版沒有任何關係，也不能倖免。

賈是陝北神木人，陝甘蘇區的老革命之一，中央和中央紅軍長征途中前往陝北的嚮導，曾任國家計委副主任，因為「右傾」，當時已經打發到遼寧撫順發電廠當廠長。

「文化大革命」開始後，賈拓夫很快就被揪鬥，受到誣陷和迫害。1967 年 5 月 7 日，賈拓夫的遺體在北京西郊八角村的一片小樹林裏發現，至今死因不詳。

繼而，又將馬文瑞打成習、劉（景範）反黨集團成員，被關進監獄五年。

李建彤早於 1962 年起被關進一個地下室，1970 年被開除黨籍，下獄勞改。

14 康生立功進入中央書記處，
習副總理貶離國務院，
「洛陽親友如相問，一片冰心在玉壺」

　　康老揭發《劉志丹》、批彭、批習有功，惡有善報，給毛遞金句紙條當天，就被增補為中央書記處書記，躋身權力中樞，從此飛黃騰達，直到當上政治局常委、文革領導小組顧問，為毛澤東最信任的老一輩革命家。

　　習仲勳則被一踩到底，搬出中南海，住到郊區寓所，閉門思過，寫檢查交代材料。

　　「把自己過去的言行，作了一番搜查，哪怕是一滴一點不利於黨的言行，只要能記得起的，都陸續向黨作了交代。」習回憶。「自己在全國勝利以後，是被資產階級糖衣炮彈所打倒的一個人，丟掉了階級鬥爭這桿槍……有些檢討總覺得是在被迫下做出的，勉強性很大。這種不自覺情緒延續時間很久」。習回憶道。

　　「面對巨大的政治壓力，他內心倍受煎熬。當小女兒安安看到爸爸一個人坐在沒有開燈的客廳中默默思忖時，就問：『爸爸，你怎麼啦？』小兒子遠平也問：『爸爸，你怎麼

不去中南海啦？』此刻，年幼的孩子們還不知道，他們的爸爸正在承受着常人難以承受的苦痛。我也深深地陷入痛苦之中。」（齊心《憶仲勳》，《人民日報》，2013年10月18日）

不久，中央決定習仲勳、賈拓夫、劉景範到中央黨校學習，跟名義上仍保留中共中央政治局委員職務的彭德懷享受同一種待遇，不參加校內的任何學習和活動，只跟中央黨校指定的副校長賈震定期匯報學習情況。

習和太太齊心因此搬往中央黨校附近一個叫「西公所」的院落居住。習、齊住三間正房，秘書范民新、炊事員王志德和兩名勤務員住偏房，每天上午閱讀馬克思、列寧和毛澤東的著作，下午在院子裏養花種菜，從不邁出大門一步，也不與外人來往。

「一直到一九七八年二月，幾乎十六年我沒有工作。但在開始時，中央的文件還都給我看。」習回憶。

隔一段時間，習就會向毛和中央寫一份報告，匯報自己的思想狀況，匯報讀書學習體會，檢查靈魂深處犯錯誤的根源。

「在此期間，他認真閱讀馬列、毛主席著作，並利用空餘時間在住地後院的空地上種了一大片玉米、蓖麻和蔬菜等。當然，收穫多半是交公的。他曾對我說，革命不是為了當官，種地同樣可以革命。他還寫信給毛主席要求到農村去當農民。毛主席讓中央組織部部長安子文回覆說，農村太艱苦，還是到工廠去。1965年，組織上安排仲勳到洛陽礦山機器廠擔任副廠長。我當時正在北京海淀區搞『四清』，只請了一天假回家給仲勳拆洗被褥，為他送行。不想，從此一別

就是 8 年。」(齊心《憶仲勛》,《人民日報》,2013 年 10 月 18 日)

「去農村生產隊參加集體勞動鍛煉,把自己改造成為一個毛澤東思想式的新的普通勞動者。我長期關在屋子裏,脫離實際生活,是改造不好的。」習回憶。

幾乎同時,毛打發彭德懷到成都當三線建設副總指揮、打發黃克誠到太原當山西省副省長。

洛陽礦山機器廠是 1953 年第一個五年計劃期間興建的一百五十六個重點專案之一,後來的國務院副總理紀登奎曾任第一任廠長。

「洛陽礦山機器廠規模比較大,它在全國礦山機器廠中屬第一,在全國重型機械廠屬第二。洛陽既是古都,又是一個新興的工業城市。」1985 年,習訪問朝鮮時,與金日成回憶往事。

按照共和國第一機械工業部轉達中央領導、包括周恩來的通知精神,習仲勛隻身一人,來到洛陽礦山機器廠當副廠長,屬掛職鍛煉,中央仍對他寄予希望。因為習還帶着秘書,住房要寬敞一些,屋內要有沙發,要由一名副廠級領導到車站迎接……

機器廠領導不敢怠慢,嚴格按照通知要求,安排習仲勛住廠領導宿舍,對門就住着廠長,曾經作為蘇聯專家的寓所,是普通幹部職工可望不可及的洋房。

起初的日常服務是由從北京來的公務員承擔,後來習主動提出不再配公務員,也不要辦公室,不承擔副廠長的職能,不參與廠務管理,每天上半天在車間勞動,下半天讀書

看報，關心着國內外大事，學習科學、文化知識。

曾經最年輕的黨和國家領導人，如今已過了知天命之年，每天清晨，在上班時間之前就來到車間，按照班組長分派的活計，跟着師傅認認真真學習，「除了參加黨委和廠部的一些必要的會議外，沒有曠過一天工」。一段時間以後，習師傅已經能夠獨立地組裝部分產品。

跟左鄰右舍都成了朋友，有空也到工人家裏或職工宿舍串門拉家常。

時間長了，大家都很隨意，「工人們都不叫他『習總理』，而是稱他為『老革命』，熟悉之後便好奇地問他在國務院是怎麼工作的，習老說，他有很多秘書，有負責工業的、有負責計劃的、有負責財務的，每一名分管秘書都要向他報告工作。」(駱自星《習仲勳特殊的工廠歲月》，《經濟導刊》，2018 年 8 月 7 日)

「他家有香煙，大家也都不客氣，他也讓大家隨便抽。但有一次，他拿着一包香煙對大家說，這次我不能給你們每人分一根了，這是印度總理送給周總理的煙，總理又託人帶給我，只有一盒，你們幾個合夥抽一根吧。當時香煙是什麼牌子，我們也記不得了，就覺得抽完煙後，滿屋子都是香味。」張振起回憶。(同上)

「老革命」跟小杜是忘年交，一天晚上，習拿了一條疊好的秋褲過來，讓小工友杜道傑的愛人幫忙縫補一下，杜的愛人就用老家的粗棉布按照原來的尺寸又做了一條新秋褲。習仲勳見到新秋褲，笑着說：「你這縫紉活兒做的真好啊！」杜道傑愛人說：「這是我手縫的，我家沒有縫紉機。」

「沒成想幾個月後，有人通知我到洛陽站提貨。原來是習老讓家人把他家的縫紉機從北京寄來了。收到這台縫紉機，我和愛人感動得都哭了。那時候全洛陽市也沒幾家有縫紉機，太貴重了。」杜道傑說。(同上)

在工友趙發勞的家裏，他看到一家四口人，擠在一間屋子裏，還要付房租，想都沒想，就從口袋裏掏出一百塊錢遞到趙發勞手裏。一百塊，是一位普通工人三四個月的工資，是學徒工五個月的工資。

只要不是雨雪天氣，晚飯後，到離廠不遠的南村蘋果園散步，跟越來越多的農民談天，彷彿回到了生他養他的關中淡村。

1972 年，洛礦原廠長劉健先平反，習 1975 年後到了洛陽耐火磚材料廠，特意到劉健先家探望。

1986 年洛礦建廠三十年之際，時任政治局委員的習仲勳為洛礦題詞:「同心同德、團結奮鬥、堅持改革、開拓前進。」

又寫了回憶文章《我在洛陽礦山機器廠的一年》:「在洛礦的一年，也是我在生活征途中度過的一段不同尋常的經歷，我要時刻珍惜它，借以砥礪自己。在洛礦的一年，實際上是上了一年的工業大學。我走出廠部，直接下到車間，與工人在一起，參加生產勞動，與工程師、技術員打交道，學習求教，這使我的眼界大開，增長了許多工業生產和管理方面的知識。通過與工人的共同勞動和交往，更使我親身感受到工人階級的高尚品質和優良作風。」

1967 年 1 月 1 日，《紅旗》雜誌刊登姚文元《評反革命兩面派周揚》一文，公開點名批判周揚和小說《劉志丹》，

矛頭再次指向習仲勳。其後，習被紅衛兵強行帶往西安關押、批鬥。

習仲勳於 10 月 31 日和 11 月初兩次寫信給毛澤東和周恩來，匯報批鬥的情況和思想的變化。1968 年 1 月 3 日，中央派專機將習仲勳接回北京，從此開始了漫長的監護歲月。

1974 年 12 月 27 日，毛澤東對小説《劉志丹》案作出批示：「此案審查已久，不必再拖了，建議宣布釋放，免予追究。」1975 年春節後，專案組宣布對習仲勳解除監護，讓他「換一個環境，休息養病」。習仲勳選擇重返洛陽。

從 1968 年初到 1975 年 5 月，近八年時間，習仲勳被監護在北新橋交通幹校一間只有七八平方米的小屋子裏，幾乎與世隔絕，所幸的是每天還能看到《人民日報》。

離開監護所第五天，河南公安廳兩位處長將習由北京接往洛陽，與上次不同，這次允許夫人齊心一同前往。

二次下放洛陽，被安排在耐火材料廠，而不是此前的礦山機器廠，既沒恢復組織生活，又沒工作，由專人負責監管。

洛耐離洛礦不遠，都屬於大型央企，習任副總理時曾考察過工作，相當於故地重回。

不過，在洛耐沒有職務，只是勞動改造對象，所以，只能住一間只有二十四平方米的房子。

官版習傳描述，房內南側隔出一間臥室，外面半間是過廳兼廚房，只有西面牆上有個窗戶，夏季長時間的西曬，室內酷熱時間很長，冬天西北風不時拍打窗戶，室內溫度又很低，靠蜂窩煤爐取暖做飯，屋裏煤氣襲人。

特別是窗外不遠處，就有根電線杆，上面架着高音喇

叭，從早到晚，響個不停，已經六十多歲的老人，遭噪音嚴重干擾，無法正常休息。

跟普通工人無異，每人每月配額二十九斤糧食，其中至少三成雜糧，以及五兩植物油，但比起自生自滅的農民好多了，不會有吃不上飯的時候。

在洛礦，還享受副總理的工資，在洛耐，沒有工資可領，每月從廠裏借支二百元生活費，相當於五個普通工人的工資。

習的年紀也再上層樓，第一次下放洛陽剛過五十，第二次下放洛陽，已經年過六十。

在北京被監護了七年多，在西安被滯留一年。

第二次下放洛陽，「不管遇到什麼樣的天氣，每日早上，他都要去郊區散步兩小時。上午和工人一同在浴池洗澡，然後讀書看報，下午又到郊區水庫散步。時間長了，他和看護水庫的鄧老頭兒及郊區的農民交上了朋友，每每湊到一起的時候，他們總是談笑風生，好像有說不完的話。」齊心回憶。

只要有時間，到廠裏的大澡堂跟工人們一起邊泡澡、邊拉家常，全身放鬆，身心愉悅。

習遠平回憶：「父親有了一個泡澡的『癖好』：每天早晨九點，大澡堂子剛換上新水，他就下水泡着；只要我在他身邊，就招呼我一起泡。一塊兒泡着的，還有下夜班的幾十個工人。我至今記得，父親那時是最快活的：額上掛滿汗珠和水霧，身子泡得紅紅的，臉上洋溢着發自心底的笑，大聲與工友們說着工廠的事、家庭的事，還有國家的事。回想起

來，父親的泡澡『癖好』其實是與人民『泡』在一起的『癖好』，是與人民坦誠相見、交流無礙的『癖好』。」（摘引自《習遠平撰文憶父親習仲勳》，《中國青年報》，2013 年 10 月 11 日）

不久，廠黨委書記展棠很快為習調換了一套五十多平方米的三室住房，環境大為改善，生活也舒心不少。

受命負責管制習的民兵連長、電工師傅劉學忠就住在習宿舍的對門，不光近水樓台先得月，成了習家的常客，手腳又勤快，還常常幫兩位長者幹些家務活。

至於組織交給他的光榮任務，反倒常常忘到腦後。因為習安分守己、安貧樂道、和藹可親，完全就是一個慈祥善良的鄰家老伯，沒有什麼可監視、可報告、可管制的。

「時間長了，我對他的感情也深了，從心底裏同情他，熱愛他，因而就難以履行監視職責了。」劉學忠回憶。

負責監管習的領導幹部是洛耐黨委副書記郭永太，一個小號王洪文，因為響應號召造「走資派」的反，由一個普通工人當上廠裏的革命委員會副主任、黨委副書記。

時間長了，接觸久了，發現習老漢不是組織所說的壞人，「人還在，心不死，時刻夢想復辟失去的天堂」，習老漢不但比他從前接觸到的人都正派、都正直、都有水準，而且跟他這個「走資派」的死對頭推心置腹、直言不諱。

知道越多，了解越深，越敬佩習老漢、尊敬習老漢，共和國曾經最年輕的副總理，唯一受毛誇獎「爐火純青」的黨和國家領導人，趕快有樣學樣都來不及，還監管個球！

本來是組織指定的可靠監管人，最後被感化成習的粉絲

和朋友，就算 1978 年之後，兩人身分大反轉，郭因當「文化大革命」偉大領袖的馬前卒而失去領導職務，重新跌回普通群眾，習復出後很快回到中央主持政治局日常工作，兩人繼續保持往來和聯繫。

特別是，組織又回過頭來調查郭永太在監管習仲勳期間的表現，習一如既往，不但客觀、公正評價郭，而且指出他有進步、有良知。

遠離組織的普通工人和鄰居，很快與習處成人與人之間的正常關係，有的年輕人幫助習家買麵粉、打蜂窩煤，理髮師傅定期為習理髮，廠醫主動送藥上門……

逢年過節，很多工人請習到自己家裏吃飯，又接受習的回請。「過年時請客的人家多了，我們和父母只好分頭去參加。我父親也常請客還人情，我記得我們子女來探親時，家中做飯的人手多了，有時我們會整天在廚房忙碌。」習的女兒橋橋回憶。

其中有個叫丁根喜的工人，與習結下深厚情誼，1978 年離洛耐

逢年過節，很多工人請習到自己家裏吃飯，「我父親也常請客還人情，我記得我們子女來探親時，家中做飯的人手多了，有時我們會整天在廚房忙碌。」習的女兒橋橋回憶。

赴廣東主政半年後，習致信丁根喜：

丁根喜同志：

您好！工作忙吧？

我二月匆匆離開洛陽，又於四月初離京來穗，來後忙得連給您寫一封信的時間都沒有，很對不起，想您定能見諒。

茲趁農機學院胡世厚同志回洛陽之便，捎此信給您，我的詳細情況由他面談，這裏不贅。您有什麼事，只管來信，如有機會來此出差，定當熱情接待，順祝安好。並向智大姐及丁俊、丁敏、丁紅小孩問好，忘記了大姐名字，請諒。

深知您是雪裏送炭的好同志，絕非錦上添花的人，盼於百忙中來信見告近況，又及。

敬禮

習仲勳

一九七八年十月九日

甚至到了 1982 年 11 月 9 日，習回中央擔任中央書記處書記，又給丁根喜寫信：

日不見，甚念。您托李金海帶來的十斤靈寶紅棗，我就不客氣地收下了，謝謝！請以後再不要讓人帶任何東西，這樣花費不好，也使我不安。希牢記。

丁紅、丁敏、丁俊他們學習和工作都好吧？他們都

是聰明能幹、上進心很強的青少年。祝他們健康成長，工作學習順利！祝您和智榮花同志幸福安樂。

習看到公交車非常擁擠，人們乘車非常困難，有天自己擠公交車到市委、市革命委員會「上訪」，讓工作人員告訴市裏領導：我是習仲勳，要向市委領導反映問題。市委書記接受了習的建議，很快解決了問題。

1976 年 10 月，華國鋒粉碎「四人幫」，消息傳到洛陽，「習伯伯邀請我和父親到他家吃飯。很少動手做飯的習伯伯親自下廚，操刀掌勺，一邊切菜，一邊唱着：『鏘鏘齊鏘齊鏘鏘齊』，特別開心。」習仲勳當年的「忘年交小朋友」王文良回憶說。（駱自星《習仲勳特殊的工廠歲月》，《經濟導刊》，2018 年 8 月 7 日）

1980 年代，家裏時興牆上掛一幅圖文並茂的掛曆，1985 年 12 月，李金海到北京看望習老的第二天，習老交代他，走時給捎點掛，齊心寫下名字和份數，名單上面的人，有村民，有醫生，有理髮師，有工人，有習老昔日的鄰居，發黃的名單上寫着：「李金海 2、丁根喜 2、理髮師傅 1、小曹 1、郭永泰 1、王老 1（季家河村）、趙郁仁 1、朱少敏 1、韓宗斌 1」。

1985 年 12 月 10 日，習仲勳為洛耐題詞：「牢記歷史經驗，加強團結向前看，為建設兩個文明而奮鬥！」

同一天，他還牽掛着老鄰居李金海的子女——李冬、李莉、李明小朋友，為他們寫下寄語：「勤奮學習，健康成長，成為有理想、有道德、有文化、守紀律的一代新人。」

15 從容應對「拼刺刀」，
仁、義、禮、智、信贏「優待」，
「我都回來了，
給我吃碗臊子麵」

1966 年 5 月，中共中央政治局擴大會議通過《五一六通知》，吹響文化大革命號角。

8 月，中共八屆十一中全會通過《中共中央關於無產階級文化大革命的決定》，文化大革命的烈火燒遍九百六十萬平方公里的各個角落。

洛陽礦山機器廠作為大型央企，開始一段時間，運轉基本沒有受到衝擊。隨着運動的「深入」，毛主席的紅衛兵跟洛陽、跟全國各地一樣，也開始貼大字報，開批判會、辯論會，揪鬥工廠領導。

好在，習師傅雖然是掛名的副廠長，但沒有參與領導和管理，不是「走資本主義道路的當權派」，短短一年多時間，跟上上下下友好相處、關係和睦，「革命群眾」只有好感，沒有反感，沒有任何人找習師傅的麻煩。

但是，運動由「打倒走資派」，發展到「橫掃一切牛鬼蛇神」，共和國成立後認定的敵人，從地、富、反、壞、右，

到「高饒聯盟」「彭、黃、張、周」，都在「橫掃」之列。

代表毛主席革命路線的革命小將、革命老將，個個挖空心思、爭奇鬥艷，比賽看誰更革命，誰能揪出其他人沒有發現的「牛鬼蛇神」。

遠在西安的革命小將，以東郊的交通大學、冶金建築學院、公路學院等和工人造反總司令部為一派。以位居西郊的西北大學、西北工業大學、西安電訊工程學院等和西安工人聯合會為一派。

西派激進，東派保守。西派反東派、反右傾，跟「右」沾邊的其他「牛鬼蛇神」也跟着倒楣，在西北大名鼎鼎、如雷貫耳的習仲勳早已被打倒，要是能揪回來批鬥，那就是揪批鬥西北的劉少奇，那就是革命到了天花板。

一顆顆激情、狂熱的心靈，在毛主席光輝路線指引下，所向無敵，藐視人間一切道德律令，一輛大卡車從西安開出，十多個熱血青年東出關中，直奔洛陽。

「找到習仲勳的宿舍已經到了晚上十一點左右，敲開房門，一擁而進，衝在最前面的『領袖』慷慨激昂、聲色俱厲，『我們是西北大學的紅衛兵，我們來揪鬥你這個反黨野心家、走資本主義道路的當權派，你要向西北人民低頭認罪，交代犯下的滔天罪行。』」

習立即明白來者不善、善者不來，此前「走資派」們遭受的待遇，自己在歷次運動中極力抵制「暴烈」行動，就要落在自己頭上、自己身上，稍感慰藉的是，陝西是他成長、戰鬥過三十九個春秋的地方，鄉親與他之間互相了解甚深，但願鄉黨們不會慘無人道對待他、折磨他。

1967 年在西安被批鬥

　　「西安的造反派批鬥我，我要是往照金或武字區、心字區等地一跑，他們就會找不到我的。那裏的老百姓和我們是魚水相依呀！」幾十年後，習對子女們回憶當時的心態。

　　但是，習不能說走就走，習是洛礦的副廠長，要走，不但要向洛礦報告，還要向中央報告。

　　況且，已是深夜，又是隆冬，領導們早都已經休息，「能否向廠裏匯報一下，做些準備，天明再走？」習跟革命小將商量。革命小將不同意，習也提高了嗓門：「你們問我什麼東西都可以，要拉我走，不行，那得中央說話。中央不說話，我不能走。」習的秘書范民新回憶。

　　范也上前與來人交涉，習走不走，什麼時候走，一定要先報告中央，由中央決定。

　　革命小將不答應。

　　習聽說過、見識過數不清的類似場面，不但毛主席在《湖南農民運動考察報告》中早就描寫過、謳歌過，在延安的「搶救運動」中、在陝北和解放初的土改中，黨組織發動起來的積極分子上演過無數這樣的故事。

　　這個時候，說什麼都沒用，他們聽不進任何人類的語言。

習當即答應馬上就走，一面拿起手提包，裝上一雙布鞋和老花鏡，披上來洛陽時穿的黑呢子大衣，一面叮囑范民新，「我走吧，明天你跟廠裏和中央報告吧。」

革命小將拿出事先準備好的大口罩給習戴上，簇擁着他下樓上車。

途中，革命小將問習：「你對我們『反右傾』鬥爭持什麼態度？習仲勳說：我看『反右傾』恐怕不對，現在不是『反右傾』的時候，而且群眾組織應該團結，不應該分裂。西大幾個學生拍手大笑說：毛主席教導我們：『凡是敵人反對的，我們就要擁護。』你是敵人，你反對反右傾，這就説明我們做對了。」

1967 年 1 月 24 日，西安工礦企業文革聯合會、革命農民文革總會、毛澤東思想捍衛軍和首都「紅三司」及清華大學井岡山兵團駐西安聯絡站等十九個造反派組織，在西安市人民體育場批鬥「反革命修正主義分子」劉瀾濤，習仲勳和中共中央西北局、中共陝西省委其他領導王林、趙守一、李啟明、嚴克倫、舒同等陪鬥。

批鬥會後是遊街示眾，劉瀾濤等都反穿草綠色軍大衣、白裏朝外，脖子上掛着大牌子，又給舒同戴上紙做的官帽。只有習仲勳，好人有好報，仍然穿着黑呢子大衣。

批鬥會上，除了舒同等極少數人，差不多都是當年的老戰友，老部下，當年一個個青春少艾，鬧革命，鬥地主，如今一個個鄉音無改鬢毛衰，相見無語同悲摧。

西北三線建設委員會副主任安志文，習仲勳前秘書、中共中央西北局副秘書長陳煦，習仲勳前秘書、陝西日報副總

編田方……

其中陝西省原省長趙伯平，早在大革命時間，就是習的上級和良師益友，當過青海省長、甘肅省長，為人正直、剛正不阿。在中共八屆十中全會批判習仲勳的西北組會上，堅持「仲勳是個好同志」，不揭、不批、不表態，因而受到株連。習仲勳先被隔離審查，後又發配洛陽，連一句感謝的話都沒機會當面表達。在批鬥會上兩人不期而遇，只有相視苦笑。

「現在鬥老幹部比我們當年鬥地主老財還厲害，再發展下去，局面將會不可收拾。」習給文革領導小組陳伯達寫信反映。

「我當時想，只要把我批不死就行。」習說。

陝西師範大學八一戰鬥隊等造反派組織，在西安醫學院批鬥習、與習「拼刺刀」。

革命群眾：高崗問題揭發後，你為什麼撕掉李立群（高的老婆）揭發高崗的材料？

習仲勳：沒有，沒有。

安志文：在高崗問題揭發後，李立群寫了揭發材料，讓習仲勳看，習大發雷霆，當場撕毀了揭發材料，又指示李立群寫了一個假揭發，這個揭發我看過。

習仲勳：我是撕了李立群的揭發材料，因為我看材料中牽扯的人太多，有彭德懷、賀龍……。我對她說，我們自己揭發自己的問題。

革命群眾：目的何在？為什麼又指示寫假揭發？

習仲勳：我保護彭德懷，當時看中央也沒有揭發彭的意思。以後李立群寫揭發，不是我指示的。

安志文：習仲勳叫李立群寫了一個假揭發，送交楊尚昆。

習仲勳：沒有這回事。

安志文：你找高寶娃（高崗的兒子）給李立群送過什麼東西？

習仲勳：沒有送過什麼東西，因為李立群經常到我那兒來，不需要找高寶娃送。

安志文：有這回事，李立群揭發材料上都揭發了。

革命群眾：第二次的假揭發是不是你指示的？

習仲勳：是我指示的，不是寫假揭發，而是叫李立群揭發我們自己的問題。

革命群眾：高崗問題揭發後，你與他都進行了什麼活動？

習仲勳：高問題揭出後，中央指示我與高聯繫，作些工作。我說過一些不應該說的話。

革命群眾：說過什麼話？

習仲勳：我覺得把高崗的問題處理的重了，同情高崗。高崗說他的問題很嚴重。我說，你的問題還有張國濤的嚴重？張國濤都沒有殺頭，如果殺你的頭，死我和你死在一起。你有些問題不屬實，不要怕。還說，李立群揭發了你的問題。

革命群眾：你是否替高崗給毛主席寫過信？

習仲勳：寫過，是我的主意。

革命群眾：你的什麼主意，你為高崗打聽過什麼消息？

習仲勳：毛主席在杭州向蘇聯大使尤金說：我們黨內出了問題，有大陰謀家。高叫我打聽這個大陰謀家指的是誰？我沒有打聽過。

安志文：他向高崗說：一定要設法通過師哲（當時，給毛主席當翻譯）了解這件事。師哲當時在中央工作。

……

革命群眾：高崗死了，看他們對西北人民咋交代？這話你說過沒有？

習仲勳：這話是我與劉景範（劉志丹之弟。反黨分子）、李立群談中央紅軍到陝北情況時，說把高崗問題處理的那麼嚴重，看他給陝北人民咋交代？

革命群眾：說這話目的何在？

習仲勳：目的是反對黨中央、反對毛主席。

革命群眾呼口號：誰反對毛主席就打倒誰！誓死保衛黨中央！誓死保衛毛主席！

革命群眾：你反毛澤東思想都表現在啥地方？

習仲勳：以前與高崗一起反黨、反毛主席。以後就是策劃編反黨小說《劉志丹》……。

革命群眾：你學毛選不？你為什麼不給下級傳達毛主席的最高指示？

習仲勳：也學，不經常。毛主席指示每次都傳達了。

……

革命群眾：你在攻擊三面紅旗方面都搞了些什麼？

在銅川都講了些什麼？

習仲勳：在銅川一個農村大隊說：社會主義中國的農民比外國的工人都好，要是在外國早就造了反了。

革命群眾：這是在作反革命輿論，煽動群眾鬧事，搞匈牙利事件。

……

革命群眾：你在什麼地方蹲過點？

習仲勳：去北京後，61年4-5月，在河南長葛帶了一個工作組，主要調查生產和群眾生活情況。

革命群眾：在長葛講了些什麼黑話？

習仲勳：主要是反三風，給中央寫了報告：（1）食堂不能辦。（2）煉鋼鐵浪費勞動、燃料。

革命群眾：說你放的毒。

習仲勳：說過大煉鋼浪費，攤子鋪的太開，不愛護群眾積極性，對人民生命不愛惜。說過：我看到一家秤上沒有秤錘和秤鈎，都拿去煉鋼了，把耕犁也煉了鋼。……

革命群眾：你怎樣支持農村的自發勢力？

習仲勳：贊成自留地。

革命群眾：你報告中寫道：農民夜裏在自留地裏幹活，真是披星星、戴月亮。過去夜裏幹是我們命令的，現在完全是自願。兩個夜戰不同，是一個很大的變化，是一種新氣象。寫過沒有？

習仲勳：寫過。

革命群眾：你在長葛說：「縣委幹部說，上面的政

策不要說群眾不信，我們也不信。群眾說，政策是老婆的牙，活落的很。」說過沒有？

習仲勳：說過。

革命群眾：你這是假借群眾、幹部之口，攻擊黨中央，攻擊黨的方針政策。

革命群眾：把三反分子習仲勳帶下去！

（以上均摘引自《陝西師範大學八一戰鬥隊批鬥習仲勳實錄整理匯報》）

在另一次「拼刺刀」批鬥會上，「革命群眾」命令他交代1959年河南、陝西調查研究和參加盧山會議的情況。

習照樣不卑不亢：「我講過，現在對農民小自由太少，沒有小自由，自留地沒有了。路子要越走越寬，農民是路越走越窄，越走越死。幹部比農民自由多一點，農民自由太少了。我認為，有小自由不怕，在大自由領導下，有些小自由也不怕，如果有危險，可以控制它。我們現在農村糧食緊，共產黨有崇高威信，群眾會原諒我們。如果繼續這樣下去，就會鬧亂子，農民就會用扁擔砸我們。」（轉引自《習仲勳傳》第二十八章）

承認自己對「大躍進」的看法和彭德懷是相同的，認為高指標、共產風是「左」的東西，「左」比右更危險。（同上）

習一邊承認自己的觀點，「革命口號」一邊排山倒海：「敵人不投降，就叫他滅亡」。（同上）

習的對答和風範，生動再現了君子人格的威武不屈和浩然之氣，也透露出習鮮為人知的實事求是和機智靈活。

尤其是面對他人的「揭發」，無論是當面的，還是背後的，從不反駁，從不洗白，逆來順受，一身承擔。

無論當時眾目睽睽之下、面對排山倒海的「打倒」聲，還是當年在私底下手撕高崗遺孀李力群寫的揭發材料，再風高浪急、泰山壓頂，總是盡最大努力保護他人。

批鬥之餘，「革命小將」要求習仲勳證明時任富平縣委副書記常生春曾經叛變投敵，甚至被轉移北京「監護」之後，專案組仍然要求習交代這一問題。

常與習同為富平鄉黨，1933年參加陝甘邊游擊隊，是年初夏，在照金蘇區陳家坡戰鬥中負傷。「我負傷被俘和最後跳崖脫險……後來才知道他鑽進梢林撤走了。常生春在陳家坡戰鬥中沒有問題，不久就派到婦女游擊隊擔任領導工作。」

「這次戰鬥除有負傷人員外，沒有陣亡的，也沒有失蹤的。所謂被俘的四五人，都僅半個小時就脫離了敵人，這說明這些人中沒有投敵叛變的。當時在敵人隊伍中，還有我們的黨團員，所有這些情況，都能夠隨時得到他們的證明。」

習先後四次寫「證明材料」，先後四次始終如一，絕不鬆口。

在西北農學院被批鬥會上，「楊陵地區的機關、學校、商店、農村的群眾看到在西農批鬥習仲勳同志的海報，來的人很多。西農操場雲集有數萬之眾」。其實相當多的人根本不是來批鬥、而是來看習仲勳風采的。

陪鬥的有陝西省委第二書記趙守一、宣傳部長劉端棻、副部長（原西農黨委書記）陳吾愚、西農黨委代理書記康迪等。

革命群眾問：你為什麼支持李建彤寫「反黨」小說《劉志丹》？

習：李建彤是劉志丹的弟媳，劉景範的夫人。56年工人出版社約稿要她寫一部關於劉志丹革命生平的長篇小說，開始我考慮到涉及西北歷史上有爭議的問題，不同意她寫，勸阻無效。她寫出第三稿、第四稿清樣後，曾送給我審閱，我提了一些意見，核對了某些史實。

問：你為什麼支持閻紅彥出版他的「反黨」摺頁冊《回憶劉志丹與謝子長》？

習：閻紅彥是陝北土地革命時期的老幹部，在歷史上他與我們有一些分歧，我為了團結他，他寫的又是回憶劉志丹、謝子長革命活動的文章，所以，我同意出版了他的回憶錄。

問：你與高崗有什麼「黑」關係？

習：黨的七屆四中全會解決高崗問題時，毛主席對我是信任的。當高崗自殺身亡後，毛主席將我和馬明方倆人找去，讓我倆看了高崗的遺體。並讓我們倆人就高崗的死亡情況對陝北和西北人民做個交代。

問：你為什麼搞和平土改、包庇地富、篡改中央政策，把地富成分控制在農戶的8%左右降為4%~5%左右，使西北的民主革命不徹底？

習：這是當時西北局派出大批幹部在農村搞調查研究後，根據西北的實際情況而得出的結論。中央的政策是管全國的，我們不能硬套中央的政策，有多少是多少，實事求是，不能擴大鬥爭面。

問：你為什麼任人唯親，組幫結派，招降納叛，網羅死黨，把西北變成復辟資本主義的獨立王國？

習：西北的幹部組成是歷史形成的。由於西北革命形勢發展很快，吸收了大量幹部，可以說是來者不拒，都有工作可做，西北的幹部總體上是好的。我於52年就離開西北，不太過問西北的幹部問題。就這樣，在八屆十中全會上，劉瀾濤給我提意見，說我是「以鄰為壑」，意思是我把好的（幹部）調走了，給他留下不好的。

問：你為什麼62年私自給富平調運糧食？

習：62年陝西遭災，糧食不夠吃。富平縣通過陝西省委上報國務院反映災情。我當時在國務院工作，就向周總理作了匯報。經周總理批准，給陝西和富平調運了一批糧食救災。

批鬥會上，習仲勳的原秘書揭發他在某年訪問民主德國時，違反外事紀律，不顧隨行人員的勸阻，在靠近西柏林鐵絲網的地方張望，那邊有西方記者拍照，因之有叛國嫌疑。習仲勳說，周總理在我訪問民主德國臨行前，就指示我到柏林後多看看市政建設。我訪問回來後向總理匯報了訪問民主德國和柏林的所見所聞。（朱聿峰《身陷囹圄不失風範》，西北農林科技大學離退休工作處，2011年10月2日文章）

「在迤山中學（屬於習仲勳出生、成長的富平縣——引者注）批鬥我，因為天熱，怕把我曬昏了，還有人給我打了一

把傘。會後，我告訴他們說，我回來了，你們要讓我吃上頓家鄉飯。他們就給做了扁豆沫糊、紅豆麵條等風味小吃。」習後來回憶。

古希臘聖哲蘇格拉底面對「審判」，從容鎮定，毫不隱瞞自己的心靈，留下千古佳話——

「假如我仍被判處有罪，只能是源於眾人的偏見。人們因無知而畏懼死亡，卻斷言其必是惡的事物。」

先知伽利略面對火刑，只喃喃地說：「哦，地球還是在轉啊！」

在納粹的絞刑架下，伏契克的世界裏仍然只有公眾、唯獨沒有自己：「人們啊，我愛你們，你們可要警惕啊！」

伏契克、伽利略和蘇格拉底的遭遇，比起「無產階級專政鐵拳」下的生靈多少有些幸運。

不光在文革當中，包括整個階級鬥爭年代，任何人只要被認定為「階級敵人」，一言一行，一句告白、一個答覆，稍有不慎，稍有偏差，輕則頭破血流，重則性命難保。

改革開放年代重見天日的許多大人物、小人物，都用血淚和生命詮釋了「秋風掃落葉般的殘酷無情」，劉少奇、彭德懷、卞仲雲、張志新……

而習，泰山壓頂，面不改色，不但當時就是這麼說的、而且以往確實也是這麼想的、這麼做的，不但在殘酷無情的批鬥會上有一說一，如實道來，而且在工作中，在報告中，給組織、給中央、給偉大領袖毛主席、給敬愛周總理早都說過了。

組織、中央，毛主席、周總理，不但從來沒有認為習的

所作所為、一言一行有什麼問題，而且認為習是「活的馬克思主義者」、「年輕有為」、「爐火純青」！

黨內黨外，古今中外，沒有任何一位政壇人物，演出如此精彩神奇的話劇，榮膺這般天下無敵的榮耀。

與劉少奇、彭德懷、彭真等在北京被批鬥時受到的凌辱相比，習在西安被批鬥時所遭受的「待遇」，又確實最好。

「鬥得不輕，但我的待遇最好。」習對子女說。

追根溯源，習主政下的西北，尤其是陝西、西安，不但習的政績、政德和政風有口皆碑、廣為流傳、深為幹部群眾所尊敬，而且，正是由於習的一系列作為，陝西公眾免遭其他地區的折騰和傷害，恩德遍佈，人人心裏一桿秤，無人下重手。

整整一年裏，習經歷的批鬥會二十多場、寫交代材料無數，在習眼裏，批鬥他的「革命群眾」，從學生到幹部，從工人到農民，從外省的同胞到家鄉的鄉黨，都跟蘇格拉底眼裏無知的審判官一樣，不過一群大腦進水的群氓，靈魂並不屬於自己。

1985 年，林牧從北京退下來，擔任中共西北大學黨委書記，聽說有個中層幹部因為「文革」初期參與去洛陽揪習仲勳提拔受到影響，林以個人的名義給習仲勳寫了一封信，詢問那個幹部是否對他有侮辱虐待的行為。習回信說：「我根本不記得那個人，自然沒有受到他的侮辱和虐待。這件事情，不應該影響那位同志的提拔使用。」（林枚《我所知道的習仲勳》）

在西安，習多次給中央寫信，包括周總理、林副統帥、

陳伯達，報告自己的處境，陳述自己對文化大革命的看法，希望中央制止、結束「大好形勢」。

官版習傳說，周恩來看到習仲勳在西安被批鬥的照片十分意外：「為什麼隨便把習仲勳抓到西安？」「文化革命就變成武化革命，這是給文化大革命抹黑，也是給我們國家臉上抹黑。」

周先指示陝西省軍區接管習仲勳，又於 1968 年 1 月 3 日安排飛機把習仲勳接回北京，交由北京衛戍區「監護」。

習在西安，正好一年。

習回信說：「我根本不記得那個人，自然沒有受到他的侮辱和虐待。這件事情，不應該影響那位同志的提拔使用。」

16 春暖花開，復出南下，
胡耀邦笑透內情，
這次是葉帥提議，
華主席和大家都同意……

在北京的「監護」，有一種說法，叫「特殊保護」。

「特殊」的意思，由「革命群眾」批鬥、折騰一眾「走資派」，轉變為由專案組關押、審問一眾「走資派」。

習列入被「特殊保護」對象，擺脫了「革命群眾」無休止的折磨，卻開始了徹底失去人身自由、近乎八年間獨自面對牢獄的摧殘。

關押的地點是北新橋交通幹校，一間小屋，除了專案人員偶然前來審查訊問，再見不到任何人，就算有散步、洗澡的機會，也是獨自一人。

「監護所內的浴室也很特殊，每個噴頭都用木板隔成單間，高達三米多，但下面卻離地面約一尺，使洗澡者互不見面，防止『串聯』和相互通氣。洗澡時只能看見小腿和腳，這種被監護人員的特殊『見面』，誰也不知對方是誰。」習仲勳回憶。

「我獨處斗室，斷絕了和一切人往來，連直系親屬也看

不到，更不知道外邊的真實情況。」習回憶道。

近八年間，幾乎沒有妻子和孩子們的任何音訊，更不知道他們的境況，在西安被「革命小將」看管期間，習還能跟「小將」們聊天、閒談，交流各自的所思所想，甚至打動「小將」，給太太齊心寫信、寄毛主席語錄，讓齊心知道自己的下落，被特殊保護之後，習和家人，完全隔絕。

齊心曾於 1965 年 12 月請假赴洛陽看望習，文革開始，也受到組織審查，下放「五七」幹校勞動鍛煉。

從 1968 年開始，兩個女兒橋橋、安安分別到內蒙生產建設兵團和山西省臨猗插隊落戶，兩個兒子，近平到陝北延川梁家河上山下鄉，只有遠平和媽媽在一起，先在「五七」幹校中學上學，後到工廠當車工。

「九一三」事件之後一年（1972），文革神話已經破滅，社會政治生活趨於正常，一些領導人陸續「解放」，齊心給周恩來寫信，希望能與習仲勳見面，請求在北京解決住房，解凍一部分存款維持生活。

周恩來很快批示有關部門解決，齊心如願以償，一家人終於見到了習，習也見到了一家人。

自從 1965 年離開北京前往洛陽，習已經多年沒見過孩子們和齊心。

橋橋、安安都已長大成人，分不清哪個是姐姐、哪個是妹妹，近平十九歲，遠平十六歲，倒是第一眼就能判斷出來。

二十五年後，習近平回憶：「他看見我們就哭了，我趕忙給他遞了一支煙，也同時給自己點燃了一支。他就問我，你怎麼也抽煙了？我說，『思想上苦悶，這些年，我們也是從

艱難困苦中走過來的。』他沉默了一會兒說，『你抽煙我批准了』。到第二次再見到我時，他竟然把自己用的一個煙斗給了我，並說：『我知道你沒有條件抽紙煙，回去以後就用這個煙斗抽旱煙。』這是他在困難境地送給我的一件禮物，我一直保存到現在。」

七年多時間，近三千個日日夜夜，一家人難得團聚一次，短暫的團聚之後，又要各奔東西、天各一方，尤其是習爸，又要回到不是牢房的牢房，而且看不到獲得自由的一縷曙光。

欣喜快慰、歡聲笑語轉瞬即逝，沉重、傷感揮之不去，沉甸甸壓在每個人的心頭。

「在臨回幹校前，經我請求，組織上又批准我們見了仲勳一面。借見面的機會，我將他穿破的舊衣服全部換成了新的。從那以後，我每年都可以回京探望仲勳，和孩子們也有團聚的機會了。」齊心回憶。

又一次離別家人、離別自由，重入暗無天日的監護小屋，即將六十歲的老人怎樣面對、怎樣承受命運的不公和重荷，直到去世，沒有與人傾吐的紀錄。

事實上，因為 1971 年的廬山會議，因為林彪與毛的分歧直至出逃機毀人亡，林彪、陳伯達等又成了路線鬥爭、反黨集團，習與家人團聚並重返監護小屋的時候，毛已一點一滴悄悄轉彎，重新部署權力分配，重組他寄予希望的治國理政團隊。

從 1973 年 3 月開始，毛澤東陸續指示恢復鄧小平、譚震林、李井泉、烏蘭夫等十三個被打倒的黨內最大的走資派

的工作。

8月，召開中共十大，鄧小平、王稼祥、烏蘭夫、李井泉、譚震林、廖承志等，重新進入中央委員會。

1974年，毛「批林批孔」，敲打周公，拉抬鄧小平「政治思想強，人才難得」，委以黨、政、軍大權，取代周恩來主持中央工作。

1975年，四屆全國人大召開，要把國民經濟搞上去，批《水滸》，批投降派。

毛又給文藝界大降甘霖，「黨的文藝政策應該調整一下，一年、兩年、三年，逐步逐步擴大文藝節目。缺少詩歌，缺少小說，缺少散文，缺少文藝評論」。

特別是又解放文革中被打倒的一批「走資派」，包括「文藝沙皇」周揚：「周揚一案，似可從寬處理，分配工作，有病的養起來並治病。」

正是毛這波開恩體恤、高抬貴手，習才走出監護小屋，成為生物意義上的自由人，精神和心靈，仍釘在「利用小說反黨」的十字架上。

毛心裏一本賬，在所有「文藝黑線」製造的毒草中，《劉志丹》最無辜，在所有被打倒的老革命、小革命，習仲勳最冤枉。

僅次於劉少奇的二號走資派鄧小平都能復出更上層樓，同樣被打倒的部長級萬里都能復出再當鐵道部長、王震乾脆更上層樓，當上國務院副總理。

習平白無故被打倒十三年，其中關押近八年，比任何一個老同志、老革命付出的代價都沉重，就不能復出工作，委

以重任，為黨工作？！

直到 1976 年 9 月，老人家去見死了一百多年的馬克思，「活的馬克思主義者」習仲勳仍被人民群眾「監管」着。1976 年 10 月，「英明領袖華主席」，一舉粉碎「四人幫」，撥開烏雲見太陽。

習仲勳得知消息的第二天，就致信華國鋒，熱烈祝賀這一壯舉，並「決心養好身體，更好地繼承毛主席的遺志，緊緊團結在以華主席為首的黨中央的周圍，無條件地聽從黨中央的指揮，把餘生全部貢獻給黨，力爭為人民多做一些工作。」

落款是：「一個仍未恢復組織生活的毛主席的黨員習仲勳」。

習仲勳 1913 年 10 月生，華國鋒 1921 年 2 月生，習長華七歲多。

共和國成立，習主政西北，已經是叱吒全國政壇的風雲人物，華才在湖南任湘陰縣、湘潭縣委書記。

1959 年，習當上國務院副總理、華才擔任湘潭地委書記。

1959 年盧山會議將湖南省委第一書記周小舟打入彭（德懷）、黃（克誠）、張（聞天）、周（小舟）「反黨集團」，張平化接任省委第一書記，華國鋒升任省委書記處書記，兼任中共湘潭地委書記。1970 年，華國鋒晉升湖南省委第一書記、湖南省革委會主任，時年四十九歲。

1972 年 3 月經毛澤東提名，華接任謝富治成為公安部部長，1973 成為中央政治局委員，1975 年成為國務院副總理，

1976 年周恩來去世升任國務院代總理，4 月 5 日天安門事件中，毛澤東指定華國鋒擔任中共中央第一副主席、國務院總理。

「第一副主席」為臨時首創，表示僅次於毛澤東，為一人之下、眾人之上的第二號人物。

華跟習一樣，老成持重，為人厚道，實事求是，智慧機敏，不是後來被塑造的傻大笨粗、缺心眼。

不僅在毛家鄉湘潭縣委書記任上作派得體、為官有方，博得毛的好感和另眼相看，在每一個權力階梯上都務實低調、有所為有所不為，不像吳芝圃、李井泉等輩不顧省情、民情，投毛所好，也不像鄧小平過高估計毛對自己的信任，忘乎所以，一朝權在手，便把令來行。華以黑馬之姿，五十五歲成為黨和國家第二號領導人。

毛澤東去世後，在權力根基非常薄弱的情況下，不到一個月，就集結權力舞台上的關鍵力量和最有威望的元老，果斷抓捕毛最信任、最寄予希望、權力地位僅次於華的王、張、江，特別是抓捕毛夫人江青，沒有清醒的頭腦、超人的魄力、大是大非與倫理道德的取捨，當時當世，除華不作第二人想。

正如華百年誕辰，代表中央致詞的王滬寧所說：「在歷史發展的重要關頭，華國鋒同志同『四人幫』篡黨奪權的陰謀活動進行了堅決鬥爭，並提出要解決『四人幫』的問題，得到了葉劍英、李先念等中央領導同志贊同和支持……華國鋒同志在粉碎『四人幫』這場關係黨和國家命運的鬥爭中起了決定性作用。」

華利用毛澤東的威信，拿出毛的手跡「你辦事，我放心」，證明他是毛指定的接班人，效果適得其反，「辦事」兩個字，意思非常簡單，就是按照某個指令，辦好某種事情，當中沒有任何授權，最多只是信任，是按權力做出的決定、決策具體執行。

所謂的權力，就是做決定、做決策、然後指示某人或某些人把做出的決定和決策落到實處。

「接班」是明確授權，就是毛的地位由華繼承，「決定」、「決策」為間接授權，就是鄧小平後來所說的「說了算」——不在正式做決定的大位上，不是接班人和權力的繼承者，是在正式權力以外的崗位上，在軍委主席的崗位上，槍指揮黨。

在「接班」、「決定」（決策）、「辦事」三個概念中，不但「辦事」沒有任何權力的含意、最沒有分量，反而白紙黑字證明，毛澤東沒有指定華國鋒接班、也沒有授權華國鋒「說了算」。

所以，華一舉奪得黨、政、軍大權，並非來自毛澤東法定繼承人資格，而是完全靠自己在權力角鬥場摸爬滾打多年，觀察、經驗的臨機應變、膽大心細、明智果斷。

依靠關鍵人物汪東興、陳錫聯、吳德，借重已被毛打入冷宮的葉劍英，團結務實溫和的李先念等，首先清除政敵，然後步步為營，在毛澤東巨大、絕對和崇高威望的政治生態下，將毛一人壟斷的權力體系和施政目標，穩步導向正常、健康、有序。

毛去世後只有十一個月，就冠冕堂皇、明確宣布，毛苦心孤意、一再要堅持到底的文化大革命和繼續革命結束，並

且違背毛的明確指示，重新啟用被毛再次打倒的鄧小平，廢除毛的「偉大創舉」──由工人、農民和解放軍官兵推薦優秀青年上大學。

1977 年黨的十一屆政治局，許多老一輩革命家和新面孔進入，計有烏蘭夫、方毅、鄧小平、劉伯承、蘇振華、張廷發、耿飈、聶榮臻、徐向前、彭沖、陳慕華（女）、趙紫陽。

一切轉變表明，習仲勳復出的時機來臨了，十一大閉幕第三天，8 月 23 日，以個人名義，分別致信鄧小平、胡耀邦和王震，通過他們向新的中央反映，審查自己的冤案，作出實事求是的結論，早日恢復組織生活和工作。

24 日，正式致信華國鋒、葉劍英、鄧小平、李先念、汪東興集體領導的黨中央，請求新的中央關注自己的冤案，希望在有生之年再為黨做些工作，「我今年六十四歲、餘年不多了，但我的身體已近康復，還可以為黨做點兒事情」。

與此同時，齊心和橋橋多次往返洛陽和北京之間，找「鬍子叔叔」王震，請王震向中央反映，考慮習的復出。

12 月，在葉劍英力薦下，華國鋒任命於當年 3 月才出任中央黨校常務副校長的胡耀邦取代郭玉峰，出任中組部部長。

齊心聞訊，又找胡耀邦反映習仲勳的問題。「胡耀邦非常關切地詢問了習仲勳在洛陽的生活和身體狀況，非常同情他在文化大革命中的遭遇，當即表示凡是冤假錯案都要實事求是地堅決平反昭雪，不論誰說的，誰定的。」齊心回憶。

「胡耀邦說，習仲勳同志的案子當然也不例外，並從資歷、經驗、工作能力、思想水平和個人聲望等方面公正地對習仲勳作了評價。」齊心回憶。

一九七八年，從齊心找胡耀邦算起，只過了一個半月，習的解放、復出、自由一併來臨，胡在其中的關鍵作用顯而易見。

1978 年元旦，習仲勳再次致信華國鋒、葉劍英、鄧小平、李先念和汪東興，申訴複查《劉志丹》案的「審查結論」。

2 月中旬，中共中央辦公廳電話通知中共河南省委，責成由一名省委領導負責，迅速將習仲勳接回省委並護送到北京。

從年前 8 月給中央寫信算起，近六個月過去，包括找「鬍子」叔叔王震，一直沒有下文，而從齊心找胡耀邦算起，只過了一個半月，習的解放、復出、自由一併來臨，胡在其中的關鍵作用顯而易見。

2 月 22 日，中共河南省委按照中央指示，派員到洛陽先接習仲勳到鄭州，河南省委書記處書記王輝在月台迎接。

王輝告訴習，「回北京的火車票訂在晚上，白天先安排在市區的中州賓館休息。」

習表示已經與世隔絕多年，先在市區走一走，轉一轉，呼吸呼吸新鮮空氣。

王輝陪習回到北京，暫住全國

總工會招待所，回到北京第二天，葉劍英就安排葉選寧代表他前往探望，26 日，葉選寧又前往習臨時下榻的招待所，將習接到葉府相見。

當時所有在位的最高層領導人，葉劍英是第一個、也是唯一一個熱情迎接習回到北京、與習熱絡互動的領導人。

從 1962 年突然落難，十六年過去，習沒見過葉，葉也沒見過習。

十六年的自然年輪和落難歲月，給習的身形和臉龐打上不可磨滅的印記，當年不過五十歲，男人的黃金歲月才開始，如今已經六十五，老漢造型已初見。

十六年飽經風霜，其中七年多單獨關押，依然身板硬朗，完全超出葉的想像，葉驚奇中有關切：「仲勳同志，你備受磨難，身體竟還這麼好！」

「當時葉劍英同志年事已高，工作日夜繁忙，還抽空接見了我。他見我身體很好，非常高興，緊緊握着我的手，鼓勵我要向前看，以後多為黨做工作。他那寬廣的胸懷，恢宏的氣度，對同志親切、謙和、真摯和深情厚誼，使我感動得熱淚盈眶。一個共產黨員，還有什麼能比為黨多做些工作而感到幸福和自豪的呢！」習仲勳回憶。

葉「呂端大事不糊塗」，自從延安時期就注意到習政治上的聰慧成熟、工作上的實事求是，解放初的土改，更跟習的思路、主張完全相同。特別是習得到毛的完全支持，而葉不為毛所喜調回北京。

外行看熱鬧，內行看門道，習的才幹非一般凡夫俗子所能洞見，只有類似葉的行家裏手，才會深諳習的重量。

改革的春天到了。在北京機場準備飛赴廣東主政

「從歷史上看，葉帥和習書記共事不多，他們也不屬於一個『山頭』，但他們在重大政治問題上的觀點往往一致，而且在黨內鬥爭中程度不同地都挨過整，對『左』的東西深惡痛絕，因此在感情上很親近。」習仲勳秘書張志功觀察。（參見張志功《難忘的二十年》）

葉當時的威望、權力，以及在華主席團隊裏的分量，更是如日中天，耳聞耀邦推薦，眼見仲勳模樣，一個寄予無限期望的想法油然而生，不是為安排而安排、為工作而工作，而是發揮習的能力和才幹，給已經走進死胡同的經濟模式打開一頁窗、一扇門，給正在起死回生的經濟建設探索出一條新路子。

安排習到廣東去，到自己的家鄉去，到自己當年鎩羽而歸的地方去，在那裏一展拳腳、大有作為，為廣東繁榮奠基，為全國發展開道。

當時的潛規則，安排各省諸侯，從當地走出來的老一輩革命家有一定的發言權，葉一身而幾任，首先與胡耀邦交換意見，胡一聽拍手稱快、完全贊成，繼而向華國鋒匯報，華國鋒完全尊重。

五屆全國政協第一次會議，習在政壇消失十六年後第一

次公開露面，出席名分是「特邀委員」，會議結束，當選為全國政協常委，鄧小平為全國政協主席。

一個月之後，胡耀邦在中央、國家機關十四個部委疑難案件座談會的講話中透露，「我再告訴大家一件事，中央決定讓習仲勳同志到廣東當第二書記。總之，統籌兼顧，全面安排，老同志要安排。」

「1978 年 3 月，中央在北京召開全國科學大會，我代表省委參加這次會議。當時我和韋國清都坐在人民大會堂主席台上。有一天，韋國清對我說，開完會後還有一個小會，中組部長胡耀邦同志有事找我們談一談。會後，我和韋國清來到人民大會堂的一個休息室，胡耀邦已經來了。胡耀邦說：『中央決定讓習仲勳到廣東擔任省委第二書記，這次是葉（劍英）帥提名，大家也都同意。』」（吳南生《習仲勳主政廣東》。吳南生時任廣東省委書記處書記）

「同意」習去廣東主政的「大家」當中，其他人同意不同意，都不重要，一手掌握黨、政、軍大權的華國鋒同意才是關鍵，華主席不同意，誰同意都不算數。

葉劍英力主習去他的家鄉主政，華不但不怕葉結黨營私、跟老同志相互連結，威脅他的權力和地位，而且欣然同意、大力支持，說明華不但信任葉，也對習寄予厚望。

廣東當時的一把手是韋國清，不但擔任省委第一書記、省革委會主任，又是中央政治局委員、全國人大常委會副委員長、中國人民解放軍總政治部主任、廣州軍區第一政委。

韋受信任、挑大樑的角色盡在其中，廣東的重要程度也一「韋」知秋，由習代替韋主政廣東，一開始名義上是第二

葉劍英力主習去他的家鄉主政，華不但不怕葉跟老同志相互連結，威脅他的權力和地位，而且欣然同意、大力支持，說明華不但信任葉，也對習寄予厚望。

書記，但葉劍英私下明確交代，就是習說了算，韋只是名義，跟習在西北局的地位一模一樣，習名義上是二把手，實際上是一把手。

不顯山、不露水，微妙昭示，習的地位跟其他省委第二書記不同，也跟其他省委第一書記不同，習的實際地位，不是第一書記的第一書記，而且，相當於當時韋國情、當初彭德懷的重量——韋、彭當時都是中央政治局委員。

4月5日，習走馬上任，不到一個星期，4月11日，葉就回廣東休息，相當於葉親自送習主政廣東！

葉對習的支持和厚待，不是一般地給力。

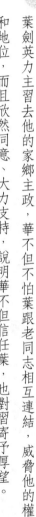

改　革　開　放

1978

引　領　繁　榮

1981

17 平反冤假錯案，
七次接見「李一哲」主要成員，
苦口婆心，說服教育，
廣東從此很平靜

接到中央通知，習仲勳馬上着手了解廣東的省情、政情和民情。

以往的經驗和法寶，就是做出所有決定、開展各項工作，都必須建立在透徹了解實際情況的基礎上，脫離了當時、當地實際，必然盲人騎瞎馬，庸醫亂開方，讓社會大眾付出極其沉重的代價。

聽說廣東有批中層領導幹部在中央黨校學習，一邊籌備安排前往廣東事宜，一邊見縫插針，前往中央黨校，聽取學員們介紹廣東情況。

「一天早飯後，習仲勳來到中央黨校看望二十多位廣東學員，要求大家簡單介紹下各自單位和地方的情況，不要太長時間。大家介紹完後，習仲勳說，中央決定讓我到廣東任職，去把守南大門，建設南大門，但是我已經多年沒有工作了，很多情況不是很了解。但是一定會依靠你們，依靠大家，把南大門建設好。」時任惠陽地委常委的肖耀堂回憶。

1978 年 4 月 5 日，離回京只有四十天，習再次離開北京，前往南國邊陲廣東，也是時隔十六年，再次以領導人的身分出京從政。

橋橋回憶起當時，最大的變化就是家中的訪客驟增，解放的、沒解放的、退下的、在職的，很多人找父親談話。印象最深的是余秋里，直到凌晨三四點鐘才等到機會。離京前父親說話太多，到了廣州在黨代會上講話，嗓子還是啞的。

余秋里 1914 年生，江西吉安人，長征到達陝北後，曾任第三五八旅政治委員、第一野戰軍第一軍一師政治委員、青海省軍政委員會副主席、青海軍區副政治委員，1955 年膺中將銜，1958 年出任石油部長，發現大慶油田，並將大慶整成工業戰線一面旗幟，與農業戰線的大寨並列。

1970 年任國家計委革委會主任、國家計委主任，1975 年 1 月出任國務院副總理兼國家計劃委員會主任，1977 年 8 月當選中共中央政治局委員、中央書記處書記，兼任能源委員會主任。

余當時貴為政治局委員、副總理，等到「凌晨三四點」，才見到當年西北野戰軍時的習政委、他當石油部長時的習副總理、沉冤十六年才復出的廣東省委第二書記，一方面，說明習的威望和魅力不是來自權力和官位，而是來自為人和人格；另一方面說明，余副總理不是只看權力和官位的勢利之徒，而是富貴不淫、貧賤不移、重情重義的正人君子。

時任廣東省委辦公廳副主任陳仲旋等前來北京迎接，橋橋和秘書范民新陪同前往，齊心、安安、近平、遠平，以及鄉黨、國務院工作人員屈武、吳慶彤、宋養初等前往機場

送行。

「葉帥、耀邦、王震等領導非常關心父親，覺得父親身邊應有人照應，一來女兒是信得過的，二來女兒比較細心，因此，就安排我跟隨父親到廣東。」橋橋回憶。

北京這一天雖然黃沙漫天，沙塵暴來襲，但所有人的心情，以至全國、全世界的人們，都萌動着春暖花開的感覺。

命運多舛的中國，凜冽漫長的冬季一天一天過去，充滿希望的春天一天一天到來，自然的春天，心靈的春天，生活的春天，科學的春天，教育的春天⋯⋯

2月26日到3月5日，五屆全國人大一次會議舉行，重申在20世紀內實現四個現代化的奮鬥目標，選舉葉劍英為全國人大常委會委員長，任命華國鋒為國務院總理。

3月18至31日，全國科學大會召開。華國鋒作了題為《提高整個中華民族的科學文化水準》的講話，聲明：「我們的方針是，一切民族、一切國家的長處都要學，政治、經濟、軍事、科學、藝術、文化都要學。」

4月5日，中共中央批准中央統戰部和公安部《關於全部摘掉右派分子帽子的請示報告》。

5月2日，以國務院副總理谷牧為團長的赴西歐五國（法國、瑞士、比利時、丹麥、西德）代表團出發，睜開眼睛看世界。

6月1日、3日、30日，華國鋒親自主持匯報會，葉劍英、李先念等中央政治局領導三次在人民大會堂聽取谷牧匯報。葉劍英鼓勵谷牧：「谷牧你大膽講，別人好就是好，壞就是壞，不要有顧慮。今天講不完，明天還可以講！」「資本主

義國家的現代化是一面鏡子，可用來照照自己是什麼情況，沒有比較不行。出國考察就是照鏡子，解決我們自己的問題。」

華國鋒要求由谷牧「組織這次出國考察的人員繼續深入討論，研究出幾條有情況分析、有行動措施的意見，提到國務院，以進一步統一認識。」

5月10日中共中央黨校內部刊物《理論動態》第60期發表《實踐是檢驗真理的唯一標準》，11日《光明日報》以特約評論員的名義公開發表。

7月6日至9月9日，國務院召開務虛會，研究加快四個現代化建設問題，強調要放手利用國外資金，大量引進國外先進技術設備。會議還討論了經濟管理體制改革問題。

一個概括力超強的說法應運而生——改革元年。

改革元年，也是習仲勳時來運轉的一年，中華民族的春天，也是習仲勳治國理政、再放光芒的春天。

4月5日下午一到廣州，就前往友誼劇院出席中共廣東省第四次代表大會，已在廣東的韋國清將習介紹給與會代表，第二天上午，習發表講話，下午當選為第二書記，韋國清仍為第一書記。

「習仲勳第一次來廣東，第一次跟全體委員見面，竟然不用稿，說的都是大白話，很樸實。習仲勳還說，自己剛到廣東，對情況還不熟，可能會犯錯，希望大家指正。」時任惠陽地委副書記、寶安縣委書記方苞回憶。

六天之後，葉劍英到達廣東，一住就是一個月，兩人終於有時間、有空間，第一次單獨相處、傾心長談。

葉劍英（左二）寄予厚望，左一為時任廣州軍區司令許世友

官樣活動之外，當下現實、過往經歷、身邊人物、治國理念，無所不包，無所不及。

習感佩葉的智慧、經歷和知遇之恩，葉敬重習的才幹、勇氣和寬厚待人。

革命道路上的心心相印、息息相通，因為天各一方，政治高壓，只能隔空神往，華國鋒扭轉乾坤，因緣際會，寬鬆寬厚，彼此一吐衷腸。

「深入調查研究，穩妥制訂計劃，及時報告中央，按部執行實施，分清輕重緩急，注意保密安全。」葉將一生從政不倒翁的葵花寶典傾囊相授，而習，工作中之所以能實事求是、又博得毛的高度讚揚，從未犯錯，又何嘗不是葉總結的六句箴言。

調查研究的一個有效管道是群眾來信來訪，社情、民情、黨風、政風，以至各項路線、方針、政策是否符合實際，通過群眾來信來訪，會了解到不少動向、問題和資訊。

與在國務院工作一樣，習仲勳理政，從來把群眾來信來訪當作聯繫群眾、了解基層疾苦的重要一環。

經過「人民來信來訪辦公室」嚴格篩選以後送到眼前的信件，不過冰山一角，人民群眾的需要、呼聲和願望，需要

更多的管道來了解。

習書記因此專門安排一名秘書經常去信訪辦查看人民來信，並在接待室直接傾聽來訪者的呼聲，又要這位秘書到廣州街頭察看、抄寫大字報。

所謂的大字報，相當於後來的網路貼子，誰有冤屈、看法，揭露某人某事，就用大字寫在紙張上，張貼在公共場所的布告欄裏，習同樣要求秘書去抄有價值的大字報，作為資訊來源。在華國鋒支持下，胡耀邦全力推動的平反冤假錯案點燃了前所未有的信訪浪潮，三十年來歷次運動造成的無數冤魂終於看到了還以清白的機會和希望，包括被打倒的大大小小的「走資派」，劉少奇的兒子劉源當時就是其中的一個，習仲勳自己的冤案也懸在半空，沒有解決。

在廣州，中山三路、四路和整條北京路，街道兩旁的圍牆，就是貼大字報的集中地。

受命經常前往抄大字報的賈延岩有一天見到一群人披麻戴孝、招搖過市，將大字報貼在北京路口的牆上，賈延岩一看，大字報控訴一件人命血案。

賈判斷這樣的大字報內容很難到達有關領導人案頭，就算有些領導人知道這一資訊，也不見得會出手處理，而賈清楚知道，要是習知道這種事情，一定會立即過問。

賈因此偷偷告訴這群貼大字報的人，要是直接去省委上訪，問題很快就能解決，這些人一聽立即奔向省委信訪室，很快讓習書記知道了情況。

一些同事和領導知道原委後，認為賈等同於教唆上訪者到省委滋事，犯了錯誤，只有習書記認為他做得對。

「你沒有做錯，共產黨的機關，共產黨的幹部怎麼能怕老百姓，對老百姓沒有感情那能是共產黨的幹部嗎？這樣的官在封建社會都不是好官！」（轉引自《習仲勳主政廣東》）

「反右」之類的冤假錯案，是全國性的，地方的冤假錯案，也不在少數。

「海陸豐起義」是 1920 年代發生在潮汕地區的共產黨革命運動之一，「起義」領導人彭湃早在革命年代已經犧牲，但是，到了文革期間的 1967 年初，海豐縣時任負責人將彭湃定為「叛徒」、「『左』傾機會主義者」，株連彭湃的兒子、姪兒、戰友，甚至尚在世的母親。

彭湃的親友、兒媳上訪多年，有的甚至兩次見到周恩來，得到周恩來的親筆批示，要求恢復彭湃的名譽、落實相關政策，最後都不了了之。

只有 7 歲的彭伊娜從小就看到媽媽在寫信，長大一點，她就幫着媽媽一起刻鋼板，印申訴信。但信一直石沉大海。

1973 年，周恩來親自批示葉劍英，要求徹查彭案。1974 年，葉劍英派人去廣東調查處理，遭到多方抵制。習仲勳到廣東赴任之前，葉劍英又把周恩來的批條給習。

習仲勳到達廣東一個多月，再次接到彭湃兒媳陳平的上訪信，將案件列為優先處理事項，又安排接見，安慰陳不要急：「彭家的案件是全國有名的。您的信我收到了，您放心，中央和廣東省一定會徹查。」

「彭洪（彭湃的兒子——引者注）同志的案子，中央很重視，省委一定會抓緊落實好，對案件進行調查。」

不但很快安排時間，親自和省委有關負責人聽取關於海

陸豐問題以及湛江、茂名等地地下黨問題的匯報，又利用前往汕頭調查研究的機會，聽取彭湃、彭洪父子案件原委。

責成有關部門組成聯合調查組進駐海豐，查清案件的每一個細節和經過。

有人威脅，「彭案」不能平反，不然，就上告黨中央，習仲勳拍了桌子：「你要是不上告，就是王八蛋！」

甚至不惜開棺驗屍，查明彭洪死因真相。

根據大量證據和事實，1979年1月25日，廣東省委通過決定，撤銷海豐縣一些領導強加給彭湃的一切不實之詞，為彭湃及其兒子，以及其他受株連的幹部、群眾平反，追究所有加害者的刑責。

習仲勳又指示有關方面，將還在上山下鄉的彭伊娜調到暨南大學圖書館，又派廣東省委辦公廳主任楊應彬到陳平在華南農業大學的家中看望，發現一家三口擠在一處很小的房子裏，就安排有關方面幫他

們搭起了一個小閣樓。彭伊娜在這棟閣樓裏複習三個月，考上暨南大學新聞系。

習仲勳領導廣東省委又先後為被迫害致死的林鏘雲、朱光、周小舟、鄧文釗、馮燊、饒彰鳳等省級領導平反昭雪，隆重舉行追悼會，為中共廣東省委原書記兼廣州市委第一書記王德所謂的「六十一人叛徒集團」案平反，恢復其名譽和職務。

省委又發出一系列文件，要求各地加快平反冤假錯案工作的步伐，落實好中央的各項政策。

中央為陶鑄平反的決定出台，廣東省委隆重舉行盛大會議，悼念陶鑄的一生，習出席並講話：「原中南局和廣東省委是紅的，不是黑的。原中南局和廣東的各級領導和廣大幹部是好的和比較好的。」

廣東的冤假錯案，以反對「地方主義」影響最大，傷害的幹部最多。

所謂「地方主義」，起源於中共 1950 開始推行土地改革，時任華南局第一書記葉劍英結合廣東實際，作了適當的調整和寬鬆，毛澤東極為不滿，不光嚴厲批評葉領導的華南局和廣東省委犯了「右傾錯誤」，而且將葉劍英調回北京，由陶鑄接任，將第二書記馮白駒、第三書記方方分別降職、撤職，一大批地方幹部受到處分和牽連。

1957 年大鳴大放，馮白駒和古大存重提土地改革「反右」問題，認為實踐證明，葉劍英所代表的寬鬆政策是正確的，所受批判和打壓是不公正的，緊接着的反右，不但再次將馮、古打成「地方主義」的代表人物，而且因為主張多啟

用海南籍幹部，將馮、古打成「海南地方主義反黨聯盟」，撤職查辦。

整個過程，活脫脫習仲勳主政西北的華南版、廣東版，區別僅在於習在西北以完勝結局，而葉帥在廣東以敗北收場。習因為《劉志丹》案蒙冤而遭鄉黨劉瀾濤落井下石，而葉一人之下、萬人之上，權力、威望極一生之盛，廣東省委仍有一些領導反對為葉、馮、古平反。

古大存太太也成為「上訪」隊伍中的一員，也屢屢找習書記當青天大老爺。

習告訴古太太：「有兩種可能，一種可能是我被擠出廣東；另一種可能是把為地方主義等平反搞成。」（參見《習仲勳主政廣東》）

「習仲勳在處理廣東『地方主義』問題時，頂住層層壓力堅持複查，平反了一大批冤假錯案，落實了幹部政策……沒有習仲勳，我們當時很多話都不好說，也就沒法把平反『地方主義』工作做好……實踐證明，習仲勳的做法是正確的，維護和調動了幹部的積極性，促進了廣東局勢的穩定和團結。」

吳南生所說的「頂住層層壓力」，顯然易見，不僅僅是省委一些常委不同意平反，而是來自上面、至少來自中央某些領導的壓力，以葉劍英當時的地位和權力，中央仍有人阻撓為以葉為背景的廣東「地方主義平反」，可見壓力來頭不小，至於壓力到底來自何方神聖，到目前為止公開的所有資料都語焉不詳，大家只有想像。

省委常委多次開會，都不能取得一致意見。

習甚至不惜委託廣州軍區副司令員莊田組織撰寫一些文章，在《人民日報》、《南方日報》發表，利用輿論，推動平反工作。

一直拖到 1979 年 8 月，習主政廣東已經一年四個月、已經正式成為廣東省委第一書記八個月，廣東省委才發出《關於複查地方主義案件的通知》！

而且只是「複查」通知，才開始「複查」，而不是平反、不是平反通知！

雖然在《通知》中已經明確表示：「當時認定古大存、馮白駒兩同志『聯合起來進行反黨活動』，存在一個『以馮白駒同志為首的海南地方主義反黨集團』；有的地方也定了一些地方主義反黨小集團。現在看來，這些結論都是不當的，應予以撤銷。」

但是，直到習調離廣東，進入中央，當上政治局委員、中央書記處書記、主持中央日常工作，又整整四個年頭過去，又加上時任中紀委書記陳雲、黃克誠的力量，1983 年 2 月，廣東省委才徹底查清案件涉及的所有人和事，中共中央才發出《關於為馮白駒、古大存同志恢復名譽的通知》。

也撤銷了對方方等一千二百二十二位各級幹部的處分，恢復了他們的名譽。

1976 年 4 月，北京發生了「天安門事件」，廣州也有人以各種方式悼念周恩來總理，有個青年工人莊辛辛，以大字報的方式向《人民日報》、《紅旗》雜誌發表公開信說：「敬愛的周總理，永遠活在我們革命人們的心中！我們要的是真正的馬克思列寧主義！我們不要閹割的馬克思主義！」等

等，莊辛辛因此遭到逮捕和批鬥，並以「反革命罪」戴罪入獄。

習仲勳從抄寫的大字報中，得知這一案件，督促有關方面予以平反，中共廣州市委常委擴大會研究莊辛辛案件的平反工作，習親自到會並講話：「『文化大革命』時，莊辛辛還是個小孩子，他這樣關心國家大事，我們比不比得上他？我就比不上他。像這樣的人，在激烈的階級鬥爭和路線鬥爭中，這樣立場堅定，旗幟鮮明，是不簡單的，是很值得我們學習的。」

廣州市委為莊舉行五千人的平反大會、恢復名譽。習委書記處書記李堅真代表他出席。

1974 年 11 月，毛主席領導的「批林批孔」運動方興未艾，廣州三個青年李正天、陳一陽、王希哲各取名字中一字組成「李一哲」筆名，在北京路貼出大字報，以兩萬六千字的篇幅，六十七張大紙，批評文化大革命的錯誤，指出國家上層建築存在嚴重缺陷，提出六點要求和「期望」。

作者之一李正天是廣州人民藝術學院油畫系學生，陳一陽、王希哲是廣州十七中學 66 年高中畢業生。

大字報引起極大關注和強烈反響，內容流傳到大陸內地、香港、澳門、台灣及海外，一位最有權勢的中央政治局委員定性大字報內容是「解放後最反動的文章」。

時任廣東省委第一書記趙紫陽，經省委討論決定，報請中央同意，把「李一哲」寫的大字報發到機關、工廠、學校，安排有關部門撰寫多篇文章批判，但不抓捕作者，更不抓「李一哲」和其他寫「反動大字報」的作者，也不讓群眾批鬥

「李一哲」。

但是，三年過後，到了「四人幫」已經倒台一年多的1977 年 12 月，韋國清主政下的廣東第五屆人大會議《工作報告》宣布「李一哲」為「反革命集團」、為「『四人幫』大亂廣東的社會基礎」！

四名主要人物判刑入獄，一批參與的幹部和青年遭到隔離審查和內部批判。習仲勳主政廣東，李一哲「反革命集團案」才宣判四個月！

習仲勳到任後四個月，連續接到李一哲要求平反的兩封獄中來信。

在此後的四個多月裏，習「數次」召開省委常委會，研究如何為李一哲「反革命案件」平反，又數次向中央報告案件的情況和平反的阻力與努力。

因為批捕「李一哲」的主要領導人不但身居要職，參與的其他各級領導都身在原位，給「李一哲」平反，等於證明這些領導都犯了錯誤，平反的阻力非常強大。

1978 年 12 月 29 日，省委常委又一次討論案件的平反問題，習最後劃定兩條界限。

一方面，在處理「李一哲」問題上的錯誤，應由省委集體承擔責任，並進行自我批評，不涉及相關領導和個人，習是現任省委主要負責人，將代表省委作檢討。

另一方面，依照中央「有錯必糾」的原則，抓緊解決有關「李一哲」案件的平反問題，因「李一哲」問題受牽連被審查的其他人，按照這一原則實事求是地解決。

習的表態，排除了所有障礙，常委們一致同意，取消

「李一哲」反革命集團的罪行，立即為「李一哲」平反。

次日，便把李正天等四人從監獄釋放出來，讓他們在家過新年，安排住省委組織部東湖招待所，又指定分管宣傳工作的省委書記吳南生與他們討論，平反大會如何召開，省委怎麼做才能使當事人滿意。

但是，吳南生多次跟「李一哲」成員見面討論解決善後，雙方總是不能達到諒解，習得知情況，決定親自出馬與李一哲成員面談。

在省委東一樓會議室聽取四人的訴求後，習諄諄告誡四人：「你們的路還長，希望你們把路子走對，健康地成長。」

又特別關照省委有關部門，在生活上安排他們過好春節。

春節過後，習同吳南生等省委領導再次與四人面談，習苦口婆心：「最初定你們寫的東西為反動大字報，後來又定為反革命集團，你們如何發火，怎麼講都可以，因為我們搞錯了。我不只是對現在的省委負責，還要對上屆省委負責，因為這是歷史上發生、發展起來的，事情雖然不是出在我手裏，但我也要承擔責任。」

同時要李正天等理解當時的歷史條件，「我坐過多次監獄，坐共產黨的監獄就有兩次！我戴了腳鐐，還綁了很多繩子，你們沒有吧？現在有了民主，要正確使用民主權利，要劃清社會主義民主和資產階級民主的界限……」

習的姿態和談話，感動在場所有人，三個多小時的面談結束，商定 2 月 5 日在友誼劇院召開平反大會。

習又根據中央關於平反「李一哲」案件的批覆，召開省

委常委會議，安排平反大會有關事宜。

第二天，四個人當中的三個，郭鴻志、李正天和王希哲三人給省委、習仲勳和吳南生送來緊急信，提出三點要求：

一是要在廣州最大的會場中山紀念堂而不是原定的友誼劇院召開平反大會；

二是希望習仲勳參加平反大會；

三是強烈希望省委領導接見「李一哲」案件連累的所有成員。

習接到信，於當天晚上十一點半第三次接見李正天等人，談話直至2月4日凌晨二點半。

習當面告訴四人有的要求可以滿足，有的不可以滿足，常委會議研究決定的事，他無權改變，又要去肇慶開會，都是早就定好的，所以不能出席平反大會。至於接見「李一哲」案件所有成員和有牽連人的要求，習仲勳當即答應，安排在次日。

「我和你們多次談話，我的時

習老說，「開始定你們反動大字報，後來又定反革命集團，你們如何發火，怎麼講都可以，因為我們搞錯了……事情雖然不是出在我手裏，但我也要承擔責任。」

間就是那麼充裕？我已經是六十六歲的人，連續四個晚上連澡都沒有洗，你們要諒解老同志。」

次日下午，習仲勳兌現諾言，在省委組織部東湖招待所會議室接見「李一哲」案的所有成員三十人。

「習仲勳與他們一一握手，安慰出席者，大家都吃了一點苦頭，不足為奇，歷史上這一段很亂。平反會，我就不參加了，廣東人多，五千五百萬人口中有一千萬人的口糧在三十斤保護線以下，不解決不行，農業特別是糧食生產要很快搞上去。」最後終於說服他們同意省委的安排，按計劃召開平反大會。

白天要開會、要處理其他政務，與李正天等人的接見和談話基本安排在晚間進行，一談就是兩三個多鐘頭。有次談話，一直談到凌晨兩點多。

用習自己的話說，「一個省委第一書記這麼做，不要說中國，就是全世界都很少」。

事實上，不是中國和全世界都「很少」，是中國和全世界都絕無僅有。

2013 年，已經七十多歲的李正天回憶習書記當年接見的情形，仍然感動不已。

「習老為人正直樸實，一見面就熱情握手、噓寒問暖。」

「他說你們在文革中敢這樣提很不容易，很需要膽量，放在別的省可能就被斃掉了，但我認為你們是從不同方面提了些看法，本意是為國家好。」

「趙紫陽同志當時組織批判你們，在當時的情況下，處理得很好。」

「在『四人幫』那樣猖狂的時候，能那樣處理，是很得體，很有魄力的，而且是很有膽識的。」

習仲勳因為下基層沒有出席平反大會，但回到廣州之後，又再次接見李正天等人，答應：「凡是合理的要求，過去應該辦沒有辦的，都要落實。現在還沒有辦的，可以提意見。」

廣東省委給中央報送的《關於「李一哲」案件平反的情況報告》中，習表達了處理這一案件的出發點：

——一切從實際出發，不管是誰說的，不管是什麼本本，只要是不符合實際的，都不能照搬，做錯了，都要糾正。

——當前特別需要強調社會主義民主。我們黨的事業是千百萬人的事業，應當允許人民講話，鼓勵人民去關心國家大事。人民群眾講話，講錯了不要緊，只要有利於社會主義事業，順耳的話，刺耳的話都應該聽，只有這樣才能集思廣益，才能生動活潑，熱氣騰騰。一個革命政黨，就怕聽不到人民的聲音，最可怕的是鴉雀無聲。害怕民主，是神經衰弱的表現。在這個問題上，一定要相信群眾的大多數會珍惜自己的民主權利，有了這個根本立場，民主生活才能活躍起來，才能進一步把廣大人民群眾的積極性調動起來。

——一定要正確處理人民內部矛盾，決不允許把人民當階級敵人對待。要學會善於處理人民內部的矛盾，而不能用錯誤的方法去激化矛盾。共產黨人採取這樣的

態度，就會團結千千萬萬的人民群眾，結成浩浩蕩蕩的大軍。

習仲勳領導下的廣東省委在報告裏是這麼寫的，在行動中也是這麼做的，尤其是習，身先士卒、身體力行這些主張。

1978 年 12 月，中共十一屆三中全會宣示「改革開放」、「解放思想」、「實事求是」的路線。

1979 年春，一些關心國家命運的青年用大字報、研討會等方式，表達自己「開放」、「解放」了的「改革」「思想」，更有人「借解放思想之名，鼓吹資產階級民主，攻擊中國共產黨和社會主義制度」。

1979 年 3 月 15 日，李正天等四人，再用「李一哲」的名義，在廣州市街頭多處貼出《為紀念「四五」運動三周年理論討論會啟事》，決定於四月五日上午在黃花崗廣州起義烈士陵園中朝人民血誼亭內舉行理論討論會。

並在香港一家雜誌刊登《啟事》，歡迎港澳或海外的同胞到會參加討論。

又聯名寫信給習仲勳，希望省委和習仲勳能夠理解他們的行動，並提供物質保障。

習仲勳獲知李正天等人的行動，立即作出安排，於 3 月 17 日下午，在有關領導陪同下，專門與四位主要人物長談，批評他們的做法影響安定團結，勸阻他們取消此一活動。

3 月 19 日，習仲勳和時任廣東省委第二書記楊尚昆等再次約見李正天等人，先是耐心傾聽每一個人的發言，接着用說服教育的方法，用平等對話的方法，動之以情，曉之以

理，苦口婆心，說服他們取消這次研討會。

第二天，李正天等給省委和習仲勳寫信，表示他們錯了，接受省委意見，取消這次「討論會」，並主動提出，公開張貼一份「再啟事」，取消「原定活動」。

一波未平，一波又起，另一些青年工人又組織「廣州科學社會主義學會」，並創辦《人民之聲》雜誌，在廣州街頭貼出海報，在某月某日舉行集會。

習仲勳、楊尚昆在有關部門負責人陪同下，再次約見李正天，將李正天當「朋友」，徵詢李正天的意見，如何解決這一問題。

又聽取李正天的建議，百忙之中，第二天晚間十點多專門接見「廣州科學社會主義學會」、《未來》編輯部的主要成員以及李正天等人，指出這些青年搞的集會，會影響上海、北京，會給國家幫倒忙。

勸說青年們「珍惜今天的大好形勢。不利於安定團結的話不說，不利於安定團結的事不做，不利於搞四個現代化的話不說，不利於搞四個現代化的事不做，這就是大道理。」

青年們最後表示，接受習書記等領導的勸說，撤銷自己的集會，參加由團省委專門組織的討論會。

兩次活動的取消，標誌着「廣州之春」春潮平息，不同聲音和體制外力量全部匯入改革開放大潮，與資本主義、資產階級、境外敵對勢力接觸最緊密、來往最密切的南粵大地，「借解放思想之名，鼓吹資產階級民主，攻擊中國共產黨和社會主義制度」的事件再也沒有發生。

與此同時，在北京，市公安局發布通告，禁止「任意張貼和塗寫標語、海報、大小字報」，逮捕一批「反對社會主義制度，反對無產階級專政，反對共產黨領導，反對馬列主義毛澤東思想的」的首惡分子。

其他各省也採取相應措施，鎮壓大字報、民辦刊物及其活躍分子。

鄧小平在理論工作務虛會上發表講話，號召全黨「堅持四項基本原則」，反對資產階級自由化——

「必須堅持社會主義道路；必須堅持無產階級專政；必須堅持黨的領導；必須堅持馬列主義、毛澤東思想。我們必須一方面繼續肅清『四人幫』散布的極左思潮的流毒，另一方面用巨大的努力同從右面來懷疑或反對四項基本原則的思潮作堅決的鬥爭。」

18 華國鋒高度肯定，葉劍英長篇讚揚，「仲勳同志」走紅中央工作會議、十一屆三中全會

1978 年 5 月 11 日，《光明日報》公開發表《實踐是檢驗真理的唯一標準》，6 月 30 日，習仲勳在中共廣東省委常委擴大會議上就指出：「最近報紙上有些文章要好好地讀，如《馬克思主義的一個最基本的原則》、《實踐是檢驗真理的唯一標準》等。理論要與實踐結合起來，理論要指導實踐，實踐反過來又豐富這個理論，離開實踐，理論一文不值。馬列讀得多，但不同實踐結合，那有什麼用處呢？」（參見《習仲勳主政廣東》）

9 月上旬，習又召集省委常委和省革委會副主任學習、討論實踐是檢驗真理的標準問題，並得到《人民日報》的報道，是第三位公開表態支持大討論的省委一把手。

「關於真理標準問題的討論，促進了我們解放思想，打破禁區，解決了思想僵化、半僵化的問題」，「使我們各項工作重新走上馬列主義、毛澤東思想的軌道。這是一場意義極為深遠的思想解放運動。它對於我們端正思想路線，恢復和

黨的喉舌透露三中全會的真相

發揚實事求是、一切從實際出發、理論聯繫實際和群眾路線的優良作風，對於促進各條戰線的撥亂反正，實現工作着重點的轉移，加快四個現代化建設的步伐，起着巨大的推動作用」。習仲勳回憶。

「以習仲勳為班長的廣東省委積極參與了『實踐是檢驗真理的唯一標準』的大討論，促進了正在困惑、反思的廣東幹部群眾的解放思想，實事求是地思考中國的問題、廣東的問題。廣東省經過開展真理標準問題的討論，使廣大幹部群眾擺脫了『左』的錯誤思想的束縛，解放了思想，分清了路線是非，端正了思想路線，有力地推動了廣東各條戰線的撥亂反正，從而為實現黨的工作着重點的轉移，改革開放先走一步，奠定了堅實的思想基礎。」時任廣東省委書記處書記王全國回憶。

習在廣東的工作，並非一帆風順、人人支持，尤其是撥亂反正、平反冤假錯案、衝破僵化教條、探索搞活經濟，不光與上到中央，下到地、縣的一些領導幹部觀念、做法相抵觸，而且直接否定、傷害到他們的權威、利益和感情。

習又是以第二書記的名分領軍主政，才到任三個月，就有人以「貌」取人，不知深淺，寫信向中央領導告狀。

又是葉劍英，立即伸出援手，為習保駕護航，親自代表中央致信「習仲勳並省委各同志」：

「仲勳同志去廣東後，大刀闊斧，打破了死氣沉沉的局面，工作是有成績的。我們完全支持仲勳同志的工作。如果有同志感到有什麼問題，希望直接找仲勳同志談。」（參見《習仲勳主政廣東》）

有了葉代表中央的態度和加持，習的權力根基從此牢固無虞，無人試探挑戰。

10月，中共中央通知，中央工作會議將於11月召開，要求習仲勳和分管工業和農業的負責人參加。

習決定利用回北京的機會，向中央領導當面匯報廣東的情況和工作設想，連續四次召開省委常委會，準備匯報材料，一如他當年在陝北、在西北局，給毛主席、給中央準備匯報材料。

材料圍繞兩個重點展開：

一是廣東從港澳引進技術、設備、資金、原材料，搞加工裝配，請中央支持放權，凡是來料加工、補償貿易等方面的經濟業務，授權廣東決斷處理，以便減少不必要的層次手續。

到9月底止，簽訂合約合同近一百種產品，金額3350萬美元。準備再引進一批先進設備和技術，購進電力，進口部分飼料，以便把一些國營農場、畜牧場、海水養殖場等裝備起來，在近香港的地方搞拆船業，以解決鋼材之需，發展支農工業。

二是《關於寶安、珠海兩縣外貿基地和市政規劃設想》，

要在三五年內，把寶安、珠海兩縣建設成為具有相當水準的工農業結合的出口商品基地，建設成為吸引港澳旅客的遊覽區，建設成為新型的邊防城市。

廣東省政府在 10 月份已經向國務院提交了報告和論證材料。

11 月 9 日，習一到北京，就請求當面向華國鋒匯報工作，華當即安排會見習。（參見李海文《習仲勳與廣東改革開放的起步》，原載於《黨史博覽》，下同）

習匯報的所有情況及基本估計，華都同意。《關於寶安、珠海兩縣外貿基地和市政規劃設想》，華當場同意廣東先走一步。

關於中央給政策、放權，華答應已經在考慮這個問題。

包括「逃港潮」，華也認為不是政治問題，而是經濟困難造成的，應該大力發展經濟，才能解決外逃問題。

11 月 10 日，會議在京西賓館開幕，中共中央主席、國務院總理華國鋒、暨副主席葉劍英、鄧小平、李先念、汪東興出席，華國鋒在開幕式上講話。

參加會議的有中央黨、政、軍各部門主要負責人，各省、市、自治區和各大軍區的主要負責人。

華國鋒在講話中指出，會議有兩個主題，一是用兩三天時間討論，如何從 1979 年 1 月起，把全黨工作重點轉移到社會主義現代化建設上來；二是討論如何進一步貫徹以農業為基礎的方針，盡快把農業生產搞上去；三是商定 1979、1980 兩年的國民經濟計劃安排。

講到工作着重點轉移，華國鋒將谷牧、林乎加等參訪西

歐五國、日本、港澳等地方帶回來的資訊與大家分享，「西方各國和日本都有一種強烈的動向，就是極力要同我們加強聯繫，積極要求發展和我們的貿易，想在中國打開市場。」

又特別點名，「他們在廣東搞了機械化養雞廠、手錶廠、電廠。國際形勢現在是很好的。正因為這樣⋯⋯就給我們提出一個問題，如何善於利用這種形勢吸收外國的技術和資金，來大大加快我們的建設速度。」

也就是說，以谷牧、林乎加等參訪西歐五國、日本、港澳為開端，以廣東已經引進外資開辦「機械化養雞廠、手錶廠、電廠」為標誌，開放的大門已經打開，改革的鼓點已經響起，特別是只能由政府投資的壟斷、計劃經濟已經撕開一道小口。

華主席年富力強、精力充沛，天天親臨會議，聽取大家發言，不止一次請大家暢所欲言，集思廣益。

尤其是宣布，每個人發言「時間不限」、「次數不限」、「範圍不限」，甚至天數都不限，會議原講開二十天，後來一次次延長，共開了三十六天！

三個「不限」的鼓勵，加上不限天數，極大地消除了出席者的各種顧慮和恐懼，大家相信華主席這次絕對不是「陽謀」，沒有「引蛇出洞」，更不會揪辮子、打棍子、戴帽子，因而想說啥，就說啥，想說誰，就說誰，想說多久，就說多久。

不但平等爭論、辯論、觸及最敏感的問題，而且指名道姓，矛頭直指汪副主席、華主席。

有人指出真理標準問題的討論，實際上引導人們去議論

毛澤東的錯誤，不符合黨的十一大的方針，更多的人指出，「兩個凡是」阻礙了人們解放思想，實事求是，中央要明確拋棄「兩個凡是」，支持真理標準問題的討論。

有人指出，要轉移工作重點搞經濟建設，就不能繼續以「階級鬥爭為綱」；有人指出，當下全國有近兩億人每年口糧在 300 斤以下，吃不飽肚子，全國各地情況千差萬別，怎麼能都搞成大寨一個模式？

有人提出為天安門事件平反的問題；有人提出為彭德懷、劉少奇等平反的問題。

有人結合以往的慘痛教訓，指出主要原因在於黨內民主生活、國家的民主生活和社會主義法制受到破壞，需要健全黨的民主集中制，盡快制定各種法律，保障憲法規定的人民民主權利。

有人點名批評汪東興仍然堅持「兩個凡是」，兼任太多職務，包括中共中央辦公廳主任、中央警衛局局長、中央專案組負責人，阻礙了冤案平反進度。甚至有人批評華國鋒經濟計劃定得太高、不切實際。

華主席「對大家提出的問題，一個也沒有迴避，態度誠懇」，「凡是討論中提出的重大問題他都做出了令人滿意的答覆」，「沒有見過黨的最高領導人能夠這樣聽取大家的意見，問題解決得如此徹底明確」。（于光遠《我親歷的那次歷史大轉折》，第 89~90 頁）

兩周以後，11 月 25 日，華主席作了第二次講話，高度評價「會議發揚民主，開得生動活潑」，「這樣敞開思想討論問題，是很好的」。並代表中央宣布：

（一）天安門事件完全是革命的群眾運動，應該為天安門事件公開徹底平反。

（二）為因所謂「二月逆流」受到冤屈的所有同志一律恢復名譽，受到牽連和處分的所有同志一律平反。

（三）現已查明「薄一波等六十一人案件」問題是一起重大錯案，應為這一重大錯案平反。

（四）彭德懷曾擔任過黨政軍的重要領導職務，對黨和人民作出過重大貢獻，懷疑彭德懷裏通外國是沒有根據的，應予否定。

（五）陶鑄在幾十年的工作中對黨對人民是有貢獻的，經過複查，過去將他定為叛徒是不對的，應予平反。

（六）將楊尚昆定為陰謀反黨、裏通外國是不對的，應予平反。

（七）康生、謝富治有很大的民憤，對他們進行揭發批判是合情合理的。

（八）一些地方性的重大事件，一律由各省、市、自治區黨委根據情況實事求是地予以處理。

12 月 13 日，會議舉行閉幕會，華國鋒、葉劍英、鄧小平分別講話。

在閉幕講話中，針對有人批評汪東興有「兩個凡是」傾向，華大叔又主動承擔責任，當眾「自我批評」。

「我在去年三月中央工作會議上的講話中，從當時剛剛粉碎『四人幫』的複雜情況出發，從國際共運史上捍衛革命

領袖旗幟的正反兩方面的經驗出發，專門講了在同『四人幫』的鬥爭中，我們全黨，尤其是黨的高級幹部，需要特別注意堅決捍衛毛主席的偉大旗幟的問題。在這一思想指導下，我講了『凡是毛主席作出的決策，都必須維護；凡是損害毛主席形象的言行，都必須制止』。……後來發現，第一句話，說得絕對了，第二句話，確實是必須注意的，但如何制止也沒有講清楚。當時對這兩句話考慮得不夠周全。現在看來，不提『兩個凡是』就好了。」

「在這之前，二月七日，中央兩報一刊還發表過一篇社論……這篇社論中也講了『兩個凡是』……這『兩個凡是』的提法就更加絕對，更為不妥。」

「我的講話和那篇社論，雖然分別經過政治局討論和傳閱同意，但責任應該主要由我承擔。在這個問題上，我應該作自我批評，也歡迎同志們批評。」

「黨中央是集體領導，希望今後各地區、各單位向中央作請示報告的時候，文件的抬頭不要寫華主席、黨中央，只寫黨中央就可以了。中央黨政軍機關向下行文，也希望照此辦理。也不要提英明領袖，稱同志好。」

「文藝作品多創作歌頌黨、歌頌老一輩革命家與工農兵英雄事跡，不要宣傳我個人。」

葉劍英在閉幕會講話中指出：「會議整個過程中，恢復和發揚了黨的群眾路線、民主集中制、實事求是的優良作風。大家暢所欲言，充分討論，解決了全黨和全國人民共同關心的一系列重大的歷史問題和現實問題，開展了批評，一些犯了錯誤的同志也不同程度地做了自我批評，這是我們黨興旺

發達的標誌。同志們講，這次會議的民主精神是我們黨很多年來沒有過的，我同意這個看法。在這次會議上實行這樣充分的民主，確實是一個很好的開端，帶了頭。我們一定要永久堅持，發揚下去，一定要推廣到全黨、全國去。」

「我們要實現社會主義現代化，還必須認真實行民主集中制。只有充分發揚民主，才能最大限度地調動起廣大幹部和群眾的積極性，集思廣益，群策群力地建設社會主義。只有充分發揚民主，才能廣開才路，及時地發現我們黨的優秀人才，把他們充實到各級領導崗位中去。只有充分發揚民主，才能保障廣大幹部和群眾有對領導實行監督和批評的權利。」

「一個領導幹部，要能發揚民主，就必須具有虛心傾聽群眾意見、勇於自我批評的精神。從這個意義來說，所謂民主作風，也就是批評和自我批評的作風。我們有些同志，嘴裏也天天喊要批評自我批評，要謙虛謹慎，可是，稍微尖銳的意見一來，他們的面孔就立刻拉長了。他們只會批評別人，從不批評自己，老虎屁股摸不得。對於這種人，我們要勸他讀讀『葉公好龍』的故事。」

……

「一定要加強社會主義法制……血的教訓，使我們懂得，一個國家非有法律和制度不可。這種法律和制度要有穩定性、連續性。它們是人民制定的，代表社會主義和無產階級專政的最高利益，一定要具有極大的權威，只有經過法律程式才能修改，而不能以任何領導人個人的意志為轉移。」

「在人民自己的法律面前，一定要實行人人平等，不

允許任何人有超於法律之上的特權。」

「中國經歷了兩千多年的封建社會，資本主義在我國沒有得到過充分的發展，我們的社會主義是從半殖民地半封建的社會基礎上開始建設的。所以我們解放思想的重要任務之一，就是要注意克服封建主義思想殘餘的影響。」

葉說：「華國鋒同志作為我們黨的主席、黨的領袖，就兩個『凡是』主動承擔責任，話講得那樣坦率，那樣誠懇，使我們非常感動。在這方面，華國鋒同志給我們大家做出了榜樣。」

另一個「榜樣」是習仲勳。

「習仲勳同志那種不怕聽刺耳意見、鼓勵別人講話、勇於自我批評的精神，是難能可貴的，值得我們每一個同志學習。一個領導幹部，要能發揚民主，就必須具有虛心傾聽群眾意見、勇於自我批評的精神。從這個意義來說，所謂民主作風，也就是批評和自我批評的作風。」

葉劍英：「習仲勳同志那種不怕聽刺耳意見、鼓勵別人講話、勇於自我批評的精神，是難能可貴的⋯⋯所謂民主作風，也就是批評和自我批評的作風。」

葉所説的習的「自我批評精神」，源於習處理一個基層幹部來信的故事。

　　習去惠陽調查研究，查看了兩大治水工程，並多次肯定和嘉許。

　　惠陽檢察院一位叫麥子燦的幹部因此給習寫信，揭發兩項治水工程其實不怎麼樣，社會上人所共知，建議習聽聽群眾意見再發表看法。

　　又特別提示習，「你講話中不是常説愛聽刺耳話，説什麼『良藥苦口利於病』嗎？現在我給你提個刺耳的意見，看你是否『葉公好龍』。」

　　習非常認同來信的説法，不但在省委常委會上當眾宣讀、親自寫了回信，鼓勵各級幹部聽取群眾的意見，又指示《南方日報》全文刊登信件，鼓勵全社會學習麥子燦，給各級幹部多提意見。

　　鄧小平的講話，大家耳熟能詳：《解放思想，實事求是，團結一致向前看》，要點如下：

　　——解放思想，一個黨，一個國家，一個民族，如果一切從本本出發，思想僵化，迷信盛行，那它就不能前進，它的生機就停止了，就要亡黨亡國。

　　——當前這個時期，特別需要強調民主。必須使民主制度化、法律化，使這種制度和法律不因領導人的改變而改變，不因領導人的看法和注意力的改變而改變。

　　——尤其要注意研究和解決管理方法、管理制度、經濟政策這三個方面的問題。當前最迫切的是擴大廠礦

企業和生產隊的自主權，使每一個工廠和生產隊能夠千方百計地發揮主動創造精神。在經濟政策上，要允許一部分地區、一部分人，由於辛勤努力成績大而收入先多一些，生活先好起來。「這是一個大政策，一個能夠影響和帶動整個國民經濟的政策」。

華國鋒主席在開幕式上提到廣東引進外國資金和技術，不僅對主政廣東的習仲勳、王全國等廣東代表來說是一種鼓勵、支持和榮耀，也成為所有出席者感到新奇、「羨慕、嫉妒」的對象，成為大會的明星。

分組會一如既往，按華北、東北、華東、中南、西南、西北分為六個，廣東屬於中南地區，習仲勳、王全國都在中南組。

老一輩革命家鄧穎超、廖承志、程子華以及中南五省區和廣州軍區、武漢軍區以及中央有關部門負責人都在中南組，河南省委第一書記段君毅、湖南省委第一書記毛致用、外交部部長黃華和武漢軍區司令員楊得志為輪流召集人。

第一次召集小組會，大家的焦點就不約而同，都聚集在習仲勳身上，廣東引進外國資本的新鮮事物，習仲勳四十五歲躍居副總理、沉冤十六年又東山再起的傳奇經歷，都吸引了大家的注意力。

關於把工作重點轉移到經濟建設上來，習說：「在我們黨的歷史上，曾經有過兩次戰略性的轉變。一次是在七屆二中全會[4]上提出黨的工作重點由農村轉到城市的轉變。這個轉變是轉得比較好的。1956年以後，毛主席又及時提出從社

會主義革命、社會主義改造轉到以社會主義建設為主，這是第二次轉變。現在看來，搞了二十多年，基本上沒有實現這個轉變。二十多年我們落後了，吃了苦頭，就是因為我們沒有真正實現這個轉變。請看看二十多年我們幹了些什麼事情，今天搞鬥爭，明天搞運動，一直沒有停，忙得不亦樂乎。加上林彪、『四人幫』的破壞，鬥爭更加劇烈。直到今天，國家沒有搞強盛，人民沒有搞富庶，甚至還吃不飽肚子，這怎能説我們的工作重點已轉到生產建設上來呢？」

關於農業問題，習以其豐富的農村工作經驗當仁不讓、多次發言：

　　——人民公社的優越性是不是經受了種種考驗？過往人民公社的優越性體現的不是那麼大，有些地方人民的生活水

習説：「請看看二十多年我們幹了些什麼事情，今天搞鬥爭，明天搞運動，一直沒有停，忙得不亦樂乎。加上林彪、『四人幫』的破壞，鬥爭更加劇烈。直到今天，國家沒有搞強盛，人民沒有搞富庶，甚至還吃不飽肚子⋯⋯」

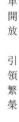

準還和合作化時差不多，有些還不如合作化的時候。

——現在很有必要把過去二十多年的農業情況做個基本的估計，揭露矛盾，總結經驗，分清是非，動員全黨來解決這個問題。

——改變現在的經濟管理體制，在中央統一計劃下，充分發揮各地方的積極性，希望中央多給地方處理問題的機動餘地。

——把開發海南島作為發展農業的重點地區之一，海南島是個寶島，要大力發展橡膠、劍麻等熱帶作物，要搞幾個大型的現代化的穀物農場，為大規模開發海南創造條件。

11 月 16 日，習又就廣東如何大幹快上長篇發言，特別是指出：「經濟體制，要按照新形勢、新任務的要求，果斷而又迅速地作出相適應的改變，在中央統一計劃下，充分發揮各級、各部門、各企業的積極性。」

其中關於建立「貿易合作區」的問題，華表態說，「廣東要有一個新的體制」。

華國鋒第二次講話以後，習仲勳在中南組會上發言，認為對天安門事件和彭德懷等其他許多重大問題的處理解決得很好，這對今後工作將起重要作用，是全黨工作着重點轉移的很大動力，建議中央在提到彭的錯誤時，措詞更輕一些。

關於真理標準問題的討論，習表示，「這是個思想路線問題，對實際工作關係很大，外界議論也很多。是非不搞清楚，就不能堅持實事求是，希望華主席最後講一下。」

習又與廣東參加會議的王全國和薛光軍三人聯名致信華國鋒和中央政治局，要求中央明確表態。中南組其他成員踴躍回應，二十九人中、二十四人在信上簽名，呈送中央，並全文刊登於會議簡報。

習與王、薛又代表廣東省委集體發言，要點計有：

——安定團結的重大理論問題，即關於社會主義社會的矛盾問題。毛澤東過去曾多次指出，社會主義社會的矛盾不同於舊社會的矛盾，大量存在的是人民內部矛盾。要總結文化大革命的教訓，從理論上講清這些問題。

——要把行政辦法管理經濟轉變為用經濟辦法管理經濟，統收統交統得過死，應當分級管理，充分發揮中央、地方和企業的積極性。

——多進口幾百萬噸糧食，讓農民有休養生息的機會，以調整農業佈局，發展多種經濟和林牧副漁。

——利用大好時機，加快步伐，利用外國資金投資農業、燃料、電力和交通運輸業。

——在提高農副產品價格和煤炭、木材等原材料價格上，步子邁得再大點，對老企業挖潛革新改造方面給以充分的重視和安排。

——體制不改革，想快也快不了，希望在改革時，從戰略上講，思想再解放一點，膽子再大一點，衝破小農經濟和原來學習蘇聯的那一套。當然在實行步驟上要穩妥點，工作要做細些。

會議進入醞釀人事階段，中央通知準備增補陳雲、鄧穎超、王震、胡耀邦為中共中央政治局委員，陳雲任中共中央政治局常委和副主席，習仲勳等九位同志增補為中共中央委員。

　　習仲勳建議，可以先考慮成立一個處理日常事務的工作班子，設一個秘書長，由胡耀邦任秘書長，再設幾個副秘書長。有了這個工作班子，就能夠把中央的日常工作全部承擔起來，使政治局、常委，特別是常委完全擺脫日常事務。

　　習仲勳這一建議，不光許多出席者認為可行、表示支持，中央也予以採納，在接着召開的十一屆三中全會上，任命胡耀邦為中共中央秘書長，負責處理日常工作。

　　習仲勳高度讚揚「這次會議開得很好」，是七千人大會以後中央第一次開這麼好的會議。大家暢所欲言，敢講心裏話，這是一個很好的開端。「我十多年沒有參加這樣的會了，參加這次會議心情非常舒暢，受到極為深刻的教育和鼓舞。」習說。

　　12 月 11 日，中央工作會議結束前夕，中央通知，習仲勳任廣東省委第一書記、省革委會主任，尚未正式平反的楊尚昆任廣東省委第二書記、省革委會副主任。

　　楊尚昆曾長期擔任中央辦公廳主任，後來任書記處候補書記，跟習長期擔任國務院秘書長、後來出任副總理一個軌跡，兩人在工作上多有來往和交集，如今又在廣東共事，無論心理感情，還是個性為人，習都充滿期待。

　　參加完十一屆三中全會，習仲勳第一件事就是去北京萬壽路中央組織部招待所，看望即將復出的楊尚昆。

中央工作會議 12 月 15 日結束，18 日，三中全會開幕，習仲勳與宋任窮、黃克誠、黃火青、胡喬木、韓光、周惠、王任重九人獲中央工作會議建議增補為中央委員，因此列席會議。

這是習仲勳十四年間很多次未能參加中央全會之後第一次參加全會。

會議第四天，陳雲、胡耀邦、鄧穎超等順利當選政治局委員，習仲勳等當選中央委員。

距復出只有八個月，習成為名副其實的南國諸侯。

在所有文革中、文革前被打倒的中央領導人中，習恢復此前的高位，過程都比別人長，但復出工作、掌握實際權力，還是位列前排。

19 農村改革「包幹到戶」⁵，萬里在安徽試點，習仲勳在廣東有所為、有所不為

中共十一屆三中全會，後來被當作中國革命和改革的分水嶺。

事實上，「三中全會」和類似會議，只是權力分配程式中的一個儀式和過場，十一屆三中全會之前的中央工作會議，才是改革開放的劃時代事件，才是執政黨歷史上的絕響。

正是在華國鋒的領導下，這次工作會議，成為中共歷史上唯一一次沒有禁區，沒有框框，不打棍子、不扣帽子的群言堂，所有人的思想和嘴巴全部放開，就黨和國家面臨的問題八仙過海、各抒己見。

「大家敞開思想，暢所欲言，敢於講心裏話，講實在話。大家能夠積極地開展批評，包括對中央工作的批評，把意見擺在桌面上……這些都是黨內生活的偉大進步，對於黨

5　農民享有對土地的經營管理權，但所有權仍歸集體所有，根據雙方簽訂的有關權利、責任和利益的承包合同，由農戶自行安排各項生產活動，產品除向國家交納農業稅、向集體交納積累和其他提留外，完全歸承包者所有。

和人民的事業將起巨大的促進作用。」（參見《葉劍英在中央工作會議上的講話》）

葉的講話，字裏行間，洋溢着對華的「民主作風」和「自我批評」的感動和感激。

陳雲說：「會議開得很成功，大家在馬列主義、毛澤東思想的基礎上，解放思想，暢所欲言，充分恢復和發揚了黨內民主和黨的實事求是、群眾路線、批評和自我批評的優良作風，認真討論解決了黨內存在的一些重大問題，增強了團結，真正實現了毛澤東所提倡的又有集中又有民主，又有紀律又有自由，又有統一意志，又有個人心情舒暢、生動活潑的那樣一種政治局面。」

經濟學家于光遠寫道：「華國鋒的確是一個熱心建設的人，情況掌握得不錯，思想也開放。粉碎『四人幫』後他的確想好好地幹出一點名堂來。」

人民日報社長胡績偉更是里高度評價華主席的「民主」風範、高風亮節、嚴於律己、寬以待人。

儒張張愛萍以開明、敢言著稱，他直抒胸臆：「華主席為全黨、全軍、全民作出了表率，是個良好的開端。」

包括鄧小平，同樣高度評價大會的民主空氣和做法，「這次會議了不起，五七年以後沒有，五七年以前有，延安（時期）有。這個風氣要傳下去，（這是）很好的黨的生活，黨的作風，既有利於安定團結，（又有利於）防止思想僵化，實在可喜。」（參見于光遠《十一屆三中全會的台前幕後》）

鄧、陳與葉劍英和其他出席者唯一的不同，隻字不提華國鋒的領導作用和表現。

所有參會者當中，黨政軍各部門和各地的負責人講得最多，中央領導人反而講得最少。

在所有領導人中，華國鋒又講得最多，一共講過三次，要點有三：

一是大家都說心裏話，別藏着掖着；二是大家關心的問題、要辦的事情，有的中央正在辦，有的馬上辦；三是跟大家交心，為什麼過去兩年的事情只能這麼辦，而不能那麼辦。

虛懷若谷，誠實無欺，敢於擔當，尤其是關於「兩個凡是」的說明和攬責，跟習仲勳的作派和氣度別無二致。

尤其在三中全會閉幕式上，又特別明確指出：

——真理標準的討論，對於黨和全國人民解放思想，從實際出發，理論聯繫實際的革命學風，起了十分積極的作用。

——一定要執行民主集中制的組織原則，只有充分發揚民主，才能做到正確的集中，才能制定正確的路線、方針、政策和辦法，才能廣開才路，發現大批能幹的人才。

——要堅決實行「三不主義」——不抓辮子，不打棍子，不扣帽子，有錯必糾。

——我們和毛主席本人一樣，承認毛主席是有缺點有錯誤的，這對於任何一個偉大領袖都是不可避免的，承認這些，完全無損於毛主席的偉大功勳。我們糾正了毛主席的一些錯誤，實際上是把毛主席的旗幟舉得更高。

葉的講話，有四個方面：

第一，人民是主人，幹部是勤務員；

第二，政治生活中當前最重要的是建立民主與法制；

第三，民主作風就是自我批評，不作自我批評的人不會講民主；

第四，社會、資本、封建三種主義中，重點是克服封建殘餘思想。

鄧的講話，第一是思想要解放不要僵化，第二是民主集中制是要先講民主後講集中，第三是「注意研究和解決管理方法、管理制度、經濟政策」。

華、葉、鄧的講話，哪位真正高屋建瓴、言之有物、擊中要害，哪位不痛不癢、浮淺空洞，稍事比較，人人一目瞭然。

可惜，華和葉的講話，尤其是葉關於華國鋒和習仲勳部分的講話，在正式文獻中都已失蹤，不見一個字，只有從其他人的回憶錄和傳記中找到，唯有鄧的講話，後來成為改革的旗幟、成為「設計師」的「隆中對」。

包括《葉劍英選集》，葉講話中三處涉及華國鋒的地方被全部刪除，如「在這次會議上，華國鋒同志作為我們黨的主席、黨的領袖，當着全體與會同志的面，公開作自我批評，講得那樣坦率、那樣誠懇，使我們非常感動。在這方面，華主席給我們作出了榜樣」。原稿中讚揚廣東省委第二

書記習仲勳勇於自我批評的一段話，也被刪去。

「葉的女兒葉向真回憶，當時她為爸爸起草的講話稿初稿上並沒有習仲勳給麥子燦寫回信這個例子，這一段是葉帥定稿的時候自己添加的。但不知道為什麼在會議結束後的公開稿中，又把這一段去掉了。包括《三中全會以來重要文獻匯編》，都沒有收錄葉帥的這篇重要講話。目前，一些媒體相繼公開了葉帥的這篇講話，但均沒有關於習仲勳的內容。」（程冠軍《同舟共進》，中國青年網，2016 年 6 月 2 日）

胡耀邦的發言很多，最著名的有兩句：「粉碎『四人幫』兩年多，是撥亂反正的兩年，是扭轉乾坤的兩年⋯⋯」

習仲勳的發言，無論是社會政治問題，還是經濟管理問題，不但給出廣東先走一步的思路和設想，而且給出全社會面臨的主要矛盾及其解決辦法。

——政治和社會，人民內部矛盾是主體，敵我矛盾是少數；

——領導體制，權力過分集中，不下放權力，地方、基層沒有自主權，就無法把經濟搞上去；

——經濟改革，改變行政命令管理經濟的辦法，而用管理經濟的辦法管理經濟。

時任國家建委研究室主任、後來的深圳市委書記李灝指出：「『給地方放權』這個觀點並不是中央工作會議才有的，也不是習仲勳同志首先意識到的，但他是第一個敢於在中央工作會議上提出這個觀點的人。這個提議客觀上影響推進了

中央的決策，從而深切地改變了廣東的歷史，也在一定程度上改變了中國的歷史。」

「習仲勳同志在這次中央工作會議上的發言，給了中央深刻的啟示，所有人都意識到——給廣東放權，讓廣東先行一步，成為率先開放搞活的先頭部隊，這就是我們的突破口。習仲勳同志的發言對廣東衝出一條路，先行一步，起了重大的作用。」

但是，習仲勳的發言，胡耀邦的發言，以及其他許多很有分量、很有灼見的發言，不但沒有成為改革開放的着力點和突破口，甚至在「重要文獻」中都沒有一席之地，只有片言隻語散見於一些文章和書籍，只有陳雲要求為天安門事件和其他冤假錯案平反的發言，成為「解放思想」的「重要談話」，廣為傳播，名聲最響。

甚至三中全會通過的三個主要文件之一——《關於加快農業發展若干問題的決定（草案）》，後來也淪為不「重要文獻」。

事實上，這份文件已經明確規定，農村可以「包產到組」，「聯產計酬」。

鄧小平、陳雲、李先念，以及後來廣為流傳的「要吃糧，找紫陽，要吃米，找萬里」的趙和萬，都沒提出比這個文件更進一步的解決辦法。

也沒有提出怎樣才能把工作重點轉移到經濟建設上來，怎樣才能走出農業衰敗、工業凋敝、流通不暢、分配不公的死胡同。

只有習仲勳關於「放權」的見解，關於「用經濟管理辦

法管理經濟」的呼聲，與安徽鳳陽小崗村十八戶村民的「包幹到戶」遙相呼應、不謀而合。

就在中央工作會議結束的前夜，華、葉、鄧發表講話的頭天晚上，千里之外，安徽鳳陽小崗村十八戶村民在一紙分田到戶的「秘密契約」上按下鮮紅的手印，把當家作主二十年的土地，承包到個人名下，自主耕種，俗稱「大包幹」！

這種「大包幹」，準確説法，叫「包幹到戶」，與三中全會通過的振興農村方略——「包幹到組」，只差一個字。

「包幹到組」的做法，仍由人民公社規定、指定某個生產隊長或組長代表土地的擁有權和經營權，種什麼，怎麼種，什麼時候下地，什麼回家休息，都由生產隊長、組長説了算，所有農民名義上當家做主，實際上都給人民公社和生產隊打工。

「包幹到戶」就是把人民公社、生產隊的土地劃成一塊一塊，由每一戶農民自己説了算，愛種啥種啥，愛施肥、不施肥，愛上工，不上工，都由農民自己作主，種出來的糧食，交夠國家的、留足生產隊的，剩下都是個人的。

用經濟學術語，就是投資、經營主體的改變，就是生產方式和分配方式的改變，正是習仲勳在中央工作會議期間反覆指出的兩大關鍵所在！

十八戶村民以常識和實際行動，詮釋習仲勳的發言提綱挈領、擊中要害，習仲勳的發言，從道理上，揭示了十八戶村民「大包幹」的緣由和意義！

只是，習仲勳發言的要旨和精髓與安徽鳳陽小崗村十八戶村民的「大包幹」，都因為習仲勳所説的同樣的原因——權

力過分集中，前者被埋沒在「總設計師」和分管經濟工作領導人的講話和光環裏，後者只能在夜深人靜的邊遠鄉村偷偷摸摸進行。

因為誰的地位越高、權力越大，誰的話沒有分量也被說成重要講話，誰的地位越低、權力越小，誰的話再有分量、再深刻、再接近真理，都被充耳不聞、視而不見。

習仲勳的真知灼見，不光當時和往後，都沒人指出、並廣為宣傳是最有含金量、最切中要害、最解決問題的見解，時至當下，都埋沒在他許多發言和講話之中。

小崗村十八戶農民從生產隊、人民公社和中央奪取經營權、管理權（不包括擁有權），用「經濟手段管理經濟活動」的星星之火，不光以華國鋒為首的中央領導當時不知道、全社會不知道，就連安徽省委書記萬里，以及鳳陽縣委書記都不知道。

一直到了 1979 年 2 月中旬，在全縣四級幹部會上，梨園公社石馬大隊黨支書金文昌說，他們那裏有幾個生產隊搞大包幹，不用算賬，簡單。其他書記聽了，都覺得這種做法好。

縣委書記陳庭元聽說之後，沒有制止，而是向路過鳳陽的滁縣地委書記王郁昭匯報，「群眾要求大包幹」，王郁昭回去向省委第一書記萬里請示，萬里說：「只要能把群眾生活搞好，就可以搞。鳳陽大包幹就這樣推開了。」（轉引自《「小崗大包幹」是如何被新華社記者發現的》，新華每日電訊，2018 年 4 月 13 日）

所以，小崗村的「大包幹」，是萬里 1979 年 2 月 26 日

才知道並放行的。

又過了一年三個月，1980 年 5 月 31 日，鄧小平才肯定了肥西縣的「包產到戶」和鳳陽縣的「大包幹」（《鄧小平文選》（1975-1982），275 頁）。

事實上，從 1977 年 10 月起，在華國鋒的領導下，以往的政治口號沒有多少變化，「階級鬥爭」、「繼續革命」的螺絲釘已經一天天鬆弛下來，社會生活，人與人之間的關係，也一天一天恢復正常，一些刊物有了更好看的內容，一些被禁止多年的電影開始上映、尤其是古裝戲可以演唱，文化、精神生活也一天天豐富多彩起來。

尤其是 1978 年，政治空氣、精神生活，已經大踏步的邁向自然和和諧。

小崗村的十八位農民兄弟一路碰上好大隊支書、好公社書記、好縣委書記，好地委書記，好省委書記，而從上到下的五級書記，顯而易見，已經感受到中央撥亂反正、聚集經濟建設的大背景、大方向、大勢頭。

正如時任中央農村研究室主任、「中國農村改革之父」杜潤生所說，從安徽省委第一書記萬里，到小崗村大隊黨支部書記，順應大時代、大變化，尊重農民、讓農民當了一回家、做了一回主。

鄧小平的貢獻，則是在華國鋒在中央工作會議上率先垂範、身體力行，絲毫沒有因為不同意見而抓階級敵人的代理人、抓反黨集團一年半之後，在邊緣化華國鋒、自己可以「說了算」之後，才肯定農村可以「大包幹」、「責任制」。

習仲勳初到廣東，重點一直放在調整生產佈局和作物品

種上，包括批准寶安減少糧食播種面積，將五萬畝稻田改為塘魚等鮮活商品生產基地，投放香港市場，增加農民收入。

隨着 1978 年下半年開始，廣東有些公社和生產大隊開始恢復六十年代初曾經嘗試的「包產到組」、「三定一獎」（即定工分、定產量、定成本，超額獎勵）。通過定工、定產、定成本、超額獎勵的管理辦法，調動農民當家作主的積極性。

開完三中會會回到廣東，在傳達貫徹中央工作會議和十一屆三中全會精神的過程中，習高度肯定和支持各地出現的多種形式農業生產責任制。

省委在「三定一獎」的基礎上，又加上定勞力、定地段、升級為「五定一獎」，在全省推廣。

「可以在生產隊統一核算和分配的前提下，包工到作業組，聯繫產量計算勞動報酬。有些生產隊實行『五定一獎』生產責任制的結果證明，這個辦法對促進生產有積極的作用，應當認真試點並由點到面推行。」習說。

1979 年 2 月 4 日，廣東省委批轉省委農村工作部《關於建立「五定一獎」生產責任制問題的意見》，提出各地大田生產可以普遍實行「五定一獎」責任制。

《意見》指出：「實踐證明，聯繫產量的生產責任制，是當前農村實行的生產責任制中比較好的一種形式，因為它把社員的勞動同產量聯繫起來……把勞動成果和個人利益直接聯繫起來，使勞動者產生了更大的積極性、主動性和創造性，想辦法把生產搞好。」

從 2 月 9 日起，習又跟省委其他領導兵分八路，奔赴各地，一方面將中央工作會議和十一屆三中全會精神帶往基

領導農村改革，尊重各地自主權

層，一方面進一步調查研究，推動包括農業在內的各項經濟工作。

習這次在四會、廣寧、懷集、封開、鬱南、羅定和雲浮等縣呆了八天，同正在參加各縣三級或四級幹部會議的縣委書記、公社黨委書記座談，又同一百三十多個公社黨委書記、大隊黨支部書記座談，跟來自一線的基層幹部探討，如何把工作重點轉到經濟建設上，如何大力發展經濟。

「今年起，我們要實現工作重點的轉移，就是要抓國民經濟最薄弱的環節——農業，要集中力量打好農業翻身仗，把農業搞上去。」習說。

在調查研究中，習了解到，從化有兩個生產大隊在搞「產量承包責任制」試驗，效果很好，但不敢大肆聲張。

習表態，只要能增產就是好辦法，怕什麼？這兩個大隊我已批准他們繼續試驗，錯了我負責。

調研歸來，習把分管農業的省革委會副主任薛光軍叫到辦公室，討論從化那兩個大隊的做法能不能推廣。

薛光軍沒有直接回答，只說 1962 年，清遠縣洲心公社實行超產獎勵生產責任制，「四清」運動和「文化大革命」中，遭到嚴厲打壓，三中全會也沒有明確放開，剛下發的中

央文件又重申「三不許」的規定……

習陷入沉默。

「習老有脾氣，有些事情急起來會冒出幾句『胡鬧』，但有些事情也很耐心。韶關地委書記馬一品不同意搞包產到戶，說這樣革命就白鬧了。習仲勳沒有下令馬上實施，而是給他時間想通，等想通了再搞。所以韶關是最後開展包產到戶的。」習在廣東時期的秘書陳開枝回憶。

時間點上，習仲勳比萬里了解「包產到戶」早半個月，在做法上，習跟萬毫無二致，都樂觀其成，都堅定地保護了這一做法。

萬里 1916 年生，山東人，1949 年隨第二野戰軍南下，任南京軍管會財委副主任、經濟部部長、西南軍政委員會工業部副部長、部長，1958 年任中共北京市委書記處書記、北京市副市長，1973 年復出，不久任鐵道部長，1977 年 6 月任安徽省委第一書記。萬里比習多做的一件事是，就在習考慮是否推廣「包產到戶」的問題時，1979 年 2 月 6 日，萬里在合肥專門開會討論「包產到戶」問題，決定在滁縣地區山南公社進行「包產到戶」試驗。

廣泛流傳的小崗村「包幹到戶」，也是由「包幹到組」（廣東也是包幹到組——引者注）演變而來的，因為嘗試「包幹到組」，大家吵來吵去，還是沒有積極性，十八位農民這才再邁出一步，跨過「組」的紅線，明「組」暗「戶」，瞞上不瞞下，分田到戶。

因為組再小，也是「集體」，也是無產階級的公有制，一旦以個人為單位、以戶為單位，就成了個體，就成了資

產階級的私有制，就上升為政治，就是社會主義和資本主義「你死我活」的鬥爭，這就是所有人都不敢觸碰的紅線和雷池。

「採訪中，我們發現小崗的農民都是一家一戶在地裏幹活，與其他隊幾戶在一起幹活的場景明顯不同。我們問陪同採訪的公社書記張明樓，他含糊其辭地說，可能是同組的人分散幹活或有事去了。問地裏幹活的農民，他們只是笑，不答話。」（參見《「小崗大包幹」是如何被新華社記者發現的》，新華每日電訊，2018 年 4 月 13 日）

小崗大包幹後，1979 年一年生產的糧食，等於大包幹前 5 年的總和，生產的油料等於前 20 年的總和，23 年來未向國家交售一粒糧，還吃救濟糧，而那年一下交了 2.5 萬斤糧食。

儘管如此，這年年底，新華社記者採訪縣領導，小崗村是否已經「包幹到戶，縣領導一個個仍然諱莫如深。」（同上）

鳳陽縣委書記陳庭元，其實是推動「包幹到戶」的頭號功臣，有人向他匯報，他也目睹小崗是分戶勞動的。陳在村裏村外轉了一圈，說：「他們已窮『灰』了，還能搞什麼資本主義？」囑咐大家，一定要「保密」。（同上）

1979 年 5 月 21 日，萬里到肥西縣山南公社考察他的「包產到戶」試點，鼓勵當地幹部：「大膽地幹吧！省委支持你們。」六月初前往鳳陽考察，聽取縣委書記陳庭元匯報後，表態：「好！我批准你們縣幹三五年。」

1980 年 1 月 2 至 11 日，中共安徽省委召開農業會議，對肥西縣實行包產到戶、鳳陽縣實行農業大包幹的做法和經驗做了充分肯定，1 月 24 日，萬里再到鳳陽縣小崗村，挨家

挨戶看了一遍，看到戶戶糧滿囤，十分高興。

比萬里前往小崗村調研只晚三個月，習仲勳在得知廣東從化兩個生產大隊「包產到戶」糧食大幅增產的基礎上，於1980年4月25日和28日召開省委常委會議，明確提出，一些窮困地區，允許在生產隊統一經營管理的前提下，實行「包產到戶」，但是要向幹部說清楚，這是對特殊困難的社隊的臨時措施，是權宜之計，最根本的措施還是要靠發展壯大集體經濟。同時，要堅決制止分田單幹。

在廣東省委於5月16日至27日召開農村工作會議上，縣委書記們對是否可以「包幹到戶」爭論非常激烈，習仲勳最後表態：「一些特殊困難的社、隊，已經出現了包產到戶，並且農民群眾一時還不願意改為實行聯繫產量到組或實行定額管理和評比獎勵的，可以允許繼續實行。但一定要講清楚，這是對特殊困難的社隊的臨時措施，是權宜之計。」

習仲勳跟萬里的區別在於，萬里敢於試點、動作更大，而習只是允許和保護、穩中求進。

當年3月，萬里調回北京出任國家農委主任，5月，鄧小平肯定「包產到戶」做法，9月，中共中央發出《進一步加強和完善農業生產責任制的幾個問題的通知》，肯定包幹到戶等多種形式的生產責任制。

習仲勳和廣東省委隨之一方面向幹部群眾解釋中央政策的演變，一方面要求各級積極貫徹中央文件精神。

「包產到戶」用不着再偷偷摸摸，「包產到組」、「五定一獎」也可以繼續施行，尊重農民的自主權，由農民自願選擇、自己決定。

無論一個地方，一個單位，還是一個部門，保持當地社會穩定不出亂子是第一責任。

　　「逃港潮」就夠棘手的了，引進資本主義的資金、技術，難免帶進資本主義的許多東西，也面臨很多風險，在深圳、珠海、汕頭建立特區，都是前人未做過的事業，成敗難料。

　　農村政策、農業問題，全面開花，惹來麻煩，勞煩中央，極大可能因一隅而失全域，因「包幹到戶」而危及廣東整體改革設計。穩住農業、穩住農村，處理好「逃港潮」，在招商引資、建立特區上有所突破，有所為，有所不為，有大為，有小為，才最有價值、最明智。

　　要是沒有其他棘手問題、其他改革計劃，以習的智慧、手腕和「爐火純青」，在農業改革上也一定會「先走一步」，大有作為。

　　這是後話。

20 「群眾逃港是想過好日子，是人民內部矛盾，放了他們……」

人類文明的演化，大腦綜合、歸納周遭的各種現象，發現新的共同點、新的可能性，加工、整理成新的想法、新的設計，新的理念、新的思想。

新設計、新理念、新思想加工成各種物品，是為器物文明；新設計、新理念、新思想總結、建構出各種規則、法律，是為制度文明；新設計、新理念、新思想不斷綜合各種現象，不斷發現已有環境、器物、制度、包括設計、理念、思想本身的缺陷和問題，又形成更新的理念、思想和設計，所有的理念、思想和設計歸納起來，是為理念文明。

理念文明又不斷改進、不斷提升，最終成為每一代人所處的自然生態和社會生態，成為每一個人活成的模樣。

毛澤東總結的「一切從實際出發」，「實事求是」、「具體問題具體分析」，不光是工作方法、思想方法，也是生活哲學、生存哲學。毛評價周遭所有的人都「不懂馬列」，真懂馬列的只有兩個半人，他「算一個」，其他「一個半」是誰，

沒有指名道姓。

毛又批評人民日報當時的領導人鄧拓等是「死人辦報」、「書生辦報」，需要政治家辦報。

但毛把自己理念裏最最有分量的「政治家」、「馬克思主義者」，甚至「活的馬克思主義者」，都送給他們那一代最年輕的老革命家習仲勳，而且，這個「活的馬克思主義者」「政治家」，又達到「爐火純青」的水準和境界！

綜觀習治國理政的智慧、手腕和套路，一個結論油然而生，毛的發現和評價確實——穩、準、狠。

「一切從實際出發」，「實是求是」，「具體問題具體分析」，不光貫穿習的所有工作和貢獻，也貫穿習的人生和生活，貫穿一生。

了解實際情況，獲得第一手情報資料，是習每到一地、每處理一件政務、事務的基本操作，從延安時代起，一直到退休、到去世。

1978 年 4 月到廣東上任，千頭萬緒，百事待舉，仍要親眼實地看看廣東長啥樣，跟他前半生一直生活、成長、工作的北方有啥不同、有啥新鮮。

習以往的遊歷記錄，包括在國務院工作，包括後來整理的年譜，此前不但沒有到過廣東，而且最遠只到過江西的廬山。

到廣東主政，不負葉帥和中央的重託，不負廣東幹部群眾的期待，不負自己韶華已逝、老驥伏櫪，安排好輕重緩急，7 月初，和剛隨谷牧考察回來的省委書記處書記王全國一道，乘坐一輛七座的麵包車，前往梅州、汕頭和惠陽調查

研究。

這次的調查研究，不光對習主政廣東、領導廣東先行一步、書寫從政生涯中最為輝煌壯麗的篇章有着奠基性的意義，而且對往後四十年中國的改革開放、中國的經濟起飛和發展模式有着開創性的歷史意義。

所謂魏源、林則徐之流的「睜開眼睛看世界」，都是以訛傳訛的神話，且不說看到的世界都是鼠目寸光、瞎子摸象式的抱殘守缺，看了也是白看，摸了也是白摸，沒有任何成果。

只有谷牧、林乎加等人的西歐五國行和日本之行，習仲勳的這次寶安之行，才是真正的睜開眼睛看世界，才是真正的火眼金睛、明察秋毫、窺斑見豹、一葉知秋。

從廣州到惠陽的寶安（當時的寶安，只是惠陽地區的一個縣），只見公路兩旁耕地丟荒很多。田裏只有一些老年婦女、小孩，還有邊防部隊派來說明收割的戰士。

寶安縣城深圳，只是有兩條半街的邊陲小鎮，街道狹窄，房屋破舊，死氣沉沉。

又到寶安的羅芳、蓮塘、沙頭角等陸路察看，在沙頭角的中英街，幾塊石頭，豎在街中間，標誌着分界線，石頭那邊是資本主義的香港，車水馬龍，人來人往，熙熙攘攘，石頭這邊是社會主義的寶安和深圳，死氣沉沉、破破爛爛，一片蕭條。

第二天在皇崗邊防部隊一個瞭望崗上，用望遠鏡看河南的香港，遠處高樓林立、櫛比鱗次，一河之隔，河邊是一道漫長高聳的鐵絲網，鐵絲網的頂端向福田、寶安一方彎曲下

壓，就算有人爬上鐵絲網，也無「出頭」的空間，也躍不過鐵絲網。

跟習副總理多年前在東德看到的柏林牆造型不同，但功能、作用和象徵意義毫無二致。

第三天，習仲勳前往蛇口的漁業一大隊視察。這個大隊生產搞得不錯，漁民收入也較高。他看了很高興。但該大隊也存在不少問題，如漁船維修沒有 150 噸的船台，零件買不到，口糧供應不足，水產資源受破壞等。

又參觀了沙頭角的塑膠花廠、皇崗的假髮廠，廠家來料加工，原料和市場都是香港，兩頭對外，賺取加工費，算是最早的「三來一補」企業。

在邊境、農村、邊防哨所，接觸、聽取十多名基層幹部和群眾代表匯報當地情況，耳聞目睹內地和香港的差距，當場決定解禁「文革」中的四條規定：一、可以過境耕種，二、恢復和香港的小額貿易，三、儘快把經濟搞上去，四、減少糧食種植面積。

最觸目驚心的是「逃港潮」。

從沙頭角回深圳的路上，習仲勳在路邊看到邊防軍抓了兩個外逃的人，把他們銬在路邊。

習仲勳問寶安縣委書記方苞，「這些人抓了放在哪裏？」

方苞回答：「蓮塘那裏有個臨時收容站，每天抓到的偷渡的人就先安置在那裏，第二天再派人送他們走。」

回縣城時天已經很黑了，習仲勳還是堅持要去收容站看看。

在收容站裏，他問一個外逃的人：「社會主義那麼好，

我們自己當家做主人。你們為什麼要跑到香港那邊給人當奴僕，受人剝削？」

那個偷渡的人說：「我們窮，分配很低。到香港容易找工作。」收容所裏還關押着成千上萬偷渡未遂或偷渡被遣返的偷渡客，天氣炎熱，缺水少醫，臭氣熏天。

「直接找偷渡外逃人員談話的，就一個習仲勳。」時任省委副秘書長兼辦公廳主任秦文俊說。

「1978 年夏天，我利用暑期去廣東看望父親，曾和母親一起到寶安縣，也就是現在的深圳去參觀，在時任寶安縣委書記方苞同志的陪同下，到粵港邊界的沙頭角一帶參觀，當時在沿途親眼看到邊防軍帶着狼狗，押送偷渡外逃群眾。當時的情景真是慘不忍睹。」習遠平回憶。

惠陽地委副書記兼寶安縣委書記方苞作嚮導並匯報有關情況，不光寶安的土地大家無心耕種，寶安在香港境內的幾千畝土地也已丟荒。因為政策不允許農民過境耕作，更不准過境探親，糧食收割了要挑回來，不准在香港那邊賣，非常辛苦，所以無人耕種。

全縣逃往香港的人數佔總人口一成九，佔總工作力兩成九，有很多偷渡到香港的人，找到工作後很快就可以寄錢回家，家裏人一兩年後就可以蓋新房，因此，偷渡、外逃對社會各個方面造成很大危害，生產、邊防、社會治安都受到嚴重破壞。

珠海市委前書記、市長梁廣大，後來也給鄧小平匯報過逃港、逃澳潮：「雖然我們的輿論整天宣傳社會主義是『天堂』，資本主義是『地獄』，港澳同胞生活在水深火熱之中，

但是存在決定意識，老百姓看到在困難時期港澳同胞回來探親穿得漂漂亮亮，還把一筐一筐的東西帶回來，我們當時吃也沒得吃，穿得也很寒酸，所以老百姓就不信。很多人趁颱風下雨的晚上，就往香港、澳門外逃，冒着生命危險衝過去，非要往『地獄』裏闖一闖，非去『水深火熱』中泡一泡。因此，有不少人外流到香港、澳門。生產隊長一早起來開工吹哨才發現，隊裏六七十個強工作力一夜之間全跑了。有個二百六十多戶人家的村子，除老人和孩子，全都跑空了。」

據統計，「從 1954 至 1978 年，全省共發生偷渡外逃56.5 萬多。」

「其中嚴重的有兩次，一次是 1962 年，廣東省共發生偷渡外逃十一萬七千九百多人次，逃出三萬九千七百多人；一次是『文化大革命』結束後不久，出現了嚴重的偷渡外逃高潮。」

偷渡外逃不僅是難以解決的社會問題，又是極度敏感的政治問題，是極度燙手的山芋。

「官員們私下禁談，作家、記者不准寫。那時要是誰說想要寫逃港的書或報道，是被看成有『有意抹黑社會主義』的嫌疑的。就是寫出來，報紙不敢見報，出版社不敢出書。」（摘引自《習仲勳主政廣東》）

「偷渡被看成是叛國。像習仲勳這些話是誰都不敢說的，會被認為是同情階級敵人。」新華社記者雷力行說。

聰明的當權者，只為個人打算的政客，沒有人會碰這類問題，迫不得已要碰，也是延續從前做法，用無產階級專政的鐵拳，鎮壓打擊。

包括鄧小平，1977 年 11 月來廣東考察，聽完有關「逃港潮」的匯報，只高深莫測地説了句：「中心的問題還是政策問題？」

　　怎麼解決？

　　沒有下文。

　　「偷渡的人是罪犯，叫偷渡犯，外逃問題是敵我矛盾。」（同上）

　　近三十年來，都是由廣東政法系統負責解決的政治問題。

　　「偷渡犯」逃往深圳河對岸算幸運，逃港失敗被抓，或遭港英殖民當局按廣東當局要求遣返，就關押在「收容所」，當作犯人處置。

　　因為逃港的「罪犯」太多，逃港失敗的「罪犯」成千上萬，正規監獄根本不夠用，非建築材料臨時搭蓋起來的簡陋方艙應運而生。

　　「收容站衛生條件極差，根本不做思想教育工作，遣送時戴上手銬或加以捆綁。加上遣返回鄉後，還有各種處罰、批鬥，許多人千方百計逃跑。六月下旬連續多次發生外逃人員在遣送途中逃跑，民兵開槍打死、打傷人的事，摔傷、摔死的也不少。」（摘引自《習仲勳主政廣東》）

　　習書記看到的收容所還是比較好的，是應付領導檢查做了準備的。沒有準備、通常的收容所在 1979 年的夏天，在習書記的戰友、難友，在劉志丹的胞弟、國家民政部副部長劉景範的面前，才呈現出真面貌、真境況。

　　收容站條件惡劣，人滿為患。「把外逃人員當犯人看

待。虐待外逃人員，對他們毆打、搜身、罰款是常事。」劉景範從寶安檢查歸來，在廣州告訴習仲勳。（同上）

僅 1979 年上半年部分統計，「收容人員跳車跑掉一萬多人，摔死摔傷二百多人（其中死亡四十人）。押送人員從安全考慮，採用手銬和繩索捆綁的辦法」。（同上）

聽到劉景範描述的情況，習仲勳坐立難安，鬧革命的初心，讓勞苦大眾過上好日子，那麼多人冒死犯難、前仆後繼出逃，那麼多人因為出逃失敗而被收容關押，不是革命的目的沒有達到，而是階級敵人的破壞?!

實事求是，無私無畏，自信果斷，敢做敢當，「無論是從農民的覺悟來說，還是從農民直接受到的生活壓力考慮，如果把偷渡的農民都看成是政治上的原因，那就會把大批的農民都推到我們的對立面上去。這是不對的，要教育嘛。要怪我們沒有教育好農民，更重要的是要怪我們在主持農村工作中沒有制定好的政策來維護他們的利益。」（摘引自《習仲勳主政廣東》）

習仲勳當即召集省委有關領導和部門負責人開會，嚴肅批評有關方面的做法，不僅否定了長期以來對類似現象的簡單定性，而且否定了佔統治地位的思維和意識。

「我們自己的生活條件差，問題解決不了，怎麼能把他們叫偷渡犯呢？這些人是外流不是外逃，是人民內部矛盾，不是敵我矛盾，不能把他們當作敵人，你們要把他們統統放走。不能只是抓人，要把我們內地建設好，讓他們跑來我們這邊才好。」（同前《習仲勳主政廣東》）

明確要求「加強收容站對偷渡者的宣傳教育工作。不要

充滿血淚的一頁歷史，得力
於經濟改革扭轉乾坤

抓了就送走，連幾句開導的話都不說⋯⋯外逃者多的縣，應
派人來收容站接人，並負責教育。但是，不要歧視、虐待外
逃者。」（同上）

反覆指出，逃港「是屬於人民內部矛盾問題，是非對抗
性的；但是，其中有極少數壞人。這兩個方面，都要注意到，
才能保持清醒的頭腦，做到嚴格區分和正確處理兩類不同性
質的矛盾。」（同上）

不改當年本色，以一人之力，徹底改變長期以來處理逃
港潮的專政手段。

「在習仲勳的反覆論證、說服、引導下，省委常委們才
最後統一認識，實現了偷渡問題不是敵我矛盾而是人民內部
矛盾這一觀念的轉變，這對省委認清解決偷渡問題的正確途
徑，進行改革開放，繁榮邊境經濟，起到了很大的說明作
用」。（同上）

當天就派出省革委會副主任黃靜波專程前往深圳，要求
當天一次釋放所有關押的「偷渡犯」。

「把他們統統放走！」黃代表省委下達指示。

習仲勳和廣東省委關於「逃港潮」政策的重大轉變傳到
群眾中，加上不少有意無意的傳聞推波助瀾，不少群眾「誤

以為開放邊境，紛紛湧向邊境前沿，強衝邊防」！

「兩個海防前哨不到半個小時就被人山人海吞噬了」。

「好在寶安縣委事前已動員一切力量做好圍堵工作，結果二萬多偷渡群眾只跑出八百多人。」

後經寶安縣領導和邊防部隊全力以赴勸阻教育，才將事態平息下來。

但是，從基層到中央，「很多人仍然受『以階級鬥爭為綱』極『左』思想的束縛」，不認同按處理人民內部矛盾的方法來對待外逃分子」。

「中央有的同志也有這樣的說法，說省委文件着重在教育方面是對的，處理方面講少了。」（參見《習仲勳主政廣東》）

1979 年 6 月 13 日，中共中央副主席、國務院副總理李先念、余秋里、王震等七位政治局委員和副總理，召集十七個部委辦負責人在北京召開專門會議，研究「廣東大量群眾偷渡外逃」的問題。

李先念特別強調，到 7 月 5 日，即華國鋒訪問英國前，廣東要基本煞住偷渡外逃風。

6 月 14 日，國務院、中央軍委聯合向廣東省革命委員會、廣州軍區、廣東省軍區發出《國務院、中央軍委關於堅決制止廣東省大量群眾偷渡外逃的指示》。

接到中央指示，習仲勳 6 月 17、18 日接連召開兩次省委常委會議，專門研究貫徹中央指示，部署開展反外逃鬥爭。

習的出發點、落腳點和引發的後果，都會受到不同程度的懷疑和非議，一時「深感壓力很大」。

習親自上火線，成立由十人組成的廣東省委反偷渡外逃領導小組，自任組長，軍區副司令員黃榮海、廣東省委常委寇慶延任副組長。

並以廣東省革命委員會的名義發出《佈告》，要求「堅決制止偷渡外逃」。

會後，習仲勳、寇慶延到惠陽。吳南生到汕頭，坐鎮指揮反偷渡外逃浪潮。

習先到惠州動員領導到群眾中做工作，又趕往深圳、珠海督促當地幹部到群眾中去，到收容所去，跟外逃人員坦誠溝通。

然後又匆匆趕回深圳，動員二百多個外逃嚴重的公社黨委書記和大隊黨支部書記做逃港者的工作。

當這些支部書記告訴習，他們都吃不飽飯，哪有辦法留住人，習更加震驚，並堅定相信他的標本兼治方向是正確的，趕快把經濟搞上去，才是根治逃港潮的終南捷徑。

7月7日晚，習仲勳就關於制止廣東群眾偷渡外逃問題，電報李先念、陳慕華並中央領導：

「從總的趨勢來看，去年底以來發生的這股偷渡外逃風，已經得到遏制，港英當局對此也表示滿意。但是，要根本制止住偷渡外逃，任務仍很艱巨。」他還提出要改進收容工作，不能把外逃人員當做犯人對待。

中央覆電中共廣東省委，對中共廣東省委和習仲勳貫徹執行國務院、中央軍委的指示給予了充分肯定，並要求及時總結經驗，繼續做好防範和堵截工作，防止出現反覆。

接着六個月裏，廣東省委又先後印發習的講話要點和

進一步做好反偷渡外逃工作的指示，調整反偷渡外逃領導小組，制定頒布《關於處理偷渡外逃的規定》，把反偷渡外逃作為一項長期的政治任務，貫徹治本治標並舉，以治本為主的方針，切實改進收容遣送工作，幫助他們解決存在的困難。

「我們工作做得好不好，關係很大。從根本上說，要從發展經濟，搞好邊防地區建設，改善人民生活，切實加強思想政治工作來解決。」習仲勳表示。（轉引自《習仲勳主政廣東》）

「生產發展了，人民生活改善了，群眾看到社會主義制度的優越性了，這樣邊境就安定了，人就不會外流。」（同上）

三管齊下，穩紮穩打，標本兼治，在最短時間內，將逃港潮完全平息、徹底解決。

12 月 7 日，習仲勳訪問澳大利亞後順訪香港，會見代理港督姬達，表示逃港潮隨着內地經濟發展，人民生活水準的提高，一定會很快得到解決。特別表示「理解『逃港潮』帶給香港若干困難，也不想為此增加港英當局的困難」！

堅持逃港潮的根源不是階級鬥爭、不是港英當局或其他敵對勢力幕後操縱，而是政府沒有搞好經濟！

在省委會議上，習第一時間自我批評，對「在未做好防範措施」的情況下，「就倉促作出統統放人的決定」，承擔全部責任。

後來的事實一再充分證明，習仲勳力排眾議，頂住各方壓力，從根本上、根源上解決了逃港潮的問題，不僅贏得了民心、黨心，也贏得了千秋英名。

尤其是，在中央宣布成立深圳特區、「特區條例公布後

的幾天內，最困擾着深圳——其實也是最困擾着社會主義中國的偷渡外逃現象，突然消失了！確確實實那成千上萬藏在梧桐山的大石後、樹林中準備外逃的人群是完全消失了！」(當年曾參與特區籌建工作的原省委書記吳南生後來回憶)

沒過多久，有些偷渡到港澳去的人見家鄉經濟發展了，又成批成批地回來了。

1993 年，時任珠海市委書記梁廣大給鄧小平匯報：「特區創辦後，珠海人的生活一天比一天好起來，過上了小康水準的富裕日子，原來外流的珠海人也紛紛回來了。那個跑空了的村子，除隊長一戶感到無顏見江東父老沒有回來外，其餘二百六十戶人家都回珠海定居了。現在還有些澳門女子下嫁到珠海來定居。」

21 領導廣東改革開放，建立深圳特區，跟華國鋒當面要權，華國鋒問：「仲勳同志，你要什麼權？」

1977 年 11 月，鄧小平復出三個月後前往廣東考察，九天的行程，只在廣州南湖賓館聽取省委負責人匯報，發表講話。

關於農業困境，「三清（指清勞力、清物資、清財務），要加個清政策。清理一下，哪些好的要恢復，省裏自己定的，現在就可以恢復。」

「說什麼養幾隻鴨子就是社會主義，多養幾隻就是資本主義，這樣的規定要批評，要指出這是錯誤的。」

「看來最大的問題是政策問題。政策對不對頭，是個關鍵。這也是個全国性的問題。」

關於工業不景氣：「要採取精神鼓勵為主、物質鼓勵為輔的按勞分配制度。獎金制度要恢復。規章制度、管理制度，好的都要恢復。」（新興縣檔案局《鄧小平在廣州點燃改革開放第一把火》）

每個人都知道，當時「國民經濟瀕臨崩潰的邊緣」，都

是近三十年來一系列錯誤的政策造成的，一如冤假錯案遍地、階級鬥爭為綱。

關鍵問題是，當時的政策錯在哪裏，如何調整，如何改變，面臨的問題如何解決，需要把準脈搏、對症下藥，開出藥方。

一如由工農兵推薦上大學，違背培養人才規律，只有恢復高考，才是解決之道。

一如人民公社走進死胡同，「一大二公」越落實，地裏越種不出糧食，只有把土地重新分給個人，一小二私[6]，當年承包，當年就見效，承包越徹底，效果越顯著。

廣東的改革開放，老人家在廣東開的藥方，能不能抓到藥，治好病，開完就完，他沒關心，別人也沒當回事。

不但沒有提出到廣東的農村、沿海走走看看、調查研究，特別是前往深圳看看香港跟深圳的落差，更沒關心「逃港犯」的隊伍有多龐大，成千上萬勞動人民有多悲慘。

從廣東回到北京，不光當時沒有向中央提出頂層設計，廣東如何改革開放，「殺開一條血路」，也沒有提出全國的改革開放目標和路線圖。

不光當時沒有給出姓社姓資的標準，後來也沒有給出姓社姓資的分界線。

不光 1977 年沒有提出、1978 年沒有提出，直到 1997

---

6 「一大二公」，一大，指將小合作社或小農戶（小規模生產）合併為大社（人民公社）。二公，謂將土地私有私耕（合作化前）、公有私耕（合作化後）變成公有公耕。「一小二私」指小合作社（或小農戶），土地私有「私」耕和公有「私」耕。

年，「總設計師」去見馬克思，仍然沒有提出。

「總設計師」所有的設計，就是在堅持「四項基本原則」前提下，「摸着石頭過河」。

「四項基本原則」之一的社會主義，非常明確地包括公有制、計劃經濟、按勞分配、集中力量辦大事……

「總設計師」從來也沒有指出哪一條過期作廢、需要大改大革，哪一條是底線紅線高壓線，近不得、碰不到、越不得。

姓社姓資的尺子裝在「總設計師」大腦裏，由總設計師自己一個人度量判定「說了算」。

鄧走後五個月，1978 年 4 月習到廣東主政，鄧在廣東的講話，習一定不但調閱，而且認真仔細「學習」、琢磨，不僅因為鄧是繼華國鋒、葉劍英之後排名第三的副主席，而且毛對鄧的評價流傳甚廣：「政治上強，人才難得」。

出於工作需要、政治家的本能和從政經驗，習都必須了解、研讀鄧在廣東的講話，可惜，不光習，任何人都從中找不出如何改、如何開，如何擺脫困境。

早在延安、在西北局，習治國理政已經實事求是、「爐火純青」，沒有條條框框，沒有既定方針。

從群眾中來，到群眾中去，依據社會現實，從現實中找問題、找方法、找路徑。

寶安之行，也大開眼界、大受震動，三十年過去，廣東沿海那麼富庶的地方照樣那麼貧窮，人民群眾的生活不但沒有變好，而且變得更壞。

「香港人 80% 以上是廣東人，為什麼在香港能把經濟搞好而在廣東卻不行？」習仲勳問。

「一條街兩個世界，他們那邊很繁榮，我們這邊很荒涼，怎麼體現社會主義的優越性呢？」（參見李海文《習仲勳與廣東改革開放的起步》，原載於《黨史博覽》，下同）

省委交通科門口有個賣魚賣肉的小檔口，要起早排隊，憑票購買，有些老人凌晨三四點就去排隊，還有人用磚頭、凳子等佔位，去晚了，魚腥都聞不到。

習早上五點多去排隊，到市民中了解為什麼魚米之鄉、守着大海、守着良田，沒魚吃，沒糧吃。

到任不久，甚至發現將近一千萬人缺糧，只好找時任湖南省委書記毛致用借調，「致用書記幫了廣東老百姓的大忙！」習後來不止一次說。

有計劃按比例，全民所有，按勞分配，是人類最先進、最科學的設計和社會形態，為什麼最先進、最科學的設計和社會形態，錯誤的政策一個接着一個，不但結出貧窮、落後的果實，而且連制定政策的人都無力糾正？

就像同時期的英國首相戴卓爾夫人（瑪格麗特·撒切爾），小小年紀，在老爸的雜貨店賣日用品，就醒悟，市場背後那隻看不見的手，誰都惹不起。

習也一樣，憑生活常識就判定，計劃經濟，統購統銷，完全違背市場法則，這隻看得見的手越強大無比、越無所不在，越沒魚吃、沒糧吃、沒衣穿、沒錢花，製造出怪胎「短缺經濟學」[7]。

---

[7] 借用匈牙利經濟學家亞諾什·科爾內創作的同名經濟學著作，該書於 1980 年首次出版。

就像鄧小平到了 1980 年 8 月才指出的，說到底，還是權力過分集中。權力集中在一個人手裏，由一個人說了算，才是「政策」問題始終無法解決、無法制定出最合理的政策，無法及時糾正錯誤的政策的根本原因。

習看出問題的癥結、道出問題的根源，比鄧早了整整兩年。

更難能可貴的，又以當時政治生態和環境最能接受的語言、方法，給出解決更複雜、更敏感問題的突破口和路徑。

在上有中央、下有基層，權力非常有限的情況下，一頭集合廣東領導幹部們的意志；一頭打動中央領導、贏得中央支持。

甚至當面直截了當，跟中央、跟華主席「要權」，華都笑嘻嘻一口答應。

才到廣東半年，就集思廣益，真正打開國門，引進境外資本，又勾勒出建立特區的藍圖，兩件大事，無論價值意義，還是風險危險，都遠遠大過「包幹到戶」。

正如萬里說的，「會不會像有人擔心的那樣，滑到『資本主義』道路上去，我說即使滑下去，那也沒有什麼可怕的，把它拉回來就是了。有人提出如果減了產收不到糧食怎麼辦？那就調一點糧食給他們就是了。」

所以，小崗村的十八個農民兄弟夜裏坐一起，寫個「共訓」，蓋個手印就完事。

境外資本要進入中國，不僅涉及資源、土地、市場、產品、工作力、流通、價格、外匯、物品、人員出入境等經濟規則和事務，又涉及主權、安全、地方、中央、剝削、階

級、計劃、市場、姓資、姓無等政治和意識形態問題。

當時，韓國、台灣、新加坡及香港，是所謂「亞洲四小龍」。廣東毗鄰港澳，福建對面就是台灣，山東遼寧一水之隔就是韓國，而蘇、浙、滬一衣帶水就是日本，都有條件打開國門引進境外資本，建立特區，來料加工。這些省份的領導人都按兵不動，只有習仲勳主政的廣東做了、而且做成了！

習仲勳接手的廣東，在地域上離資本主義最近。

一百多年前，大清把香港拱手送給、租給英國。四百多年前，葡萄牙人在澳門賴着不走，稀裏糊塗也另立門戶，成了祖國的「遊子」。

尤其香港，在英國「殖民統治」下，不光經濟上成了亞洲四小龍之一，政治上也發展成為東方僅有的兩個法治地區之一。

廣東面臨着資本主義和社會主義最直接、最現實的爭奪戰，面臨着中國與境內外敵對勢力最激烈的較量，面臨着資本義主義和敵對勢力無處不在、無所不在的侵害、污染和影響。

祖國的南大門，比任何其他一省形勢都複雜、都需要穩定壓倒一切，不能給資本主義和敵對勢力任何可乘之機。

都要在思想上、言論上、行動上，與中央保持高度一致，都要積極貫徹、認真落實中央的各項方針政策。

習書記 4 月到任，夏天就張開雙臂歡迎資本主義，引進外資發展旅遊事業，建設了內地第一家涉外旅遊中山溫泉賓館。

10 月，又跟資本主義的香港建立空中和水上走廊，開通廣州至香港的客運班機，開通香港至廣州的飛翔船客運航線。

12 月，廣東省委就通過決定，逐步把價格放開。

先農副產品、後工業產品，先消費品、後生產資料，逐步縮小統派購銷範圍，擴大實行浮動價的範圍和幅度，實行計劃價、浮動價、自由價、品質差價、地方差價、季節差價相結合。

12 月 25 日，廣州成立全國第一間國營河鮮貨棧，產銷直接見面、隨行就市，緊接着又開辦鹹魚海味、塘魚、海鮮品的自由市場。

全國範圍「價格闖關」，1988 年才開始推行，比廣東晚了十年！

1983 年，清除「精神污染」運動仍然「市場經濟」視為「污染」源之一，而早在 1978 年，習仲勳已經旗幟鮮明指示寶安縣委負責人：「香港市場需要什麼，什麼價高、賺錢多，你們就生產什麼。」

「只要能把生產搞上去，農民能增加收入，國家法律沒有規定不能搞的，就大膽地幹。」

同樣是 1983 年，後來的北大教授張維迎發表一篇千字短文《為錢正名》，就成了「自由化分子」，1978 年在廣東，習書記已經開宗明義告訴港人，來內地投資「第一是賺錢，第二才是愛國」！

毛澤東評價習仲勳「年輕有為」，「爐火純青」，「是一個政治家」，「是一個活的馬克思主義者」，句句道出習的智慧和膽識。

集思廣益設計改革藍圖

早在 1978 年 7 月,習仲勳到寶安視察。要求寶安縣委建立供應香港的外貿商品「生產基地」,引進香港同胞和外商投資辦廠,也可以搞廠外加工。

接着,就要求省計委到寶安、珠海調查研究,整理出一份報告,經省委、省革委會討論同意,向國務院報告並獲得批准。

在三至五年內把寶安、珠海兩縣建設成為具有相當水準的工農業結合的出口「商品生產基地」、吸引港澳遊客的旅遊區、新興的邊防城市。

1979 年 1 月 6 日,廣東省和交通部聯名向國務院呈報《關於我駐香港招商局在廣東寶安建立工業區的報告》。23 日,習領導下的廣東省委做出決定,撤銷寶安縣,設立深圳市,受廣東省和惠陽地區雙重領導,珠海縣改為珠海市。

新任中央政治局委員、中央秘書長胡耀邦也來廣東、深圳和珠海開開眼界,不但發現深圳、珠海有的家庭已經用上電視機,而且是幾擔青菜賣到香港換回的。

事實上,胡耀邦前來考察,對習更是極大的支持。

1 月 30 日,2 月 14 日,華國鋒為總理的國務院,分別批覆廣東省和交通部的報告,決定在蛇口興辦工業區:「立

足港澳，依靠國內，面向海外，多種經營，工商結合，買賣結合。」批覆廣東省關於寶安、珠海兩縣外貿基地的規劃設想，由國家投資 1.5 億元：「凡是看準了的，説幹就幹，立即行動，把它辦成，辦好。」

李先念、谷牧聽取匯報後，劃出蛇口以南的半島 50 平方公里的面積辦工業區，袁庚只要了 9 平方公里。

隨後，香港招商局開始在蛇口開發了 1 平方公里的荒坡建立工業區，後興辦了二十三家工廠，開通了國際微波和直通香港的貨運碼頭。

1979 年春天，習書記上任一周年的時候，已經形成廣東改革開放的三大着力點。

一是明確要求中央放權、分權，讓廣東享有特殊權力，先走一步。

「經濟管理體制問題，就是集權與分權的問題，要處理好這個關係。現在地方感到辦事難，沒有權，很難辦。」

「我們省委討論過，這次來開會，希望中央給點權，讓廣東能夠充分利用自己的有利條件先走一步。」

「廣東鄰近港澳，華僑眾多，應充分利用這個有利條件，積極開展對外經濟技術交流。這方面，希望中央給點權，讓廣東先走一步，放手幹。」

二是看出改革開放不是路線和政策左或右的問題，而是不僅要改革經濟體制，還要改革「整個行政體制」！

「如果廣東是一個獨立的國家，可能幾年就上去了，但是現在的體制下，就不容易上去了。」

「作為一個省，等於人家一個或幾個國。但現在省的地

方機動權力太小，國家和中央統得過死，不利於國民經濟的發展。我們的要求是在全國的集中統一領導下，放手一點，搞活一點。這樣做，對地方有利，對國家也有利，是一致的。」

三是學習資本主義國家興辦加工區的形式，在毗鄰港澳的深圳、珠海和重要僑鄉汕頭市劃出一塊地方單獨進行管理，初步定名為「貿易合作區」。

「貿易合作區將作為華僑港澳同胞和外商的投資場所，按照國際市場的需要組織生產。」

這個時候，葉劍英再次回到家鄉，享受親情、氣候和工作的快慰，並鼓勵廣東省委領導人加快改革開放步伐。

吳南生在汕頭調研後，於 2 月 21 日晚向廣東省委發了一份長達一千三百字的電報，提出了開辦類似出口加工區和自由港的一些設想，得到習仲勳的高度認可和採納。

習又帶着吳南生，不光前去看望葉帥，而且將業已形成的整個設想和要求詳盡匯報給葉帥，葉聽完，連聲表示支持，叮嚀習趕快給中央匯報，取得通行證，並制定經濟特區條例，呈報國務院和全國人大常委會。

4 月 3 日，習仲勳和王全國赴北京參加中央工作會議，會議於次日開幕。

7 日上午，習仲勳主持中南組討論，王全國發言提出改革現行經濟體制的要求，習仲勳發言進一步指出：

「不僅經濟體制，整個行政體制上也要考慮改革。中國這麼大的國家各省有各省的特點，有些事應該根據各省的特點來搞，這也符合毛主席講的大權獨攬、小權分散的原則。」

給葉劍英（右二）、胡耀邦（右一）匯報廣東改革開
放大計

　　次日，華國鋒和李先念、胡耀邦出席中南組討論，習仲
勳作主題發言：

　　「有一個重要問題，搞什麼樣的現代化，不能離開中國
的社會經濟基礎和條件。也就是說，我們只能搞中國式的現
代化，走自己的現代化道路。」

　　「現在仍然是權力過於集中，這個問題並沒有解決。經
濟管理體制問題就是集權和分權的問題，要處理好這個關
係……光講原則也不行，還要具體化一些。希望這次會上能
夠就改革經濟管理體制問題，定出若干條，以便有所遵循。」

　　「『麻雀雖小，五臟俱全』，作為一個省，是個大麻雀，
等於人家一個或幾個國。但現在省的地方機動權力太小，國
家和中央部門統得過死，不利於國民經濟的發展。」

　　習的發言，再次走到所有領導人的最前列，走到胡耀
邦、趙紫陽、萬里的前面，尤其是最關鍵的「權力過於集
中」、「改革行政體制」，也走到鄧小平的前面，整整一年之
後，鄧才講到這個問題。

　　4月17日，華國鋒、鄧小平、李先念等聽取會議各組召
集人匯報，習仲勳再陳述此前講過的觀點和要求，而且使用
了更為敏感、更無人敢於使用的語言：「廣東如果是一個國

家，早就搞上去了。統死了影響速度，經過兩年認識，更深刻了。」

當時的經濟體制，是鐵桶般的計劃經濟，小到一根針的生產，大到一座工廠的上馬，都由國家計委說了算，行政體制更是一切權力歸中央，各地只是磨道的驢，聽喝，而中央的權力，都集中在華國鋒手裏，黨、政、軍的一號，都是華主席、華總理。

習向中央要權，要中央下放權力，就是向華主席、華總理要權，就是要華主席把自己的手中的權力釋出一部分，分給廣東、分給各省。

華國鋒聽了習的要求，絲毫沒有認為習冒犯自己的聖威、挑戰自己的權力，企圖從自己手裏分權、奪權，而是不假思索、慷慨表態：

「仲勳同志說，廣東要是一個國家，早搞上去了……要進行體制改革，廣東可以搞一個新的體制，試驗進行大的改革。」

「仲勳同志提出『希望中央給點權』，都要什麼權，明確提出來。」

「珠（海）、寶（安）要研究搞加工區，搞起來。」

鄧小平在一旁問，廣東省委的決定和要求，姓「社」，還是姓「資」，要符合「社會主義的性質」，不能搞「資本主義」那一套。

接過鄧小平的話茬，華國鋒又為習仲勳和廣東省領導人補台：「小平提的問題，請谷牧到廣東研究一下，如何解決。」

「會後谷牧同志去廣東、福建，還有上海，研究一下如

何發展有關稅收、民航、交通、通訊、利潤、法律問題。外匯能不能拿走，這些問題不解決，無法發展。還有勞務問題。」

「珠海、深圳要研究搞加工貿易區」，「加工區通過香港商業網銷售，產品不受配額限制」。

華國鋒不但從善如流，當場就為習仲勳和廣東省委的先走一步大開綠燈，而且當機立斷，排除一切質疑和雜音，安排谷牧，代表中央，就習仲勳和廣東省委的設計和要求作出更詳盡、更扎實的評估，就改革開放中遇到的許多具體問題，深入調查研究，提出對策。

當時谷牧團隊的骨幹成員之一、後來中共深圳市委的第二任書記李灝就指出：「如果習仲勳同志沒有在中央工作會議上，結合自己深入基層、貼近群眾調研的成果反映廣東的實際情況；如果他沒有那麼敢講實話，敢於尖銳地、鮮明地提出給廣東放權，廣東就可能還會徘徊不前。」

「文化大革命結束後，由於農業、工業以及國民經濟的各個方面都面臨着全面崩潰的危險，各個方面的幹部群眾都意識到指令性計劃管理體制的低效率和嚴重僵化。大家更是深切地感到高度集中的體制非改不可了，但具體怎麼改，誰也沒有明晰的方向……」

「所以，『給地方放權』這個觀點，並不是中央工作會議才有的，也不是習仲勳同志首先意識到的，但他是第一個敢於在中央工作會議上提出這個觀點的人。這個提議客觀上影響推進了中央的決策，從而深切地改變了廣東的歷史，也在一定程度上改變了中國的歷史。」

「推動了當時還停留在理論探討階段的擴大地方自主權的共識，使廣東先行一步成為現實。這是習仲勳同志為廣東，乃至為全中國的改革開放事業所做出的歷史性貢獻。」

習和廣東省委有關人士前腳回廣州，葉劍英後腳再次又回到廣州，不但在廣東又呆了一個月，花了不少時間與習仲勳、楊尚昆等討論廣東如何先走一步的問題，而且於 6 月 1 日親自參加廣東三級幹部會議，並在會上講話：「我同谷牧同志講，發展經濟不能顧北不顧南……中央決定廣東、福建先走一步，把廣東作為試點。廣東搞好了，可以推動全國、促進全國。」

又特別指出，「廣東省委的負責人是可以信賴的，地委書記也是可以信賴的，關鍵在於領導。」

6 月 6 日，廣東省委向黨中央和國務院呈送《關於發揮廣東優越條件，擴大對外貿易，加快經濟發展的報告》。

谷牧是山東榮城人，時任國務院副總理，5 月 11 日跟國家進出口委員會副主任甘子玉，國家計委的的段雲，外貿部賈石，財政部謝明等建委、物資部負責人乘火車南下廣州。

5 月 14 日，習仲勳、楊尚昆、劉田夫、吳南生、王全國、曾定石、梁湘等按照事先準備好的《匯報提綱》和《關於試辦深圳、珠海、汕頭出口特區的初步設想》，向谷牧一行作了詳細匯報。谷牧表示，基本都可以接受，而且可以比中央的決定更開放一些。

之後，谷牧一行又到肇慶、深圳、珠海、佛山、新會調查研究。

5 月 20 日，谷牧一行與習仲勳、楊尚昆、劉田夫等進一

步討論有關報告的問題起草問題。

5月29日離開廣州飛往廈門、前往福州，在福建歷時8天。

6月6日及9日，關於廣東、福建兩省的有關報告分別正式呈交黨中央和國務院。

7月15日，黨中央、國務院正式批准廣東在改革開放中實行特殊政策、靈活措施和創辦經濟特區，使廣東成為中國改革開放的排頭兵。

7月19日，中共中央下發「中發（1979）50號」文件，完全同意廣東省委的要求和設想，擴大對外貿易，加快經濟發展，實行新的經濟管理體制，試辦出口特區。

「全國的體制要改革，廣東更要改革快一些。『要』創造經驗」。

9月下旬，谷牧陪同丹麥女王瑪格麗特由桂林抵達廣州，習仲勳不失時機，跟谷牧探討廣東改革是小搞、中搞還是大搞的問體，谷牧告訴在座的習仲勳、楊尚昆、劉田夫、王全國、吳南生等省委負責人：「仲勳同志提到的，是小搞、中搞還是大搞的方針問題。我看不能有第二個方針，只能下決心大搞快搞」。

「廣東除了要把本身的經濟很快搞上去之外，還負有創造經驗、闖路子的任務。」

「辦特區，就看你們廣東的了，你們要有點孫悟空那樣大鬧天宮的精神，受條條框框束縛不行。」

習仲勳當場指定吳南生當廣東的孫悟空，由吳南生負責三個特區的規劃和籌建，隨後，中共廣東省委任命吳南生兼

任廣東省經濟特區管委會主任、黨組書記，以及中共深圳市委第一書記、市革命委員會主任。

又分批派出一些領導幹部到香港及一些發達國家考察，學習人家管理經濟、管理社會的經驗和路子。

此後，谷牧受中央和國務院委託，又兩次召開匯報會，聽取廣東、福建兩省關於「經濟特區」的進展，習仲勳、楊尚昆、劉田夫、吳南生和福建省負責人馬興元出席。

谷牧指出興辦「特區」的意義，兩省不僅是搞特區，而且要利用外資，使兩個省的工農業生產和整個經濟活起來，比其他省更繁榮。

又特別指出：「習仲勳同志講過，如果廣東是一個獨立國，保險發展快。現在基本上半獨立了，要看你們的戲了。中央一些部門思想解放不夠，我們繼續做工作，你們的筋斗也要翻起來」！

會議形成的《中央書記處會議紀要》明確指出，「經濟特區的管理，在堅持四項基本原則和不損害主權的條件下，可以採取與內地不同的政策。特區主要是實行市場調節。」

中共中央、國務院在批准《紀要》的按語中要求中央有關各部門，要把搞好兩省的經濟體制改革，作為自己的一項重要任務，加強對兩省工作的指導，採取積極的幫助的態度，而不能撒手不管。

在當年9月的地委書記會議上，習告訴大家：「這一政策一方面是省委向中央要權要來的，另一方面更是中央從搞好四個現代化建設出發，對體制改革所作出的一個重要決策。我國現行的經濟管理體制，基本是蘇聯的那一套模式，用行

政辦法搞經濟，集中過多，統得過死，實踐證明不改革不行。」「所以我們一要求，中央領導同志很重視，很快就表態同意。這件事情的實質，就是中國如何搞好體制改革，以適應四化的需要。如果我們廣東不提，中央也會提出來。廣東要從全國的大局出發，把這件事搞好。」

十三年後，習仲勳為《改革開放在廣東》一書寫序，回顧 1979 年 4 月中央工作會議期間，他向中央領導爭取「放權」的情景。

一個說法廣泛流傳，1979 的春天，有位老人在中國的南

海邊畫了一個圈，神話般地崛起座座城，奇跡般地聚起座座金山……

事實上，傳說中的那位老人鄧小平，坦誠自己「在經濟問題上，其實我是個外行，即使我講一些話，也是從政治的角度講的。如何搞改革開放，一些細節，一些需要考慮的具體問題，我懂得並不很多，我總是從政治角度談經濟的。」（參見《鄧小平文選》第三卷）

至於對廣東先走一步、對外開放，建立特區，老人的貢獻，除了要求習仲勳和廣東省委把握姓社姓資以外，還有一段話：

「我們賺了錢不會裝到華國鋒同志和我們這些人的口袋裏，我們是全民所有制。如果廣東、福建8000萬人先富起來，沒有什麼壞處。」（參見《習仲勳主政廣東》）

老人第一次視察深圳為1984年，再次「南巡」深圳到了1992年。

歷史的脈絡很清楚，廣東先走一步，率先衝破計劃經濟的束縛，形成以招商引資為引擎的外向型經濟和以特區為龍頭的市場調節，習仲勳是主導者、開創者、締造者。

其中，經濟特區的始創者是吳南生，參與廣東模式最深的中央領導人是谷牧，最高領導人中，支持力度最大的是葉劍英，而最放手、最放權、最給力的推手是黨、政、軍大權集於一身的華國鋒。

沒有華主席的寬厚、開明、大方、不劃紅線、不設禁區、並且力促其成，其他人有多美好的願望和設想，都是幻想，想了白想。

華主席要是將手中的權力當作私有財產，任何人不能碰觸，自己一個人說了算，別了說了都不算，不光不算，自己也算了。

葉劍英又是第一個視察特區的最高領導人，早在 1980 年 4 月 27 日，就到達深圳、蛇口和珠海市視察。

特區都還是漁村，一處像樣的酒店都沒有，葉住在一個小房子裏，連牀墊也是臨時從一家牀墊廠找來的。

儘管如此，他告訴特區領導人：「你們辦得很好，希望大家努力。」

1980 年 8 月 26 日，葉劍英委員長主持第五屆全國人大常委會第十五次會議，批准頒布《中華人民共和國廣東省經濟特區條例》。

至此，深圳、珠海和汕頭三個經濟特區，正式領取出生證。

不光以法律的形式保障「經濟特區」這個襁褓中的嬰兒不受行政和人為因素干擾、健康茁壯成長，而且以實際行動示範依法改革、依法開放的遠見和卓識。依法保護投資者的資產、應得利潤和其他合法權益。在註冊經營、勞動管理、組織管理等方面，實行一套有別於傳統的計劃經濟管理體制，而適應特區的性質和要求的管理體制。

海關法、投資法、土地管理法、治安保護法等一系列單行法律法規，也應運而生。

「在廣東的改革開放遭遇非議和阻力時，葉帥給了我們巨大的支持。」吳南生回憶。

一個月之後，胡耀邦總書記同總理趙紫陽、書記處書記

萬里、姚依林、谷牧、王任重、王鶴壽等在中南海勤政殿聽取習仲勳、楊尚昆、劉田夫關於廣東工作的匯報。

會後形成的《中央書記處會議紀要》明確授權，「廣東省對中央各部門指令和要求採取靈活辦法。適合的就執行，不適合的可以不執行或變通執行。」

習仲勳離開廣東、調回中央之前，又為廣東爭取到一把金斧頭、一份富可敵國的無形資產——廣東可以「不執行或變通執行」中央各部門的指令和要求！

真正擺脫中央計劃經濟和高度集權的體制，根據廣東實際，在行政管理、發展經濟方面另搞一套、自搞一套，意義極其深遠！

2007 年初，時任中共中央政治局委員、廣東省委書記張德江為自己四年前提議編寫的《習仲勳主政廣東》一書撰寫序言，第一次公開、高調揭示習仲勳對廣東改革開放事業所作的巨大貢獻：

「習仲勳同志代表省委向中央提出給廣東特殊政策、改革開放先行一步的要求，提出搞改革開放實驗區……改革開放政策實行三十多年來，廣東經濟發展創造了『世界奇跡』。」

習仲勳領導的廣東，不僅率先走出一條發展經濟的嶄新路徑，嶄新模式，奠定了廣東成為中國改革開放的試驗場和樣板間的地位，也為廣東往後四十年發展成中國最繁榮、最有活力的省份奠定了政治基礎和廣闊空間，創造了整個中國改革開放的基本形態和範式。

改革開放四十年，廣東 GDP 年均增長 10% 以上，總量一直居全國首位。

四十年改革開放的全部內涵，概括成一句話，就是告別中央集權的計劃經濟，轉向權力分散的市場經濟。

轉型的核心和障礙都是兩個字——權力。

計劃體制下只有權力可以投資經營當老闆，權力以外的所有人、所有力量都只能聽喝；市場經濟條件下，只要是人，不分民族、國籍，所有人都可以當老闆、當 CEO。

習仲勳在廣東「先走一步」，第一條就是「要求中央下放點權力」。

不光中央要給廣東省一點權力，各級政府都要給境外資本、民間資本一點權利，讓權力以外的力量自主投資、經營和管理。

由市場交易所產生的價格、價值和供需平衡那隻看不見的手發揮作用，在利潤的刺激下，拉動市場和生產。

只要有需求，就會有商品，投資和消費都會爆發式增長。

就像馬克思早就揭示過的，資本主義一百年間創造的財富，比人類有史以來創造的財富總和還要多、還要大。

結束前三十年的短缺和貧困，開關後三十多年的脫貧和致富，中國躍上世界第二大經濟體，習書記向中央要權，不光起了關鍵作用，也起了奠基作用。

四十年改革開放的深度和廣度，都沒有超出習仲勳和廣東所作的試驗和探索，都不過是廣東模式的複製品和放大版，各地大大小小、星羅棋布的開發區、自貿區，也無一不是深圳經濟特區的模仿和翻版，也無一超越深圳特區的「市場調節」和管理。

職是之故，所謂的中國模式，就是深圳模式、廣東模式，模式的奠基人、締造者和主角，不是別人，正是習仲勳。

2008年，改革開放三十周年，黨中央機關報《人民日報》第一次道出真情：「如果說中國的改革是從農村開始，那麼，中國的開放，當屬廣東為先。而習仲勳作為『文革』後的廣東省委第一任省委書記，當然功不可沒。在廣東改革開放的歷史轉折時刻，他不計個人得失，帶領廣東人民率先投身改革開放的歷史洪流，他和廣東人民所共同譜寫的壯闊篇章，將被載入史冊，留存在人民的心中。」（參見《習仲勳在中國改革開放的歷史轉折時刻》，轉引自「中國改革信息庫」，人民網，2011年11月23日）

所謂的中國模式，就是深圳模式、廣東模式，模式的奠基人、締造者和主角，不是別人，正是習仲勳。

襄 贊 中 樞

1981

砥　柱　中　流

2002

22 重回中南海，
胡耀邦信賴，胡啓立倚重，
主持考察、識拔兩代才俊接班，
更多政德深宮中

　　1980 年 2 月 23 至 29 日中共十一屆五中全會決定增補胡耀邦、趙紫陽為中央政治局常委，決定恢復中央書記處，由胡耀邦擔任中央書記處總書記。十年文革中上台的汪東興、紀登奎、吳德、陳錫聯下台。

　　全會還通過了《關於為劉少奇同志平反的決議》，恢復劉少奇作為偉大的馬克思主義者和無產階級革命家、黨和國家主要領導人之一的名譽。

　　會議期間的 2 月 25 日中共中央發出通知，為「習仲勳反黨集團」平反。

　　而早在年前的 1979 年 8 月 4 日中共中央批准《關於為小說〈劉志丹〉平反的報告》，決定為《劉志丹》及其受到誣陷的習仲勳等同志一律平反。

　　在此前後，華國鋒主政中國前所有著名的冤假錯案，無論成批製造，還是單個製造，無論運動中製造，還是平時製造，除鄧小平點名的章伯鈞、羅隆基等五位前排人物不得平

反，其他所有「右派」都由壞人、敵人變回好人、自己人。

新失去權力的人物，都按人民內部矛盾處理，都給予出路，軟着陸，不再隔離審查、下放勞動，或成為階下囚。

革命鬥爭的你死我活成為過去，改革春天的我活你也活，只不過活着的方式不同蹣跚走來。

半年之後的 1980 年 8 月 18 至 23 日，中共中央政治局擴大會議決定，華國鋒不再兼任國務院總理，由趙紫陽接任；鄧小平、李先念、陳雲、徐向前、王震、王任重不再兼任國務院副總理，楊靜仁、張愛萍、黃華為副總理；聶榮臻、劉伯承、張鼎丞、蔡暢、周建人不再擔任副委員長，補選彭沖、習仲勳、粟裕、楊尚昆、班禪額爾德尼·確吉堅贊為副委員長。文革中上台的標誌人物之一，山西昔陽大寨公社、大寨大隊黨支部書記陳永貴不再擔任副總理和政治局委員。

三個月之後，中共中央政治局於 11 月 10 日到 12 月 5 日，二十五天時間裏召開九次會議，決定華國鋒不再擔任中央委員會主席、中央軍委主席，決定胡耀邦為中央委員會主席，鄧小平為中央軍委主席。

這次會議前一天，11 月 9 日，中央決定習仲勳和楊尚昆回中央履職，不再主政廣東，由任仲夷接任廣東省委第一書記，梁靈光任廣東省委書記兼廣州市委第一書記。

差不多一年時間裏，中央眼花繚亂的人事變動和權力重新分配，牽動許多權力真空需要填補。8 月已經擔任全國人大常委會副委員長的習仲勳、楊尚昆奉命回北京任職。

11 月 15 日，習仲勳率省長代表團訪美歸來，最後一次與廣東省委負責人分享訪美見聞和隨感，也最後一次跟大家

共商廣東的改革和發展，跟大家共事兩年七個月之後，依依惜別。

從西北局到中央，習只有三十九歲，是「五馬」當中最耀眼的黑馬，從廣東省委第一書記任上回中央，習已經接近六十八歲，為同時期地方諸侯中最有成就的老驥。

廣泛流傳的改革領軍人物有三，一是胡耀邦，率先平反冤假錯案，組織真理標準問題討論，拉開上層建築、意識形態領域改革的序幕。二是趙紫陽，因為率先在四川改革農業，在農村改革中先走一步。三是萬里，因為在安徽推行「包幹到戶」，成為拋棄人民公社的先聲。「要吃糧，找紫陽，要吃米，找萬里」的説法風行一時。

事實上，萬里 1979 年春天只在一個大隊試點「包幹到戶」，外加鳳陽縣小崗村十八個農民的自發行動，到 1980 年 3 月，已經奉調擔任中央農委主任，兩個生產隊一年的「包幹到戶」不光是安徽全省的星星之火，再增產豐收，也增加不了多少大米，找萬里吃米，安徽隨便一個縣的人民群眾都供不應求，全國人民要吃米找萬里，只能望米止飢。

找紫陽吃糧倒有點眉目，紫陽 1975 年 10 月從廣東到四川當省委第一書記，1980 年 3 月，就進京當了中央財貿組組長、政治局常委，此前的 1977 年 8 月，就當上中央政治局候補委員，在四川四年時間裏，理順農業生產關係，將四川帶出大躍進造成的深淵，糧食供應應該小上一層樓。

而很長時間裏，習仲勳在廣東兩年七個月創造的改革奇跡、締造的經濟模式、探索的發展路徑，一概鮮為世人所知，都記在「總設計師」「摸着石頭過河」的功勞簿上，只有

葉劍英、胡耀邦等高層領導人知根知柢。

廣東在改革開放中先走一步的歷史使命已經完成，中央已經明確授權國家計劃經濟的指令可以「靈活變通」執行，設立的三個經濟特區，甚至完全由「市場」調節，已經由全國人大通過法律的形式加以保護。

葉劍英委員長，完全放心地，將習仲勳調回自己身邊，再展拳腳，再建奇勳。

與當初將習安排到自己的家鄉廣東一樣，對習再次寄予厚望，期待、並相信習能夠在邁向法治國家、法治社會的轉折時期、關鍵時期，一夫當關，萬夫莫開。

葉、習年齡相差多達十五歲，雖然在延安就有工作接觸，但長時間天各一方、身負重任，沒有互相交往的環境和條件。

直到習1978年復出，在廣東兩年多的時間裏，兩人才由神往神交，進入相知相近、相交甚深的階段，才由「革命同志」、黨和國家高級領導人的關係，深化到好同事、好朋友、忘年交的關係。

兩年多的相處，遠遠超過與周圍很多人一輩子的相處，也遠遠超過外界不明就裏的一般觀感。

「我調離廣東到中央工作以後，同葉劍英同志直接接觸和接受教益的機會更多了。他為了黨和人民的事業不屈不撓，英勇奮鬥的革命精神，他顧大局，守紀律，團結同志，扶植後輩的高尚品德，他渴求統一祖國、振興中華的真誠願望，給我留下了深刻的印象。他不愧是一位偉大的無產階級革命家、政治家。」習仲勳回憶。

習與胡耀邦（右一）在中南海

　　但是，已經實際上出任中共中央主席的胡耀邦需要一位志同道合的實幹家協助自己處理政治局和書記處的日常工作，眾裏尋他千百度，驀然回首，那人已回北京，就在全國人大，就在德高望重的葉帥門下。

　　胡耀邦 1915 年出生，比習小兩歲。

　　跟習一樣，也是十五歲就參加革命，跟着中央紅軍長征，經歷九死一生到達延安，先後擔任抗日軍政大學政治部副主任、中共中央軍委總政治部組織部副部長、晉察冀野戰軍第四縱隊、第三縱隊政治委員、華北軍區十八兵團政治部主任、共青團中央第一書記。

　　習主政西北，成為六大中央局諸侯之一，胡還在四川擔任川北地委書記；習當上國務院副總理兼秘書長，胡要等六年才能當上習二十年前的第一副手。

　　兩人的自然年輪只差兩歲，官階年輪卻差了二十年不止，還不算毛澤東對習那些頂到天花板的評價，習的大器早成、才幹英名一如其高大英俊，引人注目、燦燦耀眼，風頭絕對一時無兩。

　　跟葉與習一樣，礙於當時的自然環境、政治氛圍，以及各自的革命道路、工作崗位、任職的地域和部門，胡與習在

此前的歲月裏，既沒有工作交集，也沒有私人交情，唯一相知的就是習的實事求是、價值觀念和人格品質。

習復出後在廣東的一系列作為，胡也與葉一樣，看在眼裏，喜在心裏，果然寶刀不老、風範依舊，不負先前的神交和神往。

也有條件、有機會與習長時間、多話題，天南海北，海闊天空，聊工作，聊治國，聊理政，聊生活，聊人生，聊讀書，聊歷史，聊人物，談笑風生，互為知音。

兩人都聰穎智慧、思想深邃、富於遠見，都有一顆赤誠之心、浩然之氣、成功不必在我，都不忘革命的初心，為窮人打江山、坐江山，以人為本，以民以本，民為貴，社稷次之，君為輕。

唯一的不同是個性，胡熱情奔放，心直口快，毫無城府，不拘小節；而習老成持重，進退有據，內斂節制，行禮如儀。

綜合指數，習為人間不可多得的帥才、君子、聖人。而胡，則是當時當世的奇才、良將、真人、英雄。

要是胡跟華國鋒一樣，牢記權壇的險惡、人心的貪婪，以小人之心，度小人之腹，而不是以君子之心度小人之腹，他的智慧、才幹和熱情，也會極大地造福執政黨和各族人民。

可惜，跟華國鋒、葉劍英一樣，關鍵時候，他輕信別人、判斷錯誤，選擇了他擔當不起、不該選擇的位置和角色。

值得欣慰的是，在最需要的位置、最需要的時段，胡選擇習輔佐自己、做自己的 CEO，後來的事實證明，這一選擇，是胡整個政治生涯中最為正確的選擇。習，只有習，才

是他最可靠、最同心同德的政治夥伴。

而三月份榮升總書記的胡、八月份實際上榮登黨「主席」的胡，跟黨內排第一的葉副主席、執掌最高權力機構的葉委員長，無論公交，還是私誼，都在權力舞台所罕見。

不僅在大是大非問題上，在重要歷史關頭，兩人都英雄所見略同，攜手共進，大局為重，而且在胡政治生涯的至暗時刻，葉雪中送炭、施以援手，傳為佳話。

還在 1964 年，胡耀邦擔任西北局第二書記、陝西省委第一書記期間，不認同時任西北局第一書記劉瀾濤的施政方向，而繼承習仲勳當年領導西北局留下的遺產，被劉領導下的西北局鬥得「突發大腦蛛網膜炎」，面臨生命危險。

1965 年 6 月初，葉劍英偕同張宗遜、張愛萍上將前往西安，檢查軍隊工作，陝西省委接待宴會結束，葉劍英單獨留下胡耀邦，得知胡的處境，告訴胡，「你鬥不過他們。在西安說不清楚，回北京去談」。胡耀邦前往機場送行，葉直接將胡帶上飛機、帶回北京，交給毛主席。（參見《葉劍英史跡展》）

1976 年，華國鋒聯手汪東興、葉劍英抓捕王洪文、張春橋、江青、姚文元，以及毛澤東的姪子兼聯絡員毛遠新等，事成之後，第一時間，葉即安排公子葉選寧前往胡家，跟胡通報情況。胡以一貫的心直口快，毫不顧忌葉差不多高他一輩、長他十七歲，也不長點心眼，葉一生文武雙全、從來「呂端大事不糊塗」，地位又比胡高很多，「葉」門弄斧，獻計獻策：

「中興偉業，人心為上。什麼是人心？我看有三條：第

一是停止批鄧，人心大順；第二是冤案一理，人心大喜；第三是生產狠狠抓，人心樂開花。」（參見《胡耀邦文選》，人民出版社，2015 年）是為二十世紀葉、胡的「隆中三對」。（同上）

這三條即後來的鄧小平復出、平反冤假錯案和改革開放，葉劍英聽完葉選寧轉述，不但高度認同、深以為是，而且全力向華國鋒推薦，安排因「右傾翻案風」下台在家的胡，擔任中央黨校副校長、中組部長、中宣部長……

胡耀邦領導書記處，需要習仲勳輔佐，葉劍英自然一口答應，好鋼本來就要用在刀刃上，畢竟，在中國，黨的權力和作用至高無上。

習的命運再次被葉、胡決定，回京以後四個月，1981 年3 月 28 日，胡耀邦提議，中央決定，習參加中央書記處、協助胡總書記、胡「主席」處理日常工作。

三個月之後，6 月 29 日，十一屆六中全會正式決定胡耀邦出任中共中央主席，安排華國鋒當末尾副主席，增補習仲勳為中央書記處書記，習再度進入中南海，領導中央的日常工作。

「今年三月底，中央通知我參加中央書記處的工作，我對耀邦同志講過，我將竭盡全力，做一點力所能及的事，幫幫忙，在有生之年，力爭為黨多做一點工作，以不辜負黨中央對我的信任及期望。現在我仍然是這個態度。我並且準備隨時讓賢與能。」習在十一屆六中全會小組會議上說。

習又特別指出，「雖然我曾經在中央擔任過領導工作，但那已是五十年代的事，現在情況與過去有很大的不同。人

貴有自知之明，官做大了，不一定本事就大了，本事和職位是兩回事。抬轎子的人，任何時候任何地方都會有。問題在於坐轎子的人的態度。抬轎子的固然不對，坐轎子的責任更大，我們每個人都會遇到這個問題，也都有一個如何正確對待的問題。」

習不但知所進退，懇切舉賢讓能，而且未卜先知、早早道出主流俗見和心態，戳穿許多「坐轎者」貪位戀棧的假面具，別說整個社會都充滿幻想，寄希望於他們心目當中的救星，就是好些在權力漩渦打滾一生的巨擘，要到五六年以後，才發現自己太天真，有些甚至至死都沒悟出自己被花言巧語所迷惑。

習仍然擔任全國人大副委員長，6月，又兼任全國人大常委會法制委員會主任。

一年三個月之後，1982年9月初，中央又決定習進入政治局，作為十二大中央委員會政治局的候選人。

而十二大召開的當天，擬任中央書記處書記的胡啟立提出，書記處的日常工作離不開習老，他需要習老的說明、指點，習因此再任五年的書記處書記，協助胡啟立處理中央日常工作，並分管組織、統戰、民族、宗教等領域，一直到1987年十三大舉行，前後六年時間。

胡啟立時任中央辦廳主任，出生於1929年10月，比習仲勳小十六歲，同為陝西鄉黨。

胡早年畢業於北大，先為胡耀邦所賞識，1961年就出任共青團中央書記處書記，1980年任中共天津市委書記、市長，後為鄧小平所看中，在十二屆一中全會上選入中央書記

處書記，為當時「幹部年輕化、專業化、知識化」經典。

胡啟立的思維、才幹、人格、風度，完全是習仲勳的現代版，有人後來在公眾場合經常賣弄早年學到的幾句英語，其實，最早在公眾面前展示英語功底的是胡啟立。1985年，胡啟立陪同胡耀邦訪問澳大利亞，在答謝宴會上，致詞時從頭到尾就是一口流利的英語。純正的普通話，接近專業播音水準。再配一副溫文爾雅的英俊書生面孔，形神兼備，風華絕代，無人望其項背。

跟胡耀邦一樣，胡啟立一定早就耳聞習仲勳的傳奇和作為，仰慕習仲勳的人品和風範，初入中央，誠懇謙遜，請習仲勳傳、幫、帶。

二十八年前進中南海，習在周恩來的直接領導下工作，總攬中樞，二十八年後再進中南海，習在胡耀邦直接領導下工作，又是中樞總攬，兩次成為中央領導人，都相當於商圈後來流行的角色——CEO。

國務院的工作，面對國計民生、內政外交，都很具體。周恩來的領導作風，事無巨細，嚴謹精緻。經習手處理的事務，雖然紛繁複雜，但看得見，摸得着。

政治局、中央處的工作，只管大政方針，組織、宣傳、統戰、黨建，總體比較抽象。胡耀邦的領導風格跟周恩來正好相反，提綱挈領，抓大放小。經習手處理的事務主要是發號施令、協調裁斷，組織落實，看不到具體成果。

第二次進中南海，第一次在中南海裏共事的同僚只剩葉劍英、鄧小平、李先念、陳雲、彭真、宋任窮、薄一波。

最初一年多，最大挑戰是中央、國家機關的機構改革，

是中央、國家機關和各省主要領導成員的革命化、年輕化、知識化、專業化。「黨和國家領導制度改革」，也就是通常所說的政治改革，也在緊鑼密鼓醞釀、探討、準備中。

因此，中共中央主席胡耀邦、國務院總理趙紫陽親任領導小組組長，中共中央由習仲勳負責，宋任窮、馮文彬、鄧力群等參加；國務院由萬里負責，余秋里、谷牧、姚依林、袁寶華等參加，分別制定有關方案，提交中央書記處討論。

中央軍委主席的鄧小平指示很明確：「老人、病人給比較年輕、有幹勁、有能力的人讓路。」

作為主持日常工作的書記處書記，習負責中央直屬機關「精簡整編」的具體工作責無旁貸，時任中央辦公廳第一副主任馮文彬協助。

馮是著名美女西施的小老鄉，浙江諸暨人，早年長期擔任共青團首腦，曾任中共中央黨校副教育長、副校長，但在中央辦公廳工作時間不長，就消聲匿跡，傳說與當時的西施有故事，這是題外花邊。

1982 年 2 月 20 日中共中央作出《關於建立老幹部退休制度的決定》。4 月 10 日，國務院發布《關於老幹部離職休養制度的幾項規定》。

3 月 6 日五屆全國人大常委會第二十二次會議通過了關於國務院機構改革問題的決議。國務院各部、委和直屬機構將由 98 個，裁減、合併為 52 個。會議決定：國務院設國務委員若干人，職位相當於國務院副總理級，是國務院常務會議組成人員；設立國家經濟體制改革委員會，由國務院總理兼任主任。

各省、市、自治區的領導機構，也依照中央、國家機構建立健全中，包括黨政分開，設立人大常委會和省政協。建立正常的幹部離、退休制度，動員老革命、老同志全退或半退，提拔年富力強的中生代進入主要領導崗位，而且不論資歷、不講級別，只要符合「四化標準」。

習仲勳負責組織實施，一個單位一個單位地調查研究，一個省一個省地了解情況，按照各個單位和省、市的特點，分類指導，逐一解決。

因為歷次運動導致許多幹部之間矛盾重重，又因為開始建立退休制度、新老交替，中共中央直屬機關、國務院各部門、各省市調整、配備主要負責人工作非常繁重複雜，成百近千人的背景、經歷、見解、能力、品格，林林總總，都需要中央領導了解、熟悉，甚至一對一做工作。

從 1983 年 4 月開始，中央又授權各省市自治區人大、政協副職的配備、調整，由習仲勳、胡啟立拍板決定。

中央調查部外界所知甚少，但在中國共產黨領導的革命鬥爭中發揮了非常重要的作用，因為長期隱姓埋名、戰鬥在隱蔽戰線，文革中受到的衝擊超過其他部門，遺留問題多，改革難度較大。

好在調查部負責人羅青長曾經長期跟隨周恩來，是周最重要的幹將之一，而習又給周恩來當秘書長達十年，有了周恩來這位共同敬仰的首長，習、羅感情上、工作和個人交往上，因此有了共同的媒介。

有了與羅推心置腹的交流，又與羅一起，跟其他十二位負責人逐個懇談，「熊向暉、陳忠經同志在胡宗南那裏搞情

報，熊向暉同志鑽到了胡宗南的心臟，當了機要秘書，他很有才華，搞了很多重要情報。調查部班子的一個特點就是不少同志長期從事情報工作，這是黨的寶貴財富。情報工作專業性強，要有連續性，要一茬一茬接下去，解決接班問題對調查部來說更為重要，老同志不退下來，年輕同志就不能進入領導班子。」習跟大家交心透底。

又在廣泛徵求所有幹部職工意見的基礎，選拔脫穎而出的後起之秀充實新的領導機構。

習又特別叮囑新一屆領導幹部，「要處理好『文化大革命』中出現的一些問題。在延安時，康生管過這個部，『文化大革命』中他更沒有放過。部裏有人來信反映的情況大多數是真實的，都是在特定歷史條件下發生的問題。看一些同志所犯的錯誤不能離開當時特殊歷史條件，那個時候周總理也不能硬頂。對有些問題，不要再糾纏了，不要揪住不放。有的人說了點錯話，做了點錯事；有的是違心地奉命辦事；有的可能想的不周到而犯了點錯誤。有錯誤不要緊，只要勇於自我批評，善於聽取正確的批評，向群眾說清楚，群眾是會諒解的。這些同志今後要嚴格要求自己，改造世界觀，爭取不犯或少犯錯誤。」

習再一次從實際出發，實事求是，得饒人處且饒人，尤其是對於跟風犯錯誤的幹部，要區分其跟康生之流一樣，是迎合上意、加碼作惡，還是跟三國時的陳琳一樣，「箭在弦上，不得不發」。

包括山西、甘肅、江西等省、市，都需要習仲勳牽頭，與萬里、宋任窮等中央領導會同有關部門，將這些省、市的

主要領導召到北京，當面鑼，對面鼓，逐一解決領導班子中存在的問題，才能妥善安排到位。

整個九十年代，以及二十一世紀的頭十年，活躍在改革開放舞台上的絕大多數黨和國家領導人，都是這六年間，由基層幹部推薦、由習仲勳主持、會同中央各部委和各省主要領導考察、篩拔、由中央主要領導拍板，躍上頂層權力舞台。

江澤民 1982 年為國家進出口管理委員會、國家外國投資管理委員會副主任兼秘書長，同年不但改任電子工業部第一副部長、黨組副書記，而且當上部長、黨組書記，晉身中共中央委員，再過三年，1985 年，轉任上海市長。

朱鎔基 1982 年還是國家經委一名處長，一年間，由綜合局副局長而技改局局長，國家經委委員，1985 年任國家經委副主任、黨組副書記，三年後，1987 年任中共上海市委副書記、市長，五年連升四級。

李嵐清 1982 年還在對外經濟貿易部外資管理局當局長，1983 年就當上天津市副市長，1986 年又殺回對外經濟貿易部當副部長、黨組副書記，四年三級。

胡錦濤 1982 年還是副廳級的甘肅省建委副主任，共青團甘肅省委書記，同年調升共青團中央書記處書記，全國青聯主席，1984 年當上共青團中央書記處第一書記，一年後，當上貴州省委書記。四年四級，從副廳到正部，從地方到中央，從中央再到地方，成為一方諸侯。

溫家寶 1982 為甘肅省地質局副局長，同年調往北京升任地質礦產部政策法規研究室主任，一年後再升關鍵一級，當上地質礦產部副部長、黨組副書記，1985 年出任中央辦公

廳副主任，一年後升任主任，五年升四級，從偏遠的甘肅，直進權力核心當上大內總管。

李長春 1982 為遼寧瀋陽市委副秘書長，同年升任瀋陽市副市長兼市經委主任，僅僅一年，又升任瀋陽市長、市委書記，1985 年，再任遼寧省委副書記兼瀋陽市委書記，再一年，又當上遼寧省委副書記、代省長，也是四年四級。

……

第二、第三代領導核心及政治局常委以下，政治局委員、國務院副總理，以及中央各部委、各地諸侯，絕大部分，都是這些年脫穎而出的後起之秀。

他們只在會議、文件、傳媒中見過包括習仲勳在內的中央領導人，中央領導人、包括習仲勳，也只在某個會議上、視察中、或中央各部委、各省上送的推薦幹部名單中，初識這些當時還處在廳、局，甚至處級崗位上的後輩小生。

彼此之間只有上下級關係、同志之情，沒有其他任何私利和私心自用、偏燈向火。

1982 年 10 月，習率團訪問朝鮮，福建省委第一書記項南為團員之一，項南選擇當時最時尚的電子錶作為外事禮物，深得金日成喜愛，項南介紹福建的改革開放措施和成就也有聲有色，給習留下非常深刻的印象。

多日的一路同行，習才有機會知道，項南的父親與年，早在陝甘寧邊區時代、在習擔任綏德地委書記的時候，就是習的副手和搭檔。

四個月之後，春節來臨，習決定前往福建休假過節，順便了解福建的改革開放進程，中央批准的廣東模式、深圳

模式，也同樣施行於福建，是廣東、福建兩省享有的特殊政策，但是，福建明顯比廣東慢很多，習要深入了解其中的原因和突破的辦法。

在福建期間，習參觀了福州、泉州、廈門、漳州、武夷山，見識了當時最先進的「程控」電話機，按按鍵馬上就能撥通對方，而不是脈衝電話機，需要一圈一圈地轉，或者只聽見滴、滴、滴的聲音，好一會兒才能聽到接通的吱吱聲。

見識了日本投資生產的彩色電視機，而不是只有黑白兩色的熒屏和圖像。

見識了福建的深水港灣和秀美的武夷山，聽取了項南關於建設深水港、修建高速公路和開發旅遊景點的「山海經」。

回京後，習仲勳向中央遞交《關於福建見聞的報告》，就他參觀過程當中發現的問題、項南等地方、企業領導人匯報的問題一一歸納整理、並指出需要中央解決的問題。

胡耀邦很快批示中央書記處參閱，不久，福建方面需要中央解決的許多問題都有了進展，解決了改革開放進程中許多障礙。

1982 年 1 月，走訪雲南玉溪、紅河、曲靖 3 個地區和州、7 個縣，吃住在條件艱苦的縣鄉招待所，走集市，進農家，與 60 多位普通幹部群眾交談，了解糧食、烤煙、油料、糖料、農副產品以及農產品交易、農民收入和農村治安等最真實的情況，提出亟待解決的一些問題。

1985 年 11 月，習再次來到江西，一路到井岡山、寧岡、遂川、贛州、興國、瑞金等革命老區考察，就老區發展經濟、提高人民生活水準給出許多切合實際的指示。

習跟子女轉述他父親的教誨：

「我的父親是個心地非常善良的農民，他常説，長大了不要做官，也不要經商。當官的欺壓老百姓；商人唯利是圖，為人狡詐。如果有了學問，就做一名教書先生，用自己的本事傳書授道，受人敬重。要不就種莊稼，做個本分的農民。」習父的教誨，不但引燃習心靈深處的道德底線，也奠定習做官為人的基本價值觀。

習做了官，而且做了很大的官，但習看問題的出發點、制定政策的立足點、做群眾工作的着力點，始終以活生生的自然人的視角、以生兒育女的丈夫和爸爸的心態，以民為本，以人為本，社稷次之，君為輕。

在廣東、在西北、在陝甘寧邊區主政一方是這樣，在中南海、在書記處、在政治局也是這樣。

1983 年 10 月，中共十二屆二中全會決定再次整黨，花「三年時間，分期分批對黨的作風和黨的組織進行一次全面整頓」，整頓對象之一，是清理文革中有過打、砸、搶行為的三種人。

名義上，胡耀邦主席親任整黨工作指導委員會主任，萬里、余秋里、薄一波、胡啟立、王鶴壽為副主任，習仲勳、宋任窮、王震、楊尚昆、等為顧問。事實上，主要具體事務和落實都由習仲勳負責。

1984 年 5 月 22 至 6 月 12 日，僅二十天時間，習仲勳就先後到上海、浙江、江蘇、山東四省市調查研究、指導工作。

習見解非常鮮明：

——文化大革命沒有一點好處，當時是對形勢估計錯了，運動發動錯了。

——對「三種人」要堅決清理，又要防止擴大化，要堅持實事求是，對犯有一般錯誤的，在整黨中就不要再翻騰了。

——選拔幹部親疏之別可以有，但親疏之分千萬不能搞。

整黨期間，「清除精神污染」運動有蔓延到經濟領域之勢，習仲勳緊密配合胡耀邦，採取一系列措施，制止勢頭外溢。

包括中共《關於經濟體制改革的決定》，把「以公有制為基礎的有計劃的商品經濟」寫進決定，習仲勳代表中央，主持召開黨外人士座談會，徵求各民主黨派、無黨派人士的意見。

中共中央總書記胡耀邦先後兩次參加座談會，聽取意見並講話。鄧穎超、習仲勳、胡啟立等參加座談會，習仲勳主持了三次全體會議。

「討論會上氣氛熱烈，大家踴躍發言，各抒己見，做到了知無不言，言無不盡，對決定草案提出了一些具體的修改意見。」將把「商品經濟論」當作「精神污染」加以批判的干擾擋在會議和決定之外。

1984 年 12 月 29 日，中國作家協會第四次會員代表大會開幕，胡耀邦、習仲勳、胡啟立代表中央出席並祝賀。

大會宣讀兩位時任分管領導的賀電時，與會者無動於

衷，但宣讀周揚在病榻上的電話祝賀時，一片掌聲雷動、經久不息。「代表們看到，胡耀邦笑了，習仲勳、胡啟立也笑了，許多主席台上坐着的領導都笑了。」很多作家回憶。

習仲勳輔佐、胡耀邦支持的胡啟立代表中央致詞：

「創作必須是自由的。這就是說，作家必須用自己的頭腦來思維，有選擇題材、主題和藝術表現方法的充分自由，有抒發自己感情、激情和表達自己的思想的充分自由……我們的黨、政府和文藝團體以至全社會，都應該堅定地保證作家的這種自由。」

事實上，1981 年 12 月 27 日，習在會見全國故事片電影創作會議代表時，對於文藝工作的創造就全力支持。

尤其是談到文藝工作缺錢的問題，老人家非常慷慨：「電影用的那點錢，只要把其他方面大的浪費堵死了，也就足夠你們用了。電影是精神食糧，哪個不需要呀？」

文藝作作品「有缺點不要緊，大家來評論，群眾來評論，專家來評論，評論了以後可以改嘛。只要善於用批評與自我批評的武器，就能克服各種缺點，就能拍出好的電影來。」

1982 年 1 月 3 日，習老在全國農村文化藝術工作先進集體先進工作者表彰大會上指出，農民物質生活水準提高了，對文化生活的要求也就迫切了。文藝工作者要拿出足夠的好的電影、好的戲曲歌舞、好的電視片和其他好的作品，來滿足廣大農民文化生活的迫切要求，來影響農民，教育農民，提高農民的覺悟，用社會主義的文化藝術去佔領農村的陣地，也要說明、輔導農民自己創作並演出一些文藝節目。

特別是 1986 年，反映國民黨正面戰功的《血戰台兒莊》拍攝完成後送審，一些領導人認為有歌頌國民黨之嫌，不能上映，習仲勳得知有關情況，決定跟李宗仁的前秘書、全國政協副主席程思遠，以及中央統戰部長閻明復等親自審查。

導演楊光遠一直提心吊膽，害怕領導一句話，多年的心血全泡湯，等到電影放映完畢，習和程、閻與導演一一握手，不但熱烈祝賀，而且衷心感謝，習拍板，沒有任何問題，上映。

習的拍板，一如所有的為政、治國，只是實事求是，尊重歷史、用黨當時的意識形態尺度衡量，沒有其他「深謀遠慮」、利用一部電影撬動其他政治效應。

但是，電影到了台灣國民黨高級官員和將領眼裏，遠遠超出一部電影所產生的影響力，他們不但從中看出共產黨人實事求是的態度，而且看出大陸的政治生態、經濟環境確實在深刻改變中。

主政台灣的蔣二代經國先生聽說，馬上要求送《血戰台兒莊》拷貝來看，看過之後，很快改變他信誓旦旦的「三不政策」——「不接觸，不談判，不妥協」——開放 1949 年逃到台灣的老兵回大陸探親。

在習仲勳，完全出於他一貫的尊重創作自主、作品有錯不要緊、錯了就改的價值理念，結果促成兩岸關係走向和解邁出一大步。

放生一部電影，收穫整個台灣黨政軍民對大陸的觀感。

習在書記處、政治局台前幕後六年，兩千多個日日夜夜，類似審查一部電影這樣的小事，何止成千上百，而這樣

的小事產生的政治影響有多大，外界只能窺豹一斑。

因為各種原因，習經手處理的類似小事情、參與發揮作用的許多大事件，大多塵封在檔案和人們的記憶裏，要是有朝一日，老人家所有的故事能夠重現陽光之下，習的政治家生涯一定更加豐富多彩，形象更加高大光輝。

反映國民黨正面戰功的《血戰台兒莊》拍攝完成後送審，習實事求是，尊重歷史，拍板上映……蔣經國聽說，馬上要求送《血戰台兒莊》拷貝來看，其後，很快改變了「三不政策」——「不接觸，不談判，不妥協」——開放一九四九年逃到台灣的老兵回大陸探親。

23 駕輕就熟，領導新時期統戰，李瑞環推崇備至：「李維漢、習仲勳的講話和著作，是我們當今民族統戰工作的法寶。」

君子和而不同，小人同而不和。

共產黨人的統一戰線，就是將社會各界不同於共產黨追求和價值觀念的人吸引在一起、凝聚在一起、團結在一起，為着共同的目標而奮鬥。

習仲勳成為統一戰線的最高主管，是在 1981 年進入中央書記處之後，事實上，習的統一戰線生涯，早在少年時代已經開始，習的革命生涯，就是開始於統一戰線。

習走上革命道路，第一份正式任務，就是做兵運工作，所謂的兵運，就是以個人的理念和魅力影響、動員、游說士兵和指揮官認同共產黨人的主張，成為共產黨人的同盟軍，甚至加入中國共產黨，配合黨交給的任務，完成黨奮鬥的目標。

習的第一份革命成果——兩當兵變，說到底，就是統一戰線的勝利和成果。

此後的歲月，無論從政，還是從軍，始終盡最大努力，

把爭取團結社會大多數力量，當作開展工作、爭取勝利的基本盤。

一如毛澤東的金句，把朋友團結得越多越好，把敵人孤立得越少越好。

毛誇讚習是「政治家」、是「活的馬克思主義者」、「比諸葛亮還厲害」，其實都是誇習能在一切紛紜複雜的局面中，具有大局意識，長遠意識，具體問題具體分析，靈活運用黨的政策，找出最有利於我、而不利於敵的路徑和操作。

在綏德警惕「搶救運動」是這樣，陝甘寧邊區團結中農、不動地主是這樣；在保衛延安的戰役中，策動胡家叔姪率軍起義是這樣；在解放西北的大潮中，「寬大無邊」收服項謙也是這樣。在處理進軍西藏過程中跟班禪十世成為忘年交是這樣，在西北軍政委員會跟赫赫有名的張治中共事也是這樣。

在一定意義上，統戰就是一個人自然人格、胸襟魅力的綻露、延伸、社會化、工作化。

同樣都是老一輩無產階級革命家，周恩來能成為統一戰線的奠基人，無人能出其右，其情商、魅力無疑超群出眾。

習仲勳與人為善，誠實無欺、博大自信、坦蕩陽光，豪邁大度，尊老愛幼，天生招人信賴、喜歡，必然朋友滿天下。

凡是與習打過交道的同學、同事、親戚、鄰居、上級、下屬，從早年陝西長武的小老闆王志軒，到晚年的知心好友葉劍英、胡耀邦；從革命戰友、老領導劉志丹、高崗一家，到落難時洛陽工廠的兩個忘年交；從西北局一起共事的老一輩革命家林伯渠、賀龍、彭德懷，到中央書記處、政治局一

起共事的萬里、楊尚昆、薄一波、王震、鄧力群，只有他人負他，他絕不負他人。

所有好同事中，烏蘭夫又是最常來常往的一個。

烏蘭夫內蒙古土默特左旗人，生於 1906 年，為蒙古族共產黨人的翹楚，早年在內蒙創造革命根據地，一度在西北局高崗領導下主管民族、統戰事務，與習有工作上的接觸和交往。

1955 年授上將銜，長期主政內蒙，歷任中共中央、國務院、全國人大、全國政協要職，因為廖承志無福消受國家副主席，選前猝死，烏坐享其成。

烏敬重習的領導水準和人格魅力，習敬重烏的文武全才、實事求是，兩人投桃報李，工作關係之外，又發展出私誼。

早在 1961 年習任職國務院期間，時任政治局候補委員的烏蘭夫就邀請習到呼和浩特過年。烏 1977 年出任中央統戰部長，重入政治局、進入國務院、人大和政協，習 1980 年進入人大、爾後進入書記處、政治局，共同從事統戰工作。

兩位老朋友殊途同歸、義氣相投、珠聯璧合，合演改革開放大業中興統一戰線的雙子星。

解放戰爭中，喜饒嘉措是第一個與解放軍同心同德和平解放西藏的青海宗教界領袖，習主政西北時期處理西藏事務，喜饒嘉措無役不予，後任青海省政府副主席、副省長、西北民族事務委員會副主任、全國政協常委，全國佛教協會會長。

早年耳聞目睹習的智慧、大氣和風範，從此把習當作良

師益友，遇到困難和問題，都找習傾訴、商量、請教。而習總是開誠布公，幫他出主意、想辦法，解決困難。

習的魅力、風範和影響所及，將許多來自外省的同事、下屬陝西化、關中化，無論生活愛好，還是為人處事。

《人民日報》前後兩任社長胡績偉、秦川，一位來自四川，一位來自貴州，只因為兩人都在習領導下工作過，前者當過《邊區群眾報》總編輯、後者當過西北局宣傳部長，兩人政治品格都展示出濃郁的習氏之風。

習秘書之一的張志功，來自河南陝縣，最後連生活習慣和愛好都歸化於習。即使南下廣東、在北京生活多年，「我仍愛吃陝西飯，看戲愛好秦腔，而不是豫劇，看電視也找陝西台看，而不找河南台。」張志功先生告訴本書著者。

而習，正是將自己的自然人格，運用於工作中團結黨內黨外一切可以團結的力量，運用於黨的統一戰線。

中國的民族、宗教問題，主要集中在西北，伊斯蘭教、藏傳佛教，維吾爾族、回族、藏族、哈薩克族、蒙古族、塔吉克族、錫伯族、東鄉族等，十多個少數民族，人口約七百萬。

習極富創造性地開展統一戰線工作，從各個民族宗教信仰、生活方式、文化背景不同的實際出發，謙遜寬厚，坦誠待人，廣交朋友，合作共事，調動了各界人士的積極性，匯集了對共產黨的高度認同和支持，順利地建立並鞏固了新生的人民政權。

要求各省「正確對待少數民族的宗教信仰，切實尊重各民族人民的宗教信仰自由；一切工作中都要照顧民族特點，

不要過分地、不適當地強調階級矛盾，否則就是民族矛盾。全世界有三億人信仰伊斯蘭教，我們工作做好了，在東方亞洲影響很大。總之，民族工作不要急，謹慎穩進的方針是唯一主要的方針。」

「1950 年 7 月，彭德懷、習仲勳領導召開西北民族事務委員會第一次會議，各少數民族委員二十七人、列席代表七十五人，西安各機關幹部及民主黨派列席者七十五人，與會委員和列席人士多為各族過去的當權者和宗教職業家（王公、貴族、千百戶、阿訇、活佛、教主、起義軍官、地主等），共產黨員和進步分子佔極少數。」

彭和習多次跟各族委員及代表見面，分別集體、單獨跟大家交流、溝通各種問題上的意見和主張，尋求大家都能接受的解決方案和辦法。

重大問題個別深談，一次解決不了兩次，兩次達不成共識三次，三次還有疑慮，四次、五次，有的多達七八次，直到大家都接受為止。

正確的意見立即採納，不正確的意見，或當時條件下做不到的要求耐心細緻解釋，工作中的缺點和錯誤主動檢討，開展批評和自我批評。

凡是按照習統一戰線方針和要求所做的地區，都社會穩定，民族團結，很快從戰亂中安居樂業。個別地區領導人簡單粗暴，不執行經中央和毛主席同意的、習一手制定的西北地區的統一戰線方略，果然引爆很大的亂局，付出沉重代價。

習仲勳和彭德懷召開西北軍政委員會會議，邀請各界知名人士三十四人和各民族代表及各部門、各地方人民政府

負責人一百三十六人參加，又邀請一百六十八人列席。其中回、蒙、藏、維、哈、撒（撒拉族）、烏（烏孜別克族）、土（土族）、柯（柯爾克孜族）等少數民族約佔五分之一。

彭德懷、習仲勳和西北各省、各部領導人在會議的報告中，都首先檢討自己工作中的缺點和錯誤，提出改進的措施和設想，誠心接受出席者的批評。

蘭州民主人士楊慎之寫信反映一些幹部在認購公債、徵稅工作中存在的問題，長達近萬言，有些批評非常尖銳、激烈，習指示會前就將楊的信件印發，啟發和鼓勵黨外人士充分發表意見。提交會議的二十一件提案，三星期之後就飭令各省根據自己的具體情況抓好落實。

習仲勳還親自兼任中共中央西北局統戰部部長，與新疆的包爾漢、賽福鼎・艾則孜，青海的堯西古公才旦、喜饒嘉措，內蒙古阿拉善旗的達理札雅親王，寧夏的馬震武、馬騰靄、邢肇棠，陝西的楊明軒、趙壽山，甘肅的鄧寶珊、馬鴻賓，都結下深厚的同志之情、朋友之情。

張治中、張鳳翔、韓兆鶚、鄧寶珊、黃正清、孫蔚如、陶峙岳、邢肇棠等一大批知名民主人士都是西北軍政委員會委員、西北各省省政府主席或副主席，都有位有權，與習副主席肝膽相照、和衷共濟，共同謀求西北中興大業。

張治中代表李宗仁「主政」的蔣介石政府赴北平「和談」不歸，成為即將統治全國的共產黨人的座上賓，第一份差事，就是西北軍政委員會副主席，名義上與習仲勳、彭德懷搭檔，實際上當彭、習的跟班。

但習絕不把張看成統戰對象，而是當作領導集體的一

員，非常尊重張的見解和主張，信任張的處事和為人，發揮張的作用和影響，讓張成為名副其實的副主席、而不是掛名的花瓶。張深受感動和影響，不但在毛澤東面前直誇習的政治才能和人格魅力，而且把習當作莫逆之交、忘年之交，與習保持長期密切友好關係。

兩人雙雙到了北京，習進入權力中樞，張投閒置散。張最接近權力中心的終南捷徑成了習，有什麼心思、想法和建議，直入習府，跟習傾吐衷腸。習一如既往，將張當作「密友、益友、諍友」，推心置腹，無話不談，張所需要解決的問題、所提的建議，自己能解決、能落實的迅速解決落實，自己作不了主的、無法解決的，立即報告周恩來、努力爭取周、毛重視解決、採納。

陳叔通也將習副總理、習秘書長當作貼心人，有事直接找習管家，辦公室太忙、太正式，無事不登三寶殿，乾脆直接上習家，習擔待不起，也過意不去，每次相約，都要求自己去陳府，但叔通老總是堅持登門造訪。

1957 年，傅作義心臟病發作住院，習多次前往探視，並報告周恩來，安排傅到外地療養，不必處理公務。

習在主持西北局、出任中宣部長、國務院秘書長、副總理期間，不但與負有盛名的陝西籍國民黨將領趙壽山、教育界巨擘楊明軒、張奚若、文學藝術界周揚、常香玉等相交甚篤、所知甚深，而且與高教部部長馬敍倫、水利部部長傅作義、糧食部部長章乃器、衛生部部長李德全、交通部部長章伯鈞，以及陳叔通、季方、羅隆基、鬍子昂、黃炎培、史良等，都在工作往來中建立起友好情誼。

鄧寶珊就在毛澤東面前大讚習仲勳：「這個同志氣度大，能團結人，可以挑重擔。」毛澤東非常贊同：「你的看法很準，這個同志最大的特點，是能團結各方面人士，胸懷博大，能負重任。」

　　其中，來自四川順化（今理塘）的藏人黃正清，隨其二弟、甘肅拉卜楞寺第五世活佛嘉木樣，遷至甘肅夏河的拉卜楞寺任保安司令、國民黨軍事參議院少將參議，1949 年 8 月率部起義，與彭德懷、賀龍、習仲勳等由相識到相知，關係非常融洽。

　　特別是習，又多了一份關隴鄉黨的情誼，相處更為熱絡，黃隨時可以出入習的辦公室和習家，習也完全把黃當同志、當兄弟對待，「回想起在西安、甘肅和習書記一起工作的一段時間，無時不得到他的關懷，每個重大工作環節無不得到他的支持、幫助和鼓勵，我真感到榮幸和快樂。工作之餘，我是他家的常客，時常一起談論形勢，談祖國建設和統一事業，也談黨的領導和工作方法，有時談天說地，聊人生追求和家庭趣事。談到高興時候，我們一塊兒歡笑同樂。」黃正清回憶。

　　余心清 1898 年出生，安徽合肥籍，早年畢業於金陵神學院、哥倫比亞大學，曾為馮玉祥部下、察哈爾省政府民政廳長、國民革命軍第三集團軍政訓處處長，策反孫連仲起義投奔共軍失敗，獲營救出獄，任中央人民政府辦公廳副主任、典禮局局長，政務院機關事務管理局局長、中華人民共和國民族事務委員會副主任。

　　只因為在國務院工作期間，跟習秘書長工作來往頻繁，

也把習秘書長當知音，1958 年被列為右派候選人，習得知情況，挺身而出，替余說話，保護余過關。

可惜，余有陳獨秀老鄉的遺風，不識時務，管不住嘴巴，因為習，躲過反右，文革當中，再無習遮風擋雨，被迫自殺。

多年後，習獲知余的結局，仍為余鳴不平，「一個好人啊，愛說士可殺不可辱，抄家批鬥，他怎麼受得了？」

一對來自延安的老部下，在 1958 年反右運動中被打成右派，下放北大荒前，攜太太跟時任國務院副總理的習道別，習嘴上鼓勵他們，去吧，接受考驗，愉快改造生活，但是，眼裏噙着淚水。

習的心靈，對所有人都滿懷春天般的溫暖，甚至，對敵人，也沒有秋風掃落葉般的殘酷無情，而是滿腔設身處地、體諒原諒、寬大為懷。

在政治生涯的黃昏，在書記處、政治局，分管全黨的統戰，真是才盡其用，黨、國之幸。

黨中央和中央紅軍初到陝北，老一輩革命家當中，第一個器重、賞識習仲勳的重量級人物就是李維漢，在陝西旬邑馬欄的關中分區所在地，時任陝甘省委書記的李維漢前往指導工作，幾天時間的了解、相處，就對習刮目相看、另眼相看。

兩人誰也沒有料到，多年後，李維漢先在國務院擔任秘書長，接替他的正是習仲勳，又很多年過去，李維漢早已卸任的統戰部，如今由習仲勳分管。

而習對統戰工作的領導，不光繼承的是老部長李維漢的

事業，又繼承、發展了李維漢的遺產。

「李維漢和習仲勳同志關於民族統戰工作方面的講話和著作，是我們當今民族統戰工作的法寶。」後來分管統一戰線的政治局常委李瑞環如是說。

實際上，習在國務院工作期間，就經常依周恩來的指示，處理許多民族、宗教和統戰事務。

1962 年班禪的《七萬言書》，就是班禪直接送給習，由習轉呈周，周又指示習與時任統戰部長李維漢與有關方面負責人，解決班禪提出的各種問題。

在人民大會堂福建廳，習仲勳、李維漢等與班禪多次談話，李維漢博學多識、學養深厚，以及深得統戰工作精髓要領的風範展露無遺，習博聞強記、思維敏銳、務實求真的才華滲透每一個表態和主張。

1962 年，李跟習仲勳同命運，李因為統戰工作中的「投降主義」和「右傾」路線，被打成反黨、反毛澤東分子而遭受批鬥、下台，1979 年平反復出，擔任第五屆全國政協副主席。

習在中央分管統戰工作，李的欣喜、欣慰可想而知。

李 1982 年 9 月出任新設立的中共中央顧問委員會副主任，1984 年 8 月離世。習多次前往醫院探望，並欣然為李的回憶錄《回憶與研究》作序，《序》中說：

「維漢同志生前，曾向我談過他撰寫回憶錄的幾條原則……這些原則在這個回憶錄裏都充分體現出來了，這也是這個回憶錄的鮮明特色。尤其可貴的是，他在回憶錄中對自己的缺點錯誤從不隱諱，並勇於進行誠懇的自我批評。」

1981 年 12 月底，習跟胡耀邦一起出席全國第十五次統戰工作會議，胡、習都作了關於統戰工作的講話。

習的講話，精髓如下：

——各級統戰部都要成為黨外人士之家。像組織部是幹部之家一樣，使各民主黨派人士、無黨派人士、一切黨外人士，什麼話都可以說，什麼問題都可以提出來，什麼事都可以商量，有困難我們誠心誠意幫他們解決。

——毛主席過去常講，不要把黨外人士當擺設。我們現在這種思想還是有的，把人家當隻花瓶。當花瓶還好看些，有的連花瓶都說不上。

——有些同志的工作方法，一說話就露餡了，開會發言或者商量事情的時候，總喜歡說黨怎麼樣決定了。那人家要問你，既然黨決定了還商量什麼呢？我幾次碰到這種情況，總覺得這種說法和做法不那麼妥當。不能這樣嘛，黨的領導這一條當然要堅持，但也不能到處講我們要領導。你不講，人家就不要你領導？

1982 年 1 月 30 日，中共中央發出《關於檢查一次知識分子工作的通知》，要求進一步消除對知識子的偏見，真正做到政治上一視同仁，工作上放手使用，生活上關心照顧。

3 月 11 日，十世班禪致信習仲勳並轉胡耀邦，申請前往西藏、甘肅、四川、雲南一帶藏區巡遊。

習閱畢即轉呈胡耀邦閱示，胡批示：「請仲勳、蘭夫、彭

沖同志商定」，將決定權交給以習為首的三人小組。

習、烏、彭審時度勢、反覆掂量，將方方面面的因素和可能一一列出，綜合平衡，認為安排班禪7月成行是最好的時候。

習仲勳、烏蘭夫、楊靜仁又專門約見班禪，告知班禪有關決定，轉達中央對班禪的期待。

「你去不去西藏，什麼時候去好，中央要有個全面的考慮。這兩年沒讓你去，我看是對的，因為你的身分不同，你的行動，不只是你一個人的問題，還要考慮到對達賴集團的政策，這是一個敏感的政治問題，不能把自己單純地看成只是藏族的精神領袖。你現在是自由又不自由，當了副委員長，就不能那麼自由。猶如我們共產黨員，黨叫幹啥就幹啥，決不可自由行動，就是要講黨性，守紀律。我們之間的區別，只不過你不是共產黨員罷了，其他都一樣，同是幹革命。你是大師，又是副委員長，也要求你同我們一樣遵守這條準則，這也是為祖國的統一着想，為全國各民族人民的利益着想。如果不這樣來要求你，那就是另眼看待你了。」習說。

「幾天前中央鄭重研究了你去西藏的問題，決定你今年可以去西藏。你是雙重身分，在思想上要把副委員長放在第一位，宗教領袖放在第二位。一言一行要從國家領導人的角度考慮問題。宗教活動不是不可以搞，但不宜多，多了會影響當地群眾的生產和生活；要尊重地方黨委及地方政府，尊重地方黨政領導同志。要正確對待下面的同志，要團結起來向前看，不要翻歷史舊賬，對反對過你的人，要特別注意團

習對班禪說：「這兩年沒讓你去（西藏），因為你的身分不同，你的行動，還要考慮到對達賴集團的政策，這是一個敏感的政治問題，不能把自己單純地看成只是藏族的精神領袖。……如果不這樣來要求你，那就是另眼看待你了。」

結。達賴要搞大藏族自治區，在西藏安了不少釘子，在國外又搞了不少名堂。你這次去可以了解點情況，多做些工作，宣傳民族大團結，宣傳走社會主義道路，宣傳祖國統一。既然回西藏，能去的地方都可以去。」

習、烏又專門約見西藏自治區黨委第一書記陰法唐，就十世班禪回西藏事宜作安排。「班禪回去，西藏自治區要熱情、誠懇、禮貌，體現政策，各方面工作都要做好，說明班禪解決好視察工作中的一些具體問題。」

7月初，班禪回到西藏，發揮了很好的作用，收到了很好的效果，班禪在西藏的所有活動，習全程關心、關注，包括有關報道，習都親自審閱、批示。

1986年2月，班禪再回西藏開展「傳召」活動，一如前例，又是習負責去不去、如何去、去後如何展開活動，包括行前請班禪溝通、安排有關注意事項。

「這台戲你是主角，搞好搞不

好，要看你了。這個法會二十年沒搞了，今年開始恢復，意義很大。搞好了，對外影響更大。你去之前，要做好充分準備，把問題考慮周到些，對每件事的處理要盡量慎重點，安排妥當，時間短一點，規模小一點，盡量不要發生問題，通過這次活動擴大政治影響。」

又特別叮囑，「你是全國人大常委會副委員長，處理任何事情，都要考慮可能產生的政治影響。西藏情況很複雜，你要注意安全，確保不出事。」

凡是習負責決定、安排的行程，班禪都沒「出事」，不管是 1951 年首次進藏，還是這次「法會」。

1989 年 1 月，習不負責了、也不安排了，班禪「出事」了。

28 日凌晨，在西藏扎什倫布寺主持第五世至第九世班禪合葬靈塔祀殿開光典禮後，班禪心臟病突發，搶救無效，終年五十一歲。

「他去西藏主持班禪東陵扎什南捷開光典禮前，還在百忙中來向我告別並獻了哈達。出門要告別，回來要談心，這是他長期同我交往的一個老習慣。我了解他的性格，熱情高，愛激動，工作起來控制不住自己。我對他說，這個季節西藏缺氧嚴重，你要注意自己的身體，不要性急，要勞逸結合。他說，這件事辦完遂了我最大的心願，就是死了也瞑目。我說，佛不要你走，馬克思也不要你走。誰知大師一走，竟成永訣。」（參見《人民日報》，1989 年 2 月 20 日）

消息傳到北京，與班禪同為全國人大副委員長的習仲勳著文，緬懷與老朋友、小同志的交情。

1983 年 9 月 15 日，胡耀邦委託習：「落實政策，特別是落實黨外朋友、歸僑政策這件大事，須要請你代表書記處來抓。主要不是再發什麼文件，而是要一個一個地方檢查，發現一個解決一個，有些典型，要發通報。因此抓這件事，要有最大的務實精神，最大的魄力。」

　　根據胡的指示，習仲勳擔任落實政策小組召集人。

　　習要求開放存有查抄物資的倉庫（包括文物倉庫），物歸原主；確係「文化大革命」中被查抄，而現在又找不到原物的，可從已處理查抄物資存款中適當給以補償，或從國家禮品倉庫中選擇一部分禮品頂退；「文化大革命」中被擠佔的房產也須退還，一時騰退不出的先給房主立據，兩三年內退還。

　　不論是過去或現在犯錯誤、犯罪的人員，其無辜家屬和子女一律不得株連，目前在上學、就業等方面仍然受到株連影響的，均應糾正；三中全會以來處理的問題，包括打擊經濟犯罪、打擊刑事犯罪中處理的案件，確實搞錯了的應該一律糾正。

　　到 1984 年底，清退原物主約 300 萬兩黃金、700 萬兩白銀、15 萬件金銀製品和 800 萬枚銀元的收繳銀行牌價現金；清退查抄文物、字畫、珠寶、玉器、工藝品等 1100 萬件；清退查抄的 264 萬冊圖書、約 1000 萬平方米私房……（盛平《文史參考》第 56 期，2012 年 4 月）

　　到 1986 年中，「文化大革命」及以前的主要歷史遺留問題的落實政策工作，基本完成。

　　1984 年 2 月，胡耀邦視察華亭寺，得知寺廟還沒有交由

他們管理，要求各地落實政策。習仲勳隨後督促各地按有關規定，交還三百多座寺廟。

寧夏回族自治區有伊斯蘭教阿訇二千多人，大部分年齡偏大。隨着宗教生活的恢復和清真寺的開放，一些信教地區的穆斯林聘請不到有經學基礎的阿訇。自治區伊斯蘭教協會根據有關規定，開辦阿訇進修班，起到了很好的作用。

習看到這個做法，批示給中央統戰部部長楊靜仁：「別的宗教如喇嘛教、佛教可否用此辦法，培訓一批宗教職業人員，來管理群眾的正常宗教活動。」此後，各個宗教的培訓機構逐漸建立和完善起來。

隨着國門的打開，不可避免的會流進一些塵埃細菌，八十年代初，一個所謂的「呼喊派」組織在河北、福建、浙江等地十九個省、市蔓延，糾集信教群眾搶佔教堂和聚會點，圍攻公警人員。

習從公安部門一份材料中獲知這一情況，隨即要求中央統戰部、公安部和國務院宗教局調查有關情況，並會同主管政法工作的中央書記處書記陳丕顯，召開有關省、市、自治區負責人會議，明確政策界限和鬥爭策略。短短一年多，精準打擊極少數骨幹分子，爭取團結信教群眾，乾淨利索肅清其組織和影響，沒有波及的地區和群眾，幾乎沒人知道當年曾發生過這樣的案件。處理得這樣輕快，真可謂「談笑間，檣櫓灰飛煙滅」。

「1985年晚秋的一天，我得到通知說習仲勳同志要找我談話……我來到習老辦公室，他讓我坐下，還給我沏了茶，一臉慈祥的笑容，使我平靜了許多。他親切地和我拉家常，

詳細詢問我的工作經歷以及『文化大革命』期間我和家庭的遭遇等等。他那真摯動情的話語，一下子拉近了我們之間的距離。接著，他鄭重地對我說：中央決定調你到中央統戰部工作，擔任部長，我代表中央通知你，問你有什麼意見……」多年後，閻明復回憶。

可能是閻明復剛到任，碰巧有一天上午，在政協禮堂舉行九三學社成立紀念大會，主持人宣布會議開始，全體起立，唱國歌。

當時的儀式，都是錄音機放歌，與會者肅立靜聽，但是，大家站了好一會兒，沒有聲音出現。

原來錄音機出了故障，放不出來，工作人員手忙腳亂，仍然無濟於事。

這時候，只見代表中央出席會議的習仲勳大聲説，「放不出來，不放了，大家一起唱！」

眾人唱完重新落座，習那高吭的「秦腔」再度響徹會場：「閻明復，你站起來，你給大家檢討，這麼重要的會議，這麼細小工作都沒有做好！」

閻只好再度起立，給大家檢討、道歉、鞠躬，閻的座次，正好偏右。

習臨機應變的鎮定自若、不留情面的嚴格要求、主導場面的威嚴大氣，小小細節中表達得淋漓盡致。

1984 年 11 月，沿海開放城市和經濟特區統戰、政協工作座談會舉行；1985 年 2 月，第一次全國統一戰線理論工作會議舉行；1986 年 1 月，全國民委主任會議舉行；1986 年 2 月，全國地方政協座談會舉行；1986 年 9 月，中共中央召開

黨外人士座談會；1986 年 10 月，全國宗教工作會議舉行⋯⋯

每次會議，習都要出席講話，每件請示、報告，習都要提出要求、處理意見，六年多以來，習關於統戰工作的思想、論述集件成冊《習仲勳論統一戰線》，在習誕辰 100 周年前夕出版發行，收入習 1940 至 1989 年間關於統一戰線工作的講話、談話、報告、文章、批示等 109 篇，全面反映了他在黨的統一戰線工作中提出的重要理論、觀點、政策、思想和豐富經驗。

限於篇幅，擷取幾段語錄，窺其精要：

——商品經濟的發展卻是社會經濟發展不可逾越的階段。要在少數民族地區實現經濟現代化，必須補上這一課，這方面有很多工作可以做。

——實踐證明，理論研究只有結合實際，才會有活力，有創造，有發展，也才會對實際工作起指導作用。我們要不斷地克服教條主義和經驗主義，特別是教條主義。因為有這種思想的同志往往是理論脫離實踐，並把它變成了空洞的、僵死的東西。他們只會機械背誦和簡單重複馬列主義的原理和字句，並拿來衡量已經發展了的實際，他們「循規蹈矩」，而不敢越雷池一步。

——其實民族和宗教是分不開的。有的民族，沒有宗教也就不成為一個民族了。我們現在說的宗教狂熱，要加以分析。為什麼狂？這些問題都是「文化大革命」遺留下來的。「文化大革命」中，不准人家信教，一切都成了牛鬼蛇神。

習仲勳：有的民族，沒有宗教也就不成為一個民族了。「文化大革命」中，不准人家信教，一切都成了牛鬼蛇神。

——對少數民族地區那些不利於民族興旺、群眾致富，不利於兩個文明建設的陳規陋習，要採取積極而又慎重的態度，通過同少數民族代表人士和廣大群眾充分商量後，由他們自覺自願地加以改革。

——一個封閉的民族是很難發展和進步的。在中國文化中，有很多的好東西是從中東、南亞的文化中吸收過來的。在民族工作中，應當積極地說明各少數民族改變半封閉狀態，實行開放。這種開放，包含對國外開放和對國內其他地區、其他民族開放。隨着商品經濟的發展，對外開放交流是脫貧致富、吸收先進技術人才、開闊視野、增長知識的必由之路。這一點要反覆地向少數民族群眾講清楚，要擺些實際的例子做宣傳。說得再多，沒有樣子看不行。這是個大舞台，就看你咋演，帶個好頭，群眾一看就會認為這樣好，進步啊！

1980 年訪問美國參觀迪士尼樂園

習的演出樸實無華，從心出發，在任何時候都很成功。

把黨的統一戰線延伸到國家之間，就成了外交事務，就成了在國與國之間交朋友、找共識，互通有無，共同進步。

在廣東主政，習先後率廣東省友好代表團、中國省長代表團訪問澳大利亞、美國，順道參訪香港、澳門。

1982 年又率全國人大代表團赴瑞典、芬蘭、挪威和丹麥等國考察訪問，了解其社會發展和管理經驗。

每到一地，習總是以極大的熱情，參觀考察工業、農業、商業、文教、科研、旅遊等各行各業，包括德萊塞公司、弗羅爾公司、大通銀行、通用汽車公司和怡和洋行等，同各界人士廣泛接觸交流、友好互動，甚至到美國普通民眾家裏做客，和他們共度萬聖節和猶太教休息日，了解、體驗不同文明和文化，增進、展現東方文明和中國風采。

一如澳大利亞總督所說，「習先生不只是一個傑出的政治家，還是一個出色的外交家。」

與葉劍英、彭眞、萬里同心同德，推進公平正義、以法治國，「把尻子端端坐在群衆一邊」

以華國鋒抓捕「四人幫」為標誌，中國由「革命」、「不斷革命」、「繼續革命」，轉入「改革」、「全面改革」、「深化改革」。

除了曇花一現、群龍無首的辛亥革命，是砸爛一個權力高度集中的人治社會，孫中山、蔣介石領導的「國民革命」，毛澤東、共產黨領導「無產階級革命」，最終都回歸權力高度集中的人治社會，老蔣甚至建立起父死子繼的家族統治。

華國鋒結束文化大革命，以葉劍英為代表的一代共產黨人痛定思痛，深刻認識到，只有建立健全法制，以法治國、依法治國，中國才能繁榮昌盛、長治久安。

早在 1978 年中央工作會議上，全國人大常委會委員長葉劍英就旗幟鮮明地指出：

——林彪、「四人幫」從反面給了我們血的教訓，使我們懂得，一個國家非有法律和制度不可。這種法律和

制度要有穩定性、連續性。它們是人民制定的，代表社會主義和無產階級專政的最高利益，一定要具有極大的權威，只有經過法律程式才能修改，而不能以任何領導人個人的意志為轉移。

——在人民自己的法律面前，一定要實行人人平等，不允許任何人有超於法律之上的特權。我們黨、我們的國家和人民，受林彪、「四人幫」之流的個人特權的災難太深重了，我們以後一定要動員全黨全軍全民的力量，來向任何個人特權進行毫不留情的鬥爭！

——人大常委會如果不能盡快擔負起制定法律、完善社會主義法制的責任，那人大常委會就是有名無實，有職無權，尸位素餐，那我這個人大常委委員長就沒有當好，我就愧對全黨和全國人民。

老一輩革命家當中，只有周恩來、葉劍英、李先念歷經歷次運動、特別是文化大革命而沒有被打倒，葉能夠認識到法制建設是現代文明社會的根基，再次說明，葉的思想深刻和穿透力在當時所有最高領導人中獨一無二、鶴立雞群，並不遺餘力推動建設法治國家。

尤其最後一句話，「我這個人大常委委員長就沒有當好，我就愧對全黨和全國人民。」等於押上自己的地位和聲望，與全黨、全國人民訂定軍令狀，在中國邁向法治國家的道路上留下空前絕後的重量。

當年的國家主席、全國人大委員長劉少奇眼看大難臨頭，才拿起憲法當「擋箭牌」，後來的全國人大委員長彭真

歷經文革被打倒、被批鬥、被流放，才意識到法治和法制的重要性，儘管被打倒前是掌管法治的最高負責人。

彭真 1902 年生人，原名傅懋恭，在山西曲沃（今侯馬市）出生長大，早年參加革命，歷任中共中央晉察冀分局書記、中共中央組織部部長、中共中央東北局書記、東北民主聯軍第一政委、中共北京市委第一書記、中共中央政治局委員和中央書記處候補書記等職務。文化大革命五人小組負責人、並長期主管政法系統。

1978 年復出後擔任中央政法委書記，十一屆三中全會後，又在葉劍英領導下，出任由各方面人士共八十人組成的全國人大法制委員會主任。

法制委員會「規模之大、規格之高前所未有」，專責立法。

但彭真當了主任，還不明就裏，不知道法制委員會只是程序上的擺設，還是有實際工作可幹。

找華國鋒、葉劍英、鄧小平請示如何工作、怎麼幹？是虛的（安排性的）還是實的（真抓實幹）？

華說，是實的嘛！

葉說，法制工作就委託你來管，你認為該怎麼辦就怎麼辦。

鄧說，當然是實的，你要找什麼人就找什麼人，要找哪個部門就找哪個部門。（參見《全國人大網》）

有了華、葉，鄧賦予的金斧頭，彭當即委託王漢斌

調來項淳一、顧昂然、高西江等投入工作。（同上）

　　彭真主持研究並請示華國鋒、葉劍英同意後，確定從比較成熟的、急需的法律入手。

　　一月着手，僅僅半年時間，7月1日，五屆全國人大第二次會議就一口氣通過七部法律，包括《選舉法》、《地方組織法》、《法院組織法》、《檢察院組織法》、《刑法和刑事訴訟法》、《中外合資經營企業法》。

　　全國人大及其新成立的法制委員會，滿載着全黨、全軍、全國人民的期待，肩負將幾千年的人治社會轉型到法治社會的歷史使命，一步一步將無法可依、無法無天的國家導向有法可依、依法治國的軌道。

　　「經歷了『文革』之後，彭真主持工作時期，加大了全國人大常委會的實權。當時人大常委會每次開會分四個組，一個組大概有20多人，兩個月就開一次會，一次會起碼四天到五天，這個是『文革』後的大變化。」（參見（高鍇口述、宋江雲整理《立法者習仲勳：「他曾設想制定保護不同意見制度」》，《21世紀經濟報道》，2014年1月22日）

　　1981年6月，習仲勳雖然已經進入書記處工作，仍然受命接任彭真，出任法制委員會主任，將葉劍英、中央和全國人民走向法治國家的希望落到實處。

　　習仲勳以其超人的天賦，早在陝甘寧邊區、在西北局時期，就全力推動制度的建設，尤其是盡最大努力，通過法律平衡保護社會各階層的權利和利益，建立公平正義的新社會。

　　早在1943年，土生土長的陝北人、隴東分區專員馬錫

五處理民事案件，常常走鄉串戶、在田間地頭與當事人一起交流案情，說服雙方盡可能和解，收到很好的社會效果，極陝甘寧邊區和各抗日根據地一時之盛，為共產黨領導下「人民司法」的一大創舉。

1944年秋，習仲勳還是綏德地區書記，才三十一歲，就要求司法工作要「把尻子端端地坐在老百姓這一面……而不是坐在少數統治者的懷裏」。「司法工作者，就該站在老百姓中間，萬不能站在老百姓頭上。」

習還表示，中國這個社會，老百姓怕「官」，怕「老爺」，「官」和「老爺」，也喜歡老百姓怕他們。在我們這裏，假如有一個司法人員，仍然是「斷官司」、「過堂」板起面孔，擺起架子，叫人家一看他是個「官」，是個「老爺」，那就很糟糕。

習這時候對司法工作的要求，毫無疑問，跟四十多年後主持制定「行政訴訟法」開啟民告官的歷史一脈相承，折射着那一代共產黨人

> 習表示，中國這個社會，老百姓怕「官」，怕「老爺」，「官」和「老爺」，也喜歡老百姓怕他們。在我們這裏，假如有一個司法人員，仍然是「斷官司」、「過堂」板起面孔，擺起架子，叫人家一看他是個「官」，是個「老爺」，那就很糟糕。

追求自由平等、公平正義、沒有人壓迫人、人剝削人的初心。

習跟馬錫五等一樣，雖然沒有現代法的高深理論儲備，憑人類本能、憑馬克思主義的出發點和歸結點，跟北美革命元勳亞當斯、傑佛遜、華盛頓、佛蘭克林等大陸會議大多數代表一樣，殊途同歸，都將法視為公平正義之劍，而不是壓迫盤剝人民的工具，提出現代法最根本的真諦。

「1984 年，我們有個同志就說『我們搞了一個民法草稿徵求意見，下面那些人根本不懂法，向那些不懂法的人徵求意見真沒意思，』習仲勳聽了就不高興了，就說『徵求意見的人不懂法，我也不懂啊，人家說看不懂正好就是人家對你的意見』，然後他當場就讓我把草稿送給語言學家呂叔湘做文字上修改，盡量通俗一點讓老百姓看得懂。習仲勳公開說：『文字修改你聽呂老的，我不懂。』一個高層領導說『我不懂』，我對這一點也是很欣賞，這很不容易。」（同上）

法律在人民群眾的心中。如果法律和法治得不到人民群眾的認同，那就是紙上的法律和法治。

1950 年初，西北各地和全國一樣，人民政權雨後春筍般地建立，但是對於人民代表會議的功能、作用和運行，深受數千年東方專制文化的影響，沒有多少人了解、明白和熟悉，不光派出的幹部發動群眾方法、行動遲緩，效率低下，各地、各階層人士參與的積極性和熱情也很低，致使很多地方的人民代表大會開不起來，或開起來也代表性不夠、規模太小，走形式、做樣子。

習了解、掌握各地情況之後，提出解決建議和辦法，並向中央和毛澤東專題報告：沒有召開會議的地方，必須在月

內召開；已經開過一次的地方，要準備開第二次，並在年內召開第三或第四次。

習特別強調，「這種會議，就是要把各民族和各民主階層在組織上確定下來，這樣做益處很大，需要抓緊做好。」

在習的力主和各級幹部的努力下，到1951年底，陝西、甘肅、寧夏、青海、新疆各省及西安市都召開了各界人民代表會議，除新疆情況特殊暫時軍管，其他凡開過代表大會的地方，都由代表大會行使當地的權力。在經過土地改革的陝、甘兩省，有2714個鄉農民代表會議代行了鄉人民代表大會的職權。人民參加民主政權工作的積極性空前高漲。

「凡召開了上述會議的地方，都有好的效果，使各級人民政府在人民群眾中紮了根，經過這個會議，確實上下通氣了……特別是在領導人報告上次會議決議執行情形及勇於正確地接受批評和進行認真的自我批評的時候，對代表們的教育啟發作用就更大了。」

「政治覺悟日益提高的各族人民積極參加與行使人民政權的工作，使得各級人民代表會議的制度——我們國家的基本制度，普遍地建立起來，因而鞏固了人民民主的政權，推動了人民政府的各種工作。」習在報告中說。

西北軍政委員會成立以後，對於行政首長是否可以兼任監察委員的安排，有人主張可以兼任，有人主張不能兼任。主張可以兼任的意見認為，工作方便，沒有壞處。主張不能兼任的意見認為，如果兼任，行政首長誰來「監察」？

習堅定清醒地裁定，「行政人員還是盡可能的不加入監委會好，他們加入監委不能專心把工作做好；同時行政與監

1954 年 3 月習（後排右一）與憲法起草委員合影

察明確劃分開來，在群眾中會起好的作用。」

　　其中的道理顯而易見，自己監督自己，實際上等於沒有監督。中央和毛澤東充分肯定習仲勳的意見，稱讚他送來的報告「很好」，所提幾個問題的方針都是對的。

　　1952 年 8 月，奉調往中央工作之前，習仲勳仍按部就班，主持召開西北軍政委員會第八十一次行政會議，討論批准《關於徹底改造和整頓西北各級人民法院的報告》，要求司法隊伍清除貪贓枉法等危害人民利益的惡劣現象，樹立人民司法為人民的公平正義觀。中央將《西北局關於司法改革工作的報告》轉發全國，以示肯定。

　　從西北局到中央，新中國第一部憲法正在起草、制定過程中，習擔任政務院秘書長之後，同時擔任憲法起草委員會委員，為新憲法誕生的助產婆之一。

　　作為政務院秘書長，習又參與制定全國人大及地方各級人大選舉法，並擔任中央選舉委員會委員，參與組織和領導了中國歷史上第一次全國範圍內的規模空前的民主選舉。

　　1954 年 9 月，在第一屆全國人民代表大會第一次會議上，擔任提案審查委員會主任委員，向大會作提案審查報告，要求各級領導幹部高度重視、並積極發揮提案的作用。

1980 年 9 月，還在廣東省委第一書記任上，又擔任憲法修改委員會委員，以高度的政治責任感參加憲法修改工作，提出許多法律觀點和真知灼見，為根本大法的進一步完善貢獻了智慧和力量。

　　習安排、處理政治局、書記處工作之外，從 1981 年 6 月兼任全國人大法制委員會主任，至 1983 年 6 月卸任。第一任法制委員會主任是彭真，第二任主任由習仲勳兼任，他們的任期各約兩年三個月。1983 年 9 月法制委員會結束使命。

　　「正是在這兩位領導人的主持下，我國開始從『無法無天』、『無法可依』走向了『有法可依』、『以法治國』的道路。」全國人大法制委員會研究室前主任高鍇説。(同上)

　　兩年間，習仲勳主持召開十七次法制委員會主任辦公會議、五次法制委員會會議，討論和審議的法律和決議、決定草案二十五部，為經濟建設和改革開放提供了有力的法制保障。

　　領導制定全國人大組織法、國務院組織法、地方各級人大和地方各級人民政府組織法、全國人大和地方各級人大選舉法的制定和修改工作，並於 1982 年 12 月，親自向五屆全國人大五次會議作有關法案的説明，人大法律委員會統一審議法律案制度也由此確立。

　　「1981 年全國人大常委會副委員長習仲勳兼任法制委員會主任時，我擔任了法制委員會副主任。仲勳同志身居高位而親近人民，親近下屬；辦事情非常實在，實事求是。他蒙受冤屈而矢志不渝；他權高位重而廉潔清正；他在複雜的事物面前目光敏鋭、明辨是非；他在工作上極其負責、深入細

緻。真正體現了老一輩革命家的高風亮節，是我畢生學習的榜樣，更是我們工作的動力。」司法前部長鄒瑜回憶。

每制定一部法律，習都多次聽取各方面意見、聽取負責人和工作人員詳盡匯報、親自主持會議討論，並給出自己的見解和主張。尤其是全力推動法律對公民權利的保護。

1983 年通過的《海上交通安全法》第 46 條規定：「當事人對主管機關給予的罰款、吊銷職務證書處罰不服的，可以在接到處罰通知之日起十五天內，向人民法院起訴……」

但交通部不同意，習仲勳牽頭，集合其他四位副委員長與交通部有關負責人開會討論，最終就這一條款達成一致，開啟民告官立法的先河，在中國法制史上，有着里程碑意義。

鄒瑜 1982 年從全國人大調到司法部當第一副部長、部長，任司法部長期間，為推動普法教育，建議為中央領導舉辦法律知識講座，獲時任中央政法委書記喬石同意，給中央領導同志寫信，不到一周時間，時任中央書記處書記胡啟立找鄒商定上課計劃、並確定四個課程內容和主講人。（參見龐繼書《法制講座走進中南海的前前後後》，《法制日報》，2019 年 8 月 9 日）

1986 年 7 月 3 日上午 9 時，為中央領導同志舉辦的首次法制講座在中南海懷仁堂舉行，中國人民大學副教授孫國華作《對於法的性能和作用的幾點認識》演講。

中共中央政治局和書記處成員以及中共中央紀律檢查委員會、中央辦公廳、中央政法部門、中央宣傳部門和中共北京市委的主要負責人聽課，此後，逐漸形成制度。

中央領導人聽法律知識講座，在國內外引起極大轟動，

不光全世界注目，各省省委、地市委、縣委領導幹部都開始上法制課。

政治局、書記處接受並同意鄒瑜建議，開風氣之先，讓黨和國家領導人當法律專家的學生，輔佐胡啟立的習仲勳功不可沒。

1983 年 6 月，第五屆全國人大的使命結束，葉劍英不再擔任委員長，習仲勳也不再擔任副委員長，全部工作轉向政治局、書記處。

從中央到地方，領導幹部年輕化、知識化成為賣點，習不但在全國全力推進這一進程，而且身體力行、主張自己和所有年長的中央領導退休或退居二線。

與習志同道合的葉劍英 1985 年徹底退休、1986 年去世，胡耀邦 1987 年 1 月不再擔任總書記。

1987 年，胡耀邦在針對他的民主生活會 [8] 後辭任總書記。會上，只有兩個人客觀公允、實事求是，甚至只檢查自己。一個是習仲勳、一個是胡啟立。（參見張黎群等《胡耀邦傳》第三卷）

在籌備第十三屆政治局會議上，習更深刻地指出：「我昨天同一位政治學專家談了話，他對我說：法治是現代政府管理社會的最好方式，也是我們走出困境，走向明天的最佳選擇。今天這個會就是在今天和明天之間進行選擇。我們面前擺着兩條路，一條是繼續走全能政府即『人治』的老路，

8　民主生活會是中國共產黨的一種內部會議，主要指在各級黨小組或黨支部內以相互交流、相互批評和自我批評的形式，實現黨內民主的一種活動。

靠一位偉大領袖發號施令，用計劃分配甚至專營的辦法去解決層層盤剝的問題，靠學習領導人講話或思想政治工作和道德教育去解決以權謀私、腐敗墮落的問題，用加強紀律去解決思想、理論、文化界的是非問題，如果還是這樣，小平同志就是活到一百歲也還是解決不了我們的體制轉變問題。」（《胡耀邦在中國政壇的最後十年》，中國文史出版社，1999年10月）

業已形成的「第二代領導核心」形式上退居二線、或者至少看起來像二線，實際上將「說了算」的權力一起轉移到二線，自始至終牢牢掌握在自己手中。

八十四歲的鄧小平擔任國家暨黨的軍委主席，八十三歲的陳雲接替鄧小平，擔任中共中央顧問委員會主任，七十九歲的李先念，從國家主席大位轉到全國政協當主席。

習在廣東主政時的第二書記、八十一歲的楊尚昆繼續留任政治局委員、並擔任國家主席，八十歲的王震擔任國家副主席，習在書記處的搭檔、七十二歲的國務院副總理萬里不但繼續留任政治局委員，而且擔任委員長，只有習，七十五歲，重回全國人大，只當第一副委員長。

習同時兼任內務司法委員會主任委員，領導了多部法律、條例的起草審議和制定，包括《中華人民共和國婦女權益保障法》、《中華人民共和國殘疾人保障法》、《中華人民共和國未成年人保護法》、《中華人民共和國行政訴訟法》、《中華人民共和國集會遊行示威法》等。

當完部長，又回全國人大當內務司法委員會副主任委員的鄒瑜回憶：「1989年3月，仲勳同志主持全國人大內務

司法委員會第九次會議，對行政訴訟法草案修改稿進行了討論。1989 年，七屆全國人大二次會議通過了該法。這部法律通過後，我國公民、法人和其他組織受到行政機關不公正的處罰，例如對罰款、吊銷許可證和執照、責令停業、沒收財物等行政行為不服的可以提起訴訟，為百姓與官員對簿公堂提供了司法平台，開闢了『民可告官』的法律管道，更有力地保障了我國公民的合法權益，因而具有劃時代的意義。該法頒布後，仲勳同志仍然關心這部法律的執行情況，他不止一次地問道：基層群眾對基層幹部給予的違法處罰不服的敢不敢上訴？行政訴訟法的實施遇到什麼困難？群眾告狀無門的情況有無改變？」（參見夏莉娜《鄒瑜憶習仲勳在全國人大的日子》，原載《中國人大雜誌》，2014 年 2 月 11 日）

憲法和法律的權威，只有依法實施才能體現。習對法律的實施和監督，跟推動所有工作一樣，極其認真負責。

1988 年 3 月，習出任全國人大內務司法委員會首任主任委員，當即着力加強對司法工作的監督，組織開展執法檢查，重點檢查憲法和刑法、刑事訴訟法等法律的實施情況。

定期聽取最高人民法院、最高人民檢察院和公安部、監察部、司法部關於公務員制度試點、職稱改革、懲治腐敗、查處貪污受賄犯罪案件等情況的匯報，推動有關方面改進工作，使人民代表大會對「一府兩院」的監督有名有實。

1984 年 5 月，鞍山市中級人民法院開庭審理了一宗強姦案，台安縣的法律顧問處指派王力成、王志雙律師為被告辯護。兩律師根據證據不足為被告作了無罪辯護，鞍山市人民檢察院認為兩律師和法律顧問處主任王百義均犯包庇罪，將

他們三人逮捕。

三位律師提出申訴，人大代表提出請求複查的議案。

彭真委員長、習仲勳副委員長和彭沖副委員長都曾指示檢察機關查明事實，依法處理。

習 1988 年回到全國人大，專責人大工作，指示人大內務司法委員會，督促最高人民檢察院促請遼寧省人民檢察院複查。不久，最高人民檢察院向全國人大內務司法委員會報告，複查結果確認，王百義、王力成、王志雙均不構成包庇罪，並通過法律程序，釋放被關押四年之久的當事人。

黨中央機關報《人民日報》在 3 版頭條發表有關報告，並配發評論員文章《律師辯護權不容侵犯》。

「戴曉鐘案」的平反就是一個具有重大影響的案例。戴曉鐘是杭州市浙江精細化工業研究所所長，因被認定有投機倒把罪，於 1986 年 4 月被杭州市公安局執行逮捕，並超期羈押。

1988 年，楊紀珂等 24 名全國人大常委會委員聯名提出《請內務司法委員會對杭州市兩院行使監督權的議案》，全國人大常委會委員長會議決定交付內司委審議和調查。

習仲勳副委員長責成內務司法委員會副主任委員李瑞山負責，「所提議案很重要，一定要認真對待，組成小組抓緊調查，爭取在年底前向委員長會議提出報告，一定要客觀公正，實事求是，不要感情用事，不要以權壓人，以勢壓人，堅持以事實為根據，以法律為準繩，查清案情。」

又囑咐鄒瑜，「你在北京主持工作，如果在調查中遇到阻力要及時向我匯報，要向人大常委會作書面報告，和最高

人民法院、最高人民檢察院、公安部協商，克服困難，查明真相，依法處理。」

李瑞山與部分人大常委會委員、內司委委員谷景生和內司委顧問、法律專家余叔通等於 1988 年 11 月 26 日起經過近兩個月的調查，終於查明案情，提出處理意見，通報浙江有關領導和部門。

杭州市中級人民法院二次開庭審理，於 1988 年 8 月 19 日宣判「戴曉鐘在直接負責參與技術轉讓中不構成投機倒把罪」，戴曉鐘得以宣告無罪釋放，有關責任人受到了嚴肅處理。

「內司委及時將調查結果向習仲勳同志和人大常委會委員作了報告。仲勳同志指示，一定要從此案中吸取經驗教訓，進一步提高司法人員的法制觀念，提高對維護公民人身權利的認識。」

「並且指示，要向全國人大常委會建議，加快國家賠償法的立法步伐！」（參見夏莉娜《鄒瑜憶習仲勳在全國人大的日子》）

高鍇生於 1929 年，曾擔任全國人大民法、國家法室副主任、全國人大法制工作委員會研究室主任，1992 年退休。據高回憶——

「習仲勳跟有些領導人不一樣，有些領導人只參加大會，不參加小組會，而習仲勳的特點是每次常委會開會都參加，而且小組會也都參加。他大部分參加了第四組，就是雷潔瓊（著名社會學家、法學家，第七屆、八屆全國人民代表大會常務委員會副委員長）當組長的那個小組，我的工作大

部分也是在第四組列席旁聽，開會的時候聽習仲勳講話的機會多些。」（參見高鍇口述、宋江雲整理《立法者習仲勳：「他曾設想制定保護不同意見制度」》）

「在參加全國人大常委會和小組會時，習仲勳在休息或者發言的時候從來沒有說過『指示』，他不像有些領導那威風凜凜。我印象最深的是在小組會休息的時候，他端着一杯茶這聊聊那聊聊。我還親耳聽過他跟人聊天，當時有個列席的人還不認識他，他就說『我叫習仲勳』，我跟你一個小組的」。這是非常少有的。」（同上）

「習仲勳坐電梯也有特點，當時電梯還有『司機』，全國人大副委員長級別以上的領導一到，『司機』就開始喊：『請同志們稍微等一等，請首長先下去。』我們一般都會等在外面，而習仲勳坐電梯，他會說『來來來一塊下』，他把手一『撈』，把大家都『撈』進電梯裏去了，在電梯裏也是『哈哈哈、呵呵呵』地說笑。」（同上）

在一次會議休息時，習仲勳和彭真閒談。習說：「要有一個制度，有一種力量，能抵制住『文革』這樣的壓力才好。」彭真說：「我們建立法制，就是要能抵制住各種違法的行為。」習說：「問題是，如果今後又出現毛主席這樣的強人怎麼辦？他堅持要搞，怎麼辦？我看難哪，難哪！」彭說：「所以，我們今後一定要堅持黨必須在憲法和法律的範圍內活動的規定，這是一項極其重要的原則。」（同上）

「我對習仲勳印象最深的，就是他多次跟我講要保護不同意見。在我們研究民法的時候，習仲勳再三跟我們講過，要尊重不同意見，保護不同意見，他還提過要考慮制定一個

保護不同意見的制度，後來又說過保護不同意見保護法。這思想非常了不起，這是他的切身體會。」（同上）

習有一番話，充分表明其想法：「我長久以來一直在想一個問題，就是怎樣保護不同意見。從黨的歷史看，不同意見惹起的災禍太大了！『反黨聯盟反革命集團』『右傾投降』『左傾投機』等等，我經歷過的總有幾十起、上百起，但最後查清楚，絕大多數是提了一些不同意見，屬於思想問題，有不少意見還是正確的。……因此，我想，是否可以制定一個《不同意見保護法》，規定什麼情況下允許提出不同意見，即使提的意見是錯誤的，也不應該受處罰。」（同上）

「他講了很多當年在西北地區鬧革命的歷史，各根據地之間關係很複雜，有的互相猜疑，不少好同志白白送了性命。他說得很動情，總的意思是：不要把不同意見者看成『反對派』，更不要打成『反動派』，要保護不同意見，要重視和研究不同意見。」（同上）

「我記得是 1984 年習仲勳曾經找我們民法室的幾個負責人商量能不能出一個保護不同意見的法或者制度。我們有同志就提了 1982 年憲法已經通過了，憲法規定了人大代表（在人大會議上）的發言不受法律追究。習仲勳就說，『你說的人大代表才幾個啊，我說的是全體人民，老百姓說點不同意見就不行啊？』」（同上）

「1990 年 10 月 30 日，習仲勳最後一次參加全國人大的會議，在這次會議上，他又講到了保護不同意見，大家應該認真發言。我認為，實際上一個法案，你不提不同意見那就是失職，提不同意見才是支持，才能改正完善。」（同上）

習晚年的秘書張國英回憶，習仲勳晚年多次談到要學習香港的法律制度：「法治對應人治，任何一個國家的法制都應該從人民的利益出發，這從根本上杜絕了個別人領導一切的現狀，自然而然不會再出現大量的冤案。」（參見《當代廣西》，2014 年第 11 期）

　　司法部前部長鄒瑜來深圳探望習，兩人也聊到了中國的法制問題，習希望，一是要堅持法治代替人治，二是要努力將對不同意見的保護盡快納入法律，其中包括對犯錯誤的同志採取一種寬容的政策和態度。（同上）

　　習在人大的任期，當在 1993 年結束，但 1990 年 10 月 30 日，以江澤民為核心的「第三代領導集體」就批准習前往深圳休養，並當天離京。（參見《習仲勳年表》）

25 南國放空，回歸本我，
通達賢明，人格魅力再綻放

　　從秋風蕭瑟的燕趙，到陽光明媚的南粵，習仲勳雖然仍是黨和國家領導人，但此去一身輕，再也用不着操心任何公務。

　　1978 年 4 月 5 日，習復出往南國主政，7 月，到寶安調查研究，深圳還是小城鎮，十二年過去，深圳已經出落得有模有樣，都市風采初現。

　　時任市委書記李灝，1985 年 8 月從國務院副秘書長任上返回廣東，擔任廣東省副省長、深圳市市長及書記，時任廣東省委書記林若、省長葉選平。林為習主政廣東時擔任廣州市委書記處書記、湛江地委書記，葉 1979 年從國家科委三局局長返回廣東任副省長兼省科委主任。

　　習 1981 年離任廣東省委第一書記，自我約法，五年內不進廣東，不影響、不干擾廣東時任領導的工作。

　　習再到廣東，時過六年，已經是 1987 年 2 月，不但終於看到了當年親手栽培的深圳、珠海，又一口氣走了當年走

過的、沒有走過的江門、佛山、惠陽、肇慶、懷集、連縣、乳源、仁化、韶關、廣州等二十三個市縣，視察了闊別六年廣東的新氣象、新面貌。

當年寶安龍崗的南嶺村，全村六百來人，逃到香港的超過五百多，如今再來南嶺村，一如習書記當年所料，逃港的許多人又回來了，而且吸引資金辦起了不少企業、吸引二千五百多名其他省市的勞工「外逃」來就業生活，農民人均收入比當時增加五十倍！

12月，習再往海南島考察，他主政廣東期間，兩年多就去過三次，這次海南島已變成海南省，但海南的經濟還一如粵北粵西，跟全國其他地方一樣，發展比較緩慢。

1988年2月、12月，習仲勳又分別兩次前往深圳參觀考察，甚至在深圳過了春節。

深圳的自然環境，深圳的亮麗前景，深圳的青春氣息，都吸引着名副其實的深圳之父，他要看着深圳成長，在深圳頤養天年，與深圳享受「天倫之樂」。

當年入粵主政時的金口玉言，十二年後「一語中的」，餘生在南國度過。

八旬老人的心理天平上，以往歲月裏，在中央先後工作兩個十二年，皇城官府，吃穿住行，無憂無慮，應有盡有，尤其是醫療資源和條件，十個深圳都比不上。

出生、成長、奮鬥、犧牲近四十年的老家陝西，無論風土人情，還是故舊親朋，都時時刻刻牽動着他的心田。

只有廣東，只工作過兩年七個月，只有深圳，只看過一眼中英街，只處理過幾天逃港潮，只有十歲童齡，反而感覺

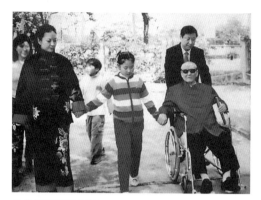

看着深圳疾速崛起

最為美好，吸引力最為強大，成了他老有所養的伊甸園。

奮鬥一生，所有地位、官階、名譽和社會價值，都隨着飛機沖向藍天的轟鳴聲留在北京、留在帝都，走下飛機，踏上深圳的紅土地，從此回歸父母生養的自然人，回歸關中水、富平土滋潤的北方漢，回歸好丈夫、好父親、好祖父。

不光在當代黨和國家領導人中獨樹一幟，別無二人，兩千年以降，也獨一無二、無人比肩。

時任中央辦公廳副主任楊德忠、中央警衛團團長陪同前往，太太齊心、女兒橋橋同行，入住早已準備好的迎賓館「蘭園」，一座曲徑通幽的小別墅。

第一面見到所有接待他的領導、工作人員都要說，「這回來了不走了，要在深圳住下來，在深圳恢復我的健康，深圳是我的家，我要看着深圳發展。」

「老人的生活非常規律，很少出門活動，每天用完早餐，就到院子散步，聽秘書讀報，偶爾跟秘書一起，寫懷念某個老同志的文章，接待來自新、老朋友的看望和敘舊。」新的生活秘書張國英回憶。

日常飲食，還是陝西的臊子麵、油潑麵、饅頭、鍋盔、涼皮、麵片、窩窩頭、蕎麥麵，關中的地耳豆腐包子、茄子

包子、南瓜包子，更是美味無比，過幾天就要吃一次。

偶爾也會到陝西省投資興建的長安大廈吃吃羊肉泡膜、水盆羊肉和花村的山西菜。

又時常叮嚀張國英要節儉，「飯菜吃幾個就做幾個，不要做多了浪費，浪費就是犯罪，你要知道這都是人民的血汗錢，還有人在餓肚子，你搞接待，為了首長好但也不能浪費，否則，你問問人民答不答應。」

時間長了，跟此前所有秘書一樣，張國英也親如家人。有一年，張國英的父親從甘肅到深圳看兒子，習知道後，專門到張國英家裏看望張父，又在張家吃完晚飯再回去。

一次，甘肅一位省領導前來看望習老，張國英忙着安排接送事宜，沒能在一邊陪着，送走客人，張才回到習跟前，習就問，「你跑到哪去了，你知不知道他是你們甘肅的？」張訴說原委後，老人家又自責起來，「今天我是不是批評錯你了啊？」

後來，張離開接待辦到市政協工作，偶爾去看習，習就會嗔怪道，「張國英，你去哪了？」

跟習時間最長的秘書張志功，第一段從 1950 至 1964 年。習被下放到河南洛陽，張被下放到山東濟南。1978 年 4 月習復出，張又重回習的身邊，直到 1984 年 5 月。

「20 年相處，他是我的首長，是我心目中的好書記，又是我的良師益友，他的幾個孩子自小就親切地叫我張叔叔，長大工作了，也依然叫我叔叔，親如家人。」張志功在回憶錄裏寫道。

「他自幼喜歡勞動，搖耬撒種、犁地耙磨等莊稼活樣樣

習初入廣東主政，那時候空調還極少，澳門富商馬萬祺送給廣東省委三台，指名其中之一送習，但習堅拒不用，寧可天天揮汗如雨，而把空調歸公。

在行……調到北京工作後，他住的院內有一塊空地，閒暇時他就領着我們工作人員把它開墾出來，種上辣椒、豆角、西紅柿等各種蔬菜。他還親自淘糞施肥，提水澆地，雖然幹得大汗淋漓，甚至腰酸背痛，卻樂在其中。」

「他在公休日公務不忙時，或帶孩子遊公園，或參加友人聚會，或逛商店。這時，孩子嚷嚷着要買玩具，但他從不帶錢，孩子要不到就不高興，他就耐心地勸，但堅決不讓他人代買或贈送。」

「以他名義送出的報告，多由秘書班子按照中央精神及他的思想觀點起草，有些講話稿由他口述，我做記錄。他往往點上一支煙，一邊踱步思考，一邊口述。就這樣，他口述，我記錄，然後由他過目，再加以修改，一篇講話稿就形成了。」（參見張志功《難忘的二十年》）

習初入廣東主政，那時候空調還極少，澳門富商馬萬祺送給廣東省委三台，指名其中之一送習，但

習堅拒不用，寧可天天揮汗如雨，而把空調歸公。

習在廣東主政，省委配備的進口小轎車從來不坐，每天上下班、外出開會、下鄉，一直只坐一輛小麵包。

「中央確定我們深圳對口支持貴州的黔南州和畢節地區，我看望習老的時候給習老匯報了，幾天之後，他就叫秘書打來電話：『為支持深圳的對口支援工作，我捐出一個月的工資。』」深圳前市委書記厲有為回憶。(參見厲有為口述《為深圳改革開放提供強有力支撐》，《深圳特區報》，2013年10月15日，下同)

「我經常去看望習老，習老總是說：『給深圳增加負擔，添了麻煩。』我們就跟他說：『有您坐鎮深圳，我們深圳改革開放就有了力量，有了主心骨。』習老聽了以後，也開玩笑地和我們說：『我代表了正義，是以正壓邪。』」厲有為回憶。

「有一天得知曾擔任過廣東省省長的劉田夫伯伯生病住院，他要我陪他去廣州看望。父親當時也是八十多歲高齡的老人了，我勸他派我們子女或秘書去慰問，可他執意要親自前去探望劉田夫伯伯。在去廣州的旅途中，父親深有感慨地對我說，改革開放不是一個人搞起來的，『我在廣東能夠打開局面，也是因為身後有許多像劉田夫這樣的同志堅定地支持我工作。』」習遠平回憶。(參見《習遠平撰文憶父親習仲勳》，《中國青年報》，2013年10月11日)

這些回憶和故事，透露出習的內心世界，嚴於律己，寬以待人，重情厚義，樸實無華，身外之物，視若浮雲，不以官位論高低，不以出身等貴賤。

習「愛好打麻將，和高齡民主人士、老戰友打牌時眼疾

手快，常在已經打出的牌裏，偷摸出一張，然後大聲喊道，『糊了』！一副老頑童榜樣。」張志功回憶。（參見《難忘的二十年》，下同）

工作之餘，閒暇有空，還跟秘書們一起打撲克，「玩撲克的時候，可敬可親，爽快利索，宛如同齡玩伴，而非領導與下屬」。張志功說。

在子女跟前也一樣。

「星期天，只要父親有空，他總會陪我們玩一會兒，我們一起玩捉迷藏、捉老鷹、丟手絹等遊戲。我和妹妹跳橡皮筋，一頭拴在樹上，另一頭就由父親牽着，他笑瞇瞇地望着我們，跳不完，他耐心地從不撒手。那種舐犢之情，我自己想起來還是暖融融的。我的弟弟們還和父親玩『騎馬』的遊戲，父親趴在地上讓他們騎在背上，馱着他們從桌子底下鑽過去。有時候他和我們還真的『打成一片』，在地毯上，我們向他『進攻』，他把我們姐弟四個掀翻，還從大到小摞在一起。每逢洗澡，院子裏就是一場『追擊戰』，我們故意跑開不洗，父親拿着撐門簾的長竹竿滿院子追，直到把我們一個個摁進澡盆……那時，院裏灑滿笑聲和驚叫聲。」習橋橋回憶。（參見《黨史縱覽》，2015 年第 8 期）

「自從橋橋降生以後，只要仲勳工作稍有間隙，就會把女兒抱來看看，有時他還親自為孩子拍照片。有一回，孩子尿了他一身，仲勳笑着說：『子屎不臭，子屎不臭。』」齊心回憶。（同上）

「1952 年秋，仲勳先到了北京，任中宣部部長，我帶着橋橋和安安（尚未斷奶的小女兒）於年底來到北京，一家人

終於團聚了。1953年，我們把四歲的橋橋送入北海幼稚園，原因是我已在馬列學院學習，照顧不了孩子。為了我能安心工作和學習，仲勳硬讓小女兒靠吃奶粉長大。」（同上）

「來京後，我又生下兩個男孩兒近平和遠平，他們都是10個月就斷奶送回家，由仲勳照顧的。有時還要給四個孩子洗澡、洗衣服，那時我們的孩子都在住校或全托，這期間家裏沒有請保姆。對此，他視之為天倫之樂，尤其是當孩子們與他摔打着玩時，仲勳總是開心極了。當有人稱讚仲勳是一個好爸爸時，仲勳便補充説：『我不僅是個好爸爸，而且是個好丈夫。』」（同上）

「父親不止一次拿着課本，給我念這一課，拉住我的手，給我講這一課。謙讓，是父親教給我最重要的人生課程之一。……走入社會以後，我終於明白，父親讓我從小養就的謙讓習慣，在面臨複雜社會關係，處理個人與他人、個人與集體、家庭與國家利益時，獲益良多。」習遠平回憶。（參見《習遠平撰文憶父親習仲勳》）

「少兒時，父親就教育我們説：對人，要做『雪中送炭』的事情。他還不止一次寫給孩子們：『雪中送炭惟吾願』。『雪中送炭』的待人情懷不但貫穿了他自己的一生，也從小給我們子女樹立了一生待人的準則。」（同上）

習的大兒子習正寧畢業於中國科技大學，畢業分配到秦嶺山裏一個科研單位，1978年，解放軍後勤學院恢復，從各地選調專業人才，其中一位是小習，老習得知，叫解放軍後勤學院不要調小習進京，不願意外界議論，他剛剛恢復工作，兒子就調回北京。

女兒乾平畢業於外交學院，分配到《國際商報》工作，1983 年王光英有意調她去籌建光大集團，習當面謝絕王光英的好意：「你這個光大公司名氣太大，眾目睽睽，別人的孩子能去，我的孩子不能去！」

橋橋考中學時，離 101 中學錄取分數線差 0.5 分，學校也表示可以接收，但習不讓女兒搞特殊化，而是去了第二志願的河北北京中學，並且還讓女兒繼續住校，改隨母姓，把家庭出身由革命幹部改為職員。

跟習正寧同期高中畢業的高幹子女，其他都是保送上大學，只有習正寧和楊尚昆的兒子楊紹明，考入中國科技大學。

橋橋姐弟四人都在八一小學寄宿上學。每到周末，四人都是乘公共汽車回家，習從沒用自己的車接過他們。

習從廣東調中央工作，廣東省委給跟了習三十年的秘書張志功由「正科級」提拔為「副處級」，辦理任職手續時，習知道了，嚴厲批評有關領導「違反組織原則」，並要他們「深刻檢討」。

深圳紀委書記李海東去看望他，他叮囑，「紀律嚴字當頭，但也要寬以待人，一個人犯了錯誤要給他時間改正，黨和國家培養一個幹部不容易，倒掉一個卻很容易。你作為紀委書記，也要刀下留人吶！批評教育要從嚴，處理則要從寬。」

梁湘受審查，正好時任中央政治局常委、中央紀律檢查委員會書記尉健行來看他，他說，「對待梁湘要有歷史的公道，對一個老幹部要全面的看，要看他一貫的歷史，不要因為某些問題把幹部全盤否定、打翻在地，再也不能翻身。深

圳發展的這麼好，如果沒有梁湘的實幹，哪裏有今天？」

「梁湘住院時，他多次派人去看望，直到現在，習仲勳的夫人齊心依然關心着梁湘的夫人酈輝軍——她們曾是抗大的同學。今年春節，她還托我問候酈輝軍。」張國英回憶。(參見《深圳特區報》，2013 年 10 月 15 日)

老戰友、老同事，基層同志，凡有到了北京或廣東的，他都擠出時間熱情接見，有經濟困難的，特別是從老區來的，對革命有過貢獻的群眾，還幫他們買票送上車。

習在政圈的老同事、老朋友，包括政見不同、人品各異的同僚，只要到了深圳，必往「南園」看望習。

第一個看望習的是當時的大紅人、時任中央顧問委員會常委副主任薄一波，距習在深圳安頓下來只有兩個月。

薄走後一個月後，時任人大委員長萬里前來看望，萬里比習小三歲，當時還是中央政治局委員。

萬里到訪兩個月後，剛晉陞不久的政治局常委宋平前來探望，並特別說明，代表總書記江澤民、李鵬及其他政治局常委們。

1993 年 10 月 15 日，八十壽辰，中央諸多領導和老同志祝賀，在深圳迎賓館舉行祝壽宴會。

1994 年 10 月 10 日，時任中共中央政治局常委、全國人大委員長喬石看望。

同年 11 月 12 日，中共中央政治局常委胡錦濤看望。

1995 年 1 月 9 日，已退休並與鄧分道揚鑣的楊尚昆看望。

同年 12 月 6 日，時任中共中央總書記江澤民看望。

1996 年 3 月 31 日，時任中共中央政治局常委、國務院總理李鵬和夫人朱琳，以及副總理李嵐清看望。

　　1999 年 2 月 18 日，中共中央政治局常委、國務院總理朱鎔基和夫人勞安看望；包括中顧委副主任宋任窮、時任國家副主席王震等，只要去深圳，都去看望習。

　　尤其是華國鋒，外界都不知道他曾去過深圳、去看望過習，事實上，華不但親身前往深圳，一睹深圳的飛速發展和成就，而且前往習的住所，與習拉家常。

　　證明「英明領袖」不光當年大權在握的時候積極放手、催生（見本書第四季第 21 節）建立經濟特區，而且失權無位、至死無語，仍默默注視、關注着深圳的成長和發展。

　　所有老一輩革命家和同時期的中央領導人，只有鄧，1992 年「南巡」，楊尚昆陪同，也下榻迎賓館內的別墅群，楊告訴鄧，習就住附近，鄧說，「知道了，你要去看望，就替我問好。」

　　這個時候，楊還是在任的國家主席，習還是在任的全國人大第一副委員長。

　　習居住「南園」，偶然會乘車到市裏、市外走走看看，但再也沒參加任何公眾活動，也沒離開過深圳、沒遠距離旅行。

　　1999 年，在深圳已住了整整九年，共和國五十年大典，中央邀請習參加，習動了心：「香港回歸後，邀請我去香港，我沒去，十五大特邀我出席，我請假，但這回，五十年國慶大典，我一定要參加。」習說。

　　從十五歲開始，到共和國成立，致力於革命凡二十年，

1949 年開國大典，西北戰場激戰正酣，交通又不便，習主持政務、參贊軍機，無暇前往。

十年大慶，習已經是國務院副總理，在天安門城樓檢閱台上與毛、劉、周、朱等十多個握有實權的政要、十多個各界代表，以及赫魯曉夫等十一個社會主義國家的貴賓一起觀看典禮。

十個月時間內新落成的人民大會堂和中國歷史博物館、中國革命博物館將天安門廣場裝點得更加壯觀。

北京市市長彭真宣布首都人民慶祝中華人民共和國成立十周年大典開始。國務院副總理兼國防部長林彪元帥在閱兵總指揮楊勇上將陪同下，乘車檢閱了中國人民解放軍陸海空軍各部隊。

當時，老一輩革命家徐向前、葉劍英都不是副總理，而在國防委員會任副主席，連同其他政治局委員，站在副總理的後面，習是所有領導人中最年輕的一位，只有四十六歲。

彭德懷、黃克誠、張聞天等則因為廬山會議定性為「反黨集團」而未上天安門城樓，也因為廬山會議、因為還在「鼓足幹勁」「大躍進」，因為與蘇聯老大哥已經面和心不和，準備分道揚鑣，興高采烈的慶祝活動，難以掩蓋每個人內心的沉重和不快。包括毛澤東在內，「雖然偶有笑容掛在臉上，卻比較勉強，看得出並非全是發自內心深處的笑意。」（參見《新中國成立前後毛澤東大閱兵寫真》，原載人民網 - 中國共產黨新聞網，2013 年 11 月 4 日）

再次登上天安門城樓出席國慶典禮，不是逢十的大慶，而是 1984 年，專為鄧小平開的一次大光，僅此一回，別無

二例。

葉劍英因為健康原因沒有出席，站在習前面的只有胡耀邦、趙紫陽、李先念、陳雲、彭真、萬里等。

五十年大慶，「逢十」的五次大典，習登上天安門城樓只有兩次，年近九旬，生命的旅程早已以日計算，五十大慶，身體允許，中央隆重、周到、體貼，沒有不出席的道理，欣然應允，完全在情理之中。

以江澤民為核心的黨中央超規格禮遇，派出專機前往深圳迎接。

9月29日下午，時任中央辦公廳主任王剛前往住地看望習，並帶來江澤民等領導人的問候，習的寒暄政治正確而含意豐富，不但「經過慎重考慮」，而且「以實際行動表示對以江澤民為核心的黨中央的支持和擁護」、「表達對祖國五十年輝煌成就的衷心祝賀」。

30日上午，胡錦濤受江澤民委託、代表黨中央看望習老，再次表示熱烈歡迎習回京參加十一慶祝活動，習也再次感謝「江總書記和黨中央的關心」。

晚上六點，國慶招待會在人民大會堂舉行，國務院總理朱鎔基致詞。

遙想1959年大會堂剛剛落成，國務院第一場盛大招待會主持人不是別人，正是時任副總理、秘書長習仲勳。

四十年過去，滿眼熟人、同僚，包括同桌就座的黃華、黃火青、彭沖、王芳、馬文瑞、楊白冰、王漢斌、劉復之、王恩茂、谷牧、廖漢生、鄭天翔等，但當年有資格參加這一盛典的老一輩革命家，只剩薄一波。

江澤民與李鵬、朱鎔基、李瑞環、胡錦濤、尉健行、李嵐清七位政治局常委過來向老同志敬酒，「我們知道習老回到北京，今天又出席宴會，都非常高興。我已委託錦濤同志看望您，祝您身體健康！」江說。

習起身舉杯，「知道您很忙，已見了錦濤同志，很感謝您的關心，也祝您身體健康！」

江澤民、李鵬、朱鎔基、李瑞環、胡錦濤、尉健行、李嵐清又一一與習碰杯，祝習健康長壽。

10月1日上午，距第一次登上天安門城樓檢閱台四十年，習第三次，也是最後一次登上天安門城樓。

習沒有穿已經流行多年的西裝，而是橋橋專門定訂製的銀灰色中山裝，也不要工作人員的攙扶，健步從西馬道登上城樓在休息廳小憩。

中共北京市委書記賈慶林見習出現，第一個上前握手問候，並轉達江澤民的關注、關心。已經到達的胡錦濤、尉健行、喬石、劉華清、田紀雲、丁關根、溫家寶、遲浩田、阿沛阿旺晉美、布赫、王光英、霍英東以及王光美、于若木、劉英等都一一過來致意問候

尤其許久不見的老同志，興高采烈，相互擁抱，噓寒問暖，合影留念。

習觀禮的位置在城樓西側第一排，左邊是黃華，右邊是谷牧。

黃華1913年1月生，河北磁縣人，曾任外交部長、國務院副總理、全國人大常委會副委員長，1984年11月，以副委員長資格第一次在天安門城樓觀禮。

谷牧 1914 年生，在文革中扶搖直上，1979 年以國務院副總理身第一次、1984 年以全國政協副主席身第二次在天安門城樓觀禮。

黃比習大九個月，谷牧比習小一歲，習第一次在天安門城樓觀禮的時候，兩人不但都名不見經傳，還沒有混到副部級，而且都沒有在國務院、政治局和全國人大的中樞主政。

當時的禮賓秩序，不但以黨、政為先，全國人大和政協靠後，包括中顧委常委，都排在人大副委員長和政協副主席之前，而且只看每個人退位時候的官銜，不問此前的官銜。

習的「健康和精神都很好，多數時間一直站着，不時向遊行隊伍招手致意」。習當時的秘書回憶。

慶典結束，散場離去的時候，又遇到費孝通和賀龍遺孀薛明。當天晚上，天氣轉寒，但習只着淺灰色風衣出席聯歡晚會，在東側貴賓席觀看表演和焰火。

在城樓大殿內休息期間，習請工作人員轉達對江澤民的感謝和問候，江聞訊，迅速回到大殿，快步走向習，緊緊握着習的手說：「習老您身體真好，幾個活動都參加了。今晚天氣這麼冷，您也來了，連個圍脖都沒戴……您夫人身體可好？我讓王冶平來看你們。」

習照例關中口音，一字一板，恭維江，「您更了不起，心中有群眾。這個盛況、這種場面，充分顯示——人民就是江山，江山就是人民。」（江澤民姓名中剛好有「江」與「民」字，江澤民三個字融江山、人民一體。）

10 月 4 日上午九時，中共中央政治局委員、中共北京市委書記賈慶林專程到習家裏，邀請並親自陪同習與老伴齊

2000 年 2 月 21 日，江澤民（右一）在深圳看望習前輩

心、女兒橋橋參觀北京新面貌。

賈、習從玉淵潭公園碼頭乘坐遊船，行至北京展覽館碼頭，上岸稍事休息，再乘車沿東南四環線到長安街東方廣場，賈全程「導遊」並「解說」，又安排市委和朝陽區委負責人與習合影留念。

萬里、陳慕華、姜春雲、布赫、馬文瑞、王兆國、劉延東、張邦英等，都紛紛前來看望。

5 日中午，習和老伴齊心在釣魚台國賓館設宴招待已故老領導的夫人胡耀邦夫人李昭、賀龍夫人薛明、謝覺哉夫人王定國、羅瑞卿夫人郝治平等十幾位老大姐。

7 日上午，習和齊心、橋橋再回中南海故地重遊，隔天返回深圳，結束歷時十二天的北京之行，一洗九年前匆匆離別北京、天各一方之憾。

轉眼就是新年，春節過後，時隔四個月，2000 年 2 月 21 日，江澤民到深圳視察，「一下飛機就先到迎賓館」看望習，陪同江的是時任政治局候補委員、書記處書記、中組部部長曾慶紅。短暫交談中，江誇讚習「你培養了好兒女」。

通過這些互動，江澤民對習老的敬重成幾何級數增加，混跡政壇一生，見過老一輩革命家無數，只有習老，人品才

幹，至賢至聖。

2000 年 4 月 15 日，中共中央政治局常委尉健行看望習。

11 月 14 日，慶祝深圳特區成立二十周年大會隆重舉行，江澤民專程從北京趕來出席並致辭，講話第一句就是，「代表黨中央、國務院向所有為經濟特區建設作出貢獻的同志們，向經濟特區的廣大建設者們致以熱烈的祝賀和誠摯的問候。」

而最有資格、最值得接受祝賀和問候的「特區建設者」當中，沒有哪一個人比習仲勳貢獻更大。江澤民心裏有數，時任深圳市委書記張高麗心裏有數，時任廣東省委書記李長春心裏也有數。

因此，早在慶祝大會籌備當中，張高麗及深圳市委、市政府就以不同方式，鄭重邀請習仲勳出席大會，跟一年前欣然應允出席五十周年國慶大典一樣，習再次欣然應允。

共和國是他參與締造的，深圳特區可是他主要領導締造的，他出席不光當之無愧，而且是深圳的榮耀。

這是他居住深圳十年，唯一參加的一次官方活動，會前會後，與江、李、張等禮節性互動是一定的。

習一年前的北京之行，又觸發引燃記憶深處沉積多年的思鄉之情、懷舊之念，關中、陝北的山山水水、黃土小米，曾經出生入死的陝甘蘇區和陝北根據地，不時穿越時空、在腦海裏重播。

最近一次回家鄉，還是 1989 年春節期間，已經過去十一年。

那是他闊別陝西多年後第一次回家鄉，也是他最後一次

賀西北政法学院建院四十周年

学法用法 以法治国

习仲勋

一九九八年三月十八日

1998 年為西北政法學院的題詞

1989 年 2 月最後一次回故鄉與西安交通大學的教授們交談

回家鄉，也是最後一次在家鄉與鄉黨們過年、了解鄉黨們的生活狀況。

省委、省顧委、省人大、省政府、省政協、省紀委連袂連續兩次在西安舉辦盛大聯歡會、團拜會，歡迎三秦父老鄉親的光榮和驕傲榮歸故里，許多老戰友、老朋友久別重逢，有說不完的話、拉不完的家常。

大年初一，在省委、省政府主要領導陪同下，踏着瑞雪前往西安交大，給西安地區二十二所高等院校的專家、教授拜年，並與大家合影留念。

大年初二下午，又跟新聞單位負責人及十多位特邀記者座談、交朋友，希望報紙、廣播、電視成為千千萬萬讀者、聽眾的親密朋友，陝西新聞協會主席、陝西日報社社長、劉志丹的女婿張光等代表新聞輿論界向習致以崇高的敬意。

晚間的春節聯歡晚會，薈萃陝北民歌、秦腔、小品，讓闊別多年的習爺爺大飽眼福、耳福。

大年初三，又與十二個縣的黨政領導、離退休幹部及各民主黨派負責人座談，給工人、農民拜年。

十一年過去，他很想再回去走走看看，再看看當年戰鬥過的地方什麼模樣，再感受感受那一張張熱情友好的笑臉，握握那一雙雙厚實粗糙的雙手，但是，他的健康已經不允許長途奔波、舟車勞頓，只好由老伴齊心代勞。

年後的初夏，齊心、遠平、橋橋，從深圳到北京，再從北京到延安、往綏德，再到甘肅省華池的南梁，到達陝西旬邑的馬欄，以及銅川的耀縣的照金。

凡是習老足跡踏過的地方，齊心一一走過，歷時二十

天，行程數千里，走遍二十二個縣六十六個地方。

所有的紀念館一一參觀，所有的舊址一一走訪，所有健在的故舊及其子女一一相見，所有長眠地下的戰友一一獻上花籃。

當齊心從延安進入甘肅慶陽時，習打來電話。告訴他讓女兒捎去新採摘的荔枝，一定送老區的故舊朋友嘗嘗。

最後一站是富平、是習出生、成長、求學、走上革命道路的起點，齊心一行每到一地，都把習仲勳專程捎來的荔枝分送鄉親，轉達習的問候和心意。

感謝科技進步、時代昌明，錄像、攝影將齊心一行的所見所聞、一言一行悉盡記錄，配合親歷者的語言、文字，一一生動多彩地呈現在習的眼前，讓習彷彿置身於期間、沉浸在激情燃燒的歲月裏。

時光荏苒，轉眼又是一年，2001年10月13日到了，老秘書張志功專程從北京前往深圳看望老首長，並祝賀老首長的八十八歲壽辰。

張告訴習，陝西省委負責編寫的《習仲勳文選》已經出版，想必他已經看過。《習仲勳傳》正在編寫，什麼時候完成不能肯定，他和另外兩個秘書田方、范民新合著的《習仲勳革命生涯》已經完成，馬上就要出版。

事實上，早在1992年4月，中央已經批准，由中共陝西省委收集、整理材料，編寫《習仲勳傳》，時任省委書記張勃興親任編委會主任，可是整整拖了十多年，2008年才出版上卷，其間，時任省委書記趙樂際「高度重視」、「解決困難」，下卷為了「加快進度」，調配了很多人力，又「歷時四

年、十易其稿」才告完成，背後的故事和資訊，又可以寫一本引人入勝的小冊子。（參見《習仲勳傳》後記）

習聽了，淡淡地說：「編《文選》，選擇一些我的講話及有關文件，作為歷史資料讓大家知道一下，是可以的。寫《革命生涯》，找我的老戰友、老同志談談，沙裏淘金，寫些我革命的小故事，有個紀念，也好。至於寫我的傳，我不太感興趣，無非是歌功頌德、評功擺好，寫出來，能有多少人看呀？」

他略作沉思，又繼續說道：「要說我這一生麼，用幾句話就可以概括：對得起黨，對得起人民，也對得起自己；沒有犯過『左』的錯誤，沒有整過人。業績平平，問心無愧⋯⋯」（參見張志功《難忘的二十年》）

張志功當時一點都沒有想到，這時候，習雖然一如往常飲食作息、談天說笑、定期體檢、頤養天年，實際上，癌變已經發生，癌細胞在急劇生長。

張秘書走後沒幾天，2001 年的冬天來臨，身邊人有天突然發現，習的面容消瘦，體重速減。

橋橋請醫務人員安排去醫院檢查，檢查結果非常不好，腎臟部位出現癌變。

病情迅速報告中央，中央派專家前來會診，並由廣州南方醫院全面檢查，發現癌細胞已廣泛擴散。

春節過後，醫生建議習先到麒麟山莊休息療養、服藥控制，但不到一個月，症狀急劇惡化，連續多日高燒不退，只好住進深圳人民醫院。

2002 年 2 月 7 日，萬里又一次前來看望，習來深圳這些

年，萬里是前來看望最多的同事和搭檔。

兩人共事達十年之久，已經在相互來往中超越工作關係，成為惺惺相惜的知音，葉劍英、胡耀邦去世後，能傾吐衷腸的只剩萬里。

「2002年春節老爺子（萬里）最後一次去廣東，有點英雄暮年的意味，他說我來跟廣東人民告別。整個春節只專程看望了兩個人，一個是習仲勳，當時習伯伯已經病得很嚴重了，過春節早早穿好了紅色的衣服，白色的襯衫，等待着父親，他們激動地擁抱了。老爺子說他來看他的老夥計了，一定要保重身體。習仲勳糾正他，什麼老夥計，老戰友了！兩人談笑甚歡。」（張悅《改革八賢之萬里——改革闖將　壯士暮年》，轉引自《南方周末》，2008年12月18日）

習仲勳說，「他有一大欣慰，兩大遺憾。欣慰的是，他親手推動的華南地區的改革開放成為國家發展的先行者。一個遺憾的是，沒有能為黨的歷史上一個重大冤案平反，另一個遺憾的是沒有推動黨對不同意見的容忍政策。他的話不多，說完了，我們倆只是相對無語。」萬里回憶。（同上）

幾天之後，中共中央政治局常委、全國政協主席李瑞環到深圳視察，也趕到醫院看望。

但是，不知道為什麼，一直拖到4月17日，才決定將習送北京治療。

江澤民再次超規格為習安排治療事宜，不但派專機前往深圳接習，而且指示有關部門務必全力以赴，安排最好的大夫，上最先進的設備，用最好的藥物。

習回北京的季節，正好是他復出離京南下廣東的春天，

住進解放軍三零五醫院，也就是周恩來當年最後時刻所住的醫院。

江澤民趕來了，李鵬趕來了，朱鎔基趕來了，胡錦濤趕來了，萬里趕來了，所有政治局常委、許多時任中央領導、退休中央領導都趕來了，親戚、朋友、老戰友、老同事聞訊都來了⋯⋯都來看看一個時代的偉人、巨人病情怎樣了。

病情很嚴重，但病人很輕鬆，照樣談笑風生，隨時見客，即使最疼痛的時候，也只蹙蹙眉頭，輕捶腰部，偶然低罵一聲：「呵喲！狗日的，疼得很！」

一個多月過去，所有治療都不見效，最後進食困難，處於昏迷狀態，5月24日凌晨，最好的大夫束手無策，最好的藥物都無濟於事，一切醫療手段派不上用場，只能眼睜睜看着一代聖賢溘然長逝。

這一天，離他八十九歲生日還有142天。

2005年5月24日，習去世三周年這一天，遵照習的心願，習太齊心與橋橋、遠平等幾個子女，護送習的骨灰回關中沃土、曾經的天府之國安放，落葉歸根，魂還富平，融化在生他養他的聖人故里。

習十五歲離開家鄉，在一個靜悄悄的清晨，習魂歸故里，同樣不事張揚，樸實無華，一如他一生的治國理政。

文明座標最公允

　　習老病發前跟秘書聊到自己的政治生涯：「我這個人嘛，要說對得起黨，對得起人民，也對得起自己；沒有犯『左』的錯誤，沒有整過人……」（參見張志功《難忘的二十年》）

　　習老主政西北時期的戰友和下屬秦川，剛從人民日報社長任上離休不久，1987 年初春的某個晚上，去中南海看望習，兩人在院裏邊走邊聊，聊着聊着，習老突然轉過頭來說：「我這個人呀，一輩子沒整過人，一輩子沒犯『左』的錯誤。」

　　習老最小的兒子習遠平在回憶文章中也多次提到，習老總結自己一生的為政為人，沒有整過人，沒犯過「左」的錯誤。

　　「整人」現象，多種多樣，尤其在法治缺失的年代，在舉國滔滔的「社會洪流」面前，覆巢之下，沒有完卵，夾裹在其中的角色，遵從規則，跟從指令，循規蹈矩，隨波順流。

　　「大家都是這樣做的，我不過隨大流，別無選擇」，受害

者，犧牲者，施害者，加害者，就像《三國演義》裏的才子陳琳為自己辯護：『箭在弦上，不得不發！』」

從古希臘的陪審團判處蘇格拉底的死刑，到歐洲中世紀的宗教迫害，從北京市民相信朱由檢的判定，爭吃「漢奸」袁崇煥的人肉，到文革中革命小將比賽，看誰更狠，批臭批倒鬥走資派，全社會陷入「無思狀態」（thoughtlessness），社會學家阿倫特概括為集體無意識「從惡」（the banality of evil），中文通譯作「平庸之惡」。

害人、整人，或者參與害人、整人，不光是人類共有的社會現象和毒瘤，也已成為心理學、社會學、政治學研究的重大課題。

唯有習仲勳，從十五歲踏上革命道路，到七十八歲告別權力高台，訪遍故舊無數，史料白紙黑字，只有人整習，習絕無整人。

而跟習同樣經歷、同樣背景、同樣地位的革命家、領導人，人人未能免俗。

從延安的「搶救運動」，到打倒「高、饒反黨聯盟」，從廬山會議「揪出」彭德懷「軍事俱樂部」，到 1987 年民主生活會批鬥胡耀邦，習不光是大權在握的一方諸侯、是身處權力中樞的大台，而且與「敵人」同為一個戰壕的戰友，一起肩負重任、搭檔共事、出生入死，不但躲不過去、繞不過去，而且首當其衝，角色非常引人注目。

但是，毛澤東讚不絕口的「政治家」習仲勳、「年輕有為」的習仲勳，每次運動，都能全身而退，不但沒有參與整人，而且盡最大努力幫人，甚至自己被「革命小將」「揪」上

智慧與魅力輝耀東方

業績與榮膺的讚譽獨一無二

批鬥會「拼刺刀」，陪鬥者都在一邊「揭發」他，他仍然替其他領導和受害者擋子彈（見本書第三季第 15 節）。

而且，與其他威武不屈、慷慨激昂的「英雄」不同，習仲勳在任何場合、任何情況下，即使批鬥會人山人海、泰山壓頂，始終從容不迫、不卑不亢，冷靜機智，絕不做無謂的犧牲。

批鬥會結束，還若無其事地跟革命小將提要求：「我都回來了，給我吃碗臊子麵吧。」

事後，揭發過習的積極分子，批鬥過習的革命小將，審查過習的爪牙狗腿，習一向「目中無人」，根本不放在心上。就算「揭發」過他的秘書，不得已寫信求幫，他仍然心無芥蒂，出手相助。

「他們年輕幼稚，單憑一腔熱情，容易受蒙蔽上當，不能怪罪他們。」他說。

仁、義、禮、智、信，爐火純青，成為不可思議的奇跡和典範，成為政治學、社會學、心理學研究的難得範本和案例。

「沒犯左的錯誤」，比「沒整過人」更難上加難。

尤其是一兩次不犯「左」的錯誤容易，歷經每次左傾冒進、急於求成，習仲勳又能一路走來，本色不改，不但總是能及時發現「左」的傾向、「不犯『左』的錯誤」，而且能中流砥柱，獨闢蹊徑，爭取到各方支持，糾正「左」的錯誤。

所謂「左」的錯誤，都是事後總結檢討，才叫錯誤，才發現「左」了，「左」的決策形成，「左」的政策出台，跟其他所有正確的決策毫無二致，腦門上並沒有貼着「左」的標

籤、打着「錯誤」的印記。

上下左右積極回應，舉國上下支持擁護，身處權力要衝，執行貫徹落實，眾人皆醉我獨醒；自反而縮，雖千萬人吾往也，首先無法保證自己的判斷是真醒、真正確。

就算有把握自己真醒、真對、真正確，要證明已經下達的政策和指令是「左」、是「錯誤」，並且發出不同的聲音，又比登天還難。不光貫徹、落實不力，陽奉陰違，已經是找死的節奏，不想混了，要是單槍匹馬、另搞一套，完全是飛蛾撲火、自取滅亡。

唯有習仲勳，無論在毛澤東時代，還是在鄧小平時代，無論在陝甘寧邊區和西北局鎮壓反革命、實行土地改革，處理新疆和西藏的民族、宗教問題，還是主政廣東，領導廣東在改革開放伊始先走一步，締造廣東模式，創建深圳特區，按人民內部矛盾處理「逃港潮」，總是能從實際出發，實事求是，團結一切可以團結的力量，最大限度爭取各方面的支持，不但讓西北人民滿意、廣東人民高興，而且獲得毛主席空前絕後的肯定和讚美；獲得華國鋒、葉登英、胡耀邦、谷牧等時任領導人的鼎力支持；獲得鄧小平的充分認可；並引以為自己的成就。而且，在所有同時代領導人中，自始至終，保持全勝紀錄，無一鎩羽而歸。

不但「沒有整過人」、「沒有犯過『左』的錯誤」，而且在整個政治生涯中，沒有犯過任何錯誤!!

牛頓說，給他一根槓桿，就能撬動地球，只要有個領導崗位，習仲勳總能法道自然、博採眾長、人和政通，做出領導高興、同事滿意、群眾受惠的政績。

總是以最平實的操作，結出最香甜的果實，以最小的成本，收穫最大的效益，創造出一本萬利的政治「經濟」學。

　　以黑馬之姿成為「六大諸侯」之一，戰爭硝煙未散，新生政權初建，社會階層、經濟結構、民族宗教複雜程度為全國之冠，從實際出發，以實力為後盾，攻心為上，攻城為下，和而不同，化敵為友，把朋友圈擴展到無限大，把打擊面縮減到盡可能小，奠定人民政權長達三十多年的穩定根基，即使經歷三年困難時期、經歷文革，依然和諧如初。

　　尤其1950年統戰青海藏族頭人項謙，力排眾議，任其八叛九降，終於不得不心服口服，歸順新生政權，獲得毛澤東大讚：「仲勳，你真厲害，諸葛亮七擒孟獲，你比諸葛亮還厲害。」毛誇獎的不僅是習的智慧和能力，更多的是習的擔當和堅持、習的全域意識和長遠意識。

　　在中宣部、國務院十二年，參贊中樞，管理總務，歷經反右、大躍進、三年困難時期，為周恩來身邊時間最長的秘書長，為上下左右都滿意的秘書長，為共和國最年輕的黨和國家領導人。

　　復出後主政廣東，僅僅兩年八個月，洞悉繁榮真諦，把握開放時勢，平反冤假錯案，解救逃港群眾，讓看不見的手發揮市場調節作用，跟以華主席為首的黨中央當面「要權」，價格闖關，引進外資，建立特區，領導廣東先走一步，融入世界經濟體系，引領中國經濟起飛，開創四十年繁榮輝煌。

　　所費時間只有一年，談笑間眾人玉成，上下支持，八方看好，一次直接過河，專門立法保護，一塊石頭都沒摸，一聲殺字都沒喊，一滴血都沒流，只有一兩縷不和諧音符，來

自個別老一輩革命家。

其他人都在觀望、都在等待，都一朝被蛇咬，十年怕草繩，習氏已經一馬當先，輕舟已過萬重山。

以事實證明，對黨心、民心嚮往改革開放的準確估計，對權力體系不同意見的對沖整合，對各方後備力量的集結撬動，對達成目的的順暢操作，尤其是創造性地運用法律保護，一如習氏政治生涯中的所有重大行動，爐火純青，一氣呵成。

重回中南海，再次參贊中樞，兩次轉戰全國人大，領導建立健全具有中國特色的法制體系，領導統一戰線撥亂反正、恢復元氣，完成各地幹部「三化」更替、廢除終身制，無論多麼複雜的局面，習仲勳總能應付裕如、如履平地，無論多麼難辦的事情，習仲勳總能得心應手、皆大歡喜。

統戰思想和實踐，同時代領導人中，習仲勳最把握精髓、最道盡奧妙，黨內外朋友最多、最鐵，後來分管統戰的政治局常委李瑞環就指出：「統戰工作要多學習李維漢、習仲勳的論述和指示。」

法治思想和真諦，以公平正義、約束權力為根本，所有同時代、同背景領導人中，又只有習仲勳，從早年在陝北、在綏德，到晚年在中央、在全國人大，直擊要害，把握精準，初心不改，全力推動。

政治成就、政治智慧、權力藝術、人格堅持，不但是權力舞台最值得參悟、學習的鮮活教材，而且是政治學殿堂最值得研究、總結的經典篇章。

包括他的「好名聲」，只要原汁原味，客觀公正、如實

傳播，就會洛陽紙貴、人人爭相目睹傳頌，從中汲取最有價值、最富營養的精神維他命。

只要將毛澤東對習仲勳的任何一個稱讚廣為宣傳，就像宣傳「政治上強，人才難得」，習仲勳的英名和偉大一定婦孺皆知、無人望其項背。

毛澤東自己是領袖，從沒有說其他人是領袖，但是說，習仲勳是「群眾中走來的領袖」。

毛澤東希望造就千百萬既懂馬克思主義，又了解中國國情的無產階級政治家，但沒有說其他任何人是政治家，只說習仲勳「是一個政治家」，而且是一個完整的、沒有比較的政治家。

毛澤東認為他的同志們「真懂馬列的不多，只有兩個半」，他「算一個」，其他一個半是誰，老人家沒有說，但是，他親口說，習仲勳是一個「活的馬克思主義者」！

毛澤東相信辯證法、相對論，但是，評價習仲勳的政治才能句句都是絕對級、最高級別。

尤其是雪藏五十二年的「爐火純青」，不但形象生動道盡習的政治才能，而且將僅年三十七歲的習、老一代革命家中最年輕的習，托上全黨最傑出的政治家的地位。

更匪夷所思的是，毛對習的這一至高誇讚，不是因為習不折不扣「聽毛主席的話、照毛主席的指示辦事」，而是因為習將毛親筆指示的「鎮壓反革命」人數比例打九折，將毛最看重、最關注的「土地改革」在少數民族地區束之高閣……

凡跟習仲勳打過交道的領導人，只要出以公心，都為他的政治能力和人格魅力所傾倒，從李維漢到林伯渠，從彭德

懷到賀龍，從張治中到鄧寶珊，從班禪到包爾漢，從周恩來到葉劍英，從華國鋒到胡耀邦，從胡啟立到萬里，從薄一波到江澤民……

習仲勳跟所有人都是好下屬、好戰友、好同事、好鄉親，只有康生之流，只為往上爬，只為邀功請賞，把習當墊腳石。

就算後來因為《劉志丹》被打倒、被流放，但自始至終，無論毛澤東，還是周恩來、劉少奇等最高領導人，沒有任何人說過習仲勳有什麼缺點和不足。

不但虎落平陽「無」犬欺，洛陽鄉親相敬如故，而且就是被揪鬥、被關押，在同樣被揪鬥、被關押的同伴當中，「他們待我最好」，習說。

孔聖人神往的君子人格，富貴不淫，威武不屈，貧賤不移，習仲勳以其一生的大起大落、天生之才和智慧仁義，予以完美的詮釋和示範。

孔子又將堯、舜，將周室的文王、武王、和周公，樹立為君子人格的光輝榜樣，並且滿懷期待，只要造就千百萬類似周家父子的君子，美好的大同世界、禮儀之邦就會實現。

可惜，周室三聖以降，三千年來，「禮樂崩壞」，爭權奪利，再沒有出一個聖人。

從為政到為人，有的政績很大，錯誤更大，更多的「仁、義、禮、智、信」，基本都不達標，至於「威武不屈、貧賤不移、富貴不淫」，更是高不可攀。

包括後世曝得大名的王陽明、曾國藩，無論為政，還是為人，照樣經不住用孔孟主義的標準對照衡量。

曾國藩兵敗，裝模作樣投江自盡，王陽明組織假戰場，哄騙武宗皇上開心，從小辮子到大節，失算、不仁一大把。

乃至五聖之一的周公旦，因為使用武力鎮壓管叔、蔡叔興師問罪，最終兄弟相殘，聖人的形象蒙上污點。

三千年的最後一百年，在周室三聖的故鄉，在「禮樂」最「崩壞」的社會生態中，習仲勳誕生成長、脫穎而出，一生所作所為，截止目前公開的資料、史實、回憶、評價，無論用君子的標準衡量，還是用聖人的事蹟對照，無一不完美過硬，樣樣找不到瑕疵。

不僅樹起中國共產黨人罕見的造型和英姿，也再現華夏民族、東方文明一代聖賢的風采和神韻。